中央高校基本科研业务费专项资金资助（项目编号：3132024310）

国家高端智库武汉大学国际法研究所

国 际 法 文 库

INTERNATIONAL LAW LIBRARY

黄 进 总主编

肖永平 执行主编

专著系列

黄志雄 主编

国际投资仲裁司法化问题研究

Research on Judicialization of International Investment Arbitration

曹兴国 著

法律出版社

LAW PRESS · CHINA

北京

图书在版编目(CIP)数据

国际投资仲裁司法化问题研究 / 曹兴国著. -- 北京：法律出版社，2024
(国际法文库 / 黄进总主编)
ISBN 978－7－5197－9115－5

Ⅰ. ①国… Ⅱ. ①曹… Ⅲ. ①国际投资法学－国际仲裁－研究 Ⅳ. ①D996.4

中国国家版本馆 CIP 数据核字(2024)第 089156 号

国际投资仲裁司法化问题研究
GUOJI TOUZI ZHONGCAI SIFAHUA WENTI YANJIU

曹兴国 著

策划编辑 沈小英
责任编辑 刘晓萌
装帧设计 李 瞻

出版发行 法律出版社
编辑统筹 法治与经济出版分社
责任校对 张翼羽
责任印制 吕亚莉
经　　销 新华书店

开本 710 毫米×1000 毫米 1/16
印张 14.25 **字数** 267 千
版本 2024 年 5 月第 1 版
印次 2024 年 5 月第 1 次印刷
印刷 固安华明印业有限公司

地址：北京市丰台区莲花池西里 7 号(100073)
网址：www.lawpress.com.cn
投稿邮箱：info@lawpress.com.cn
举报盗版邮箱：jbwq@lawpress.com.cn
销售电话：010－83938349
客服电话：010－83938350
咨询电话：010－63939796

书号：ISBN 978－7－5197－9115－5
定价：88.00 元
凡购买本社图书，如有印装错误，我社负责退换。电话：010－83938349

总序一

当今之世界，随着全球投资贸易不断增长，科学技术特别是信息技术飞速进步，通信和交通日益便捷，人文交流蓬勃发展，经济全球化、政治多极化、文化多元化、社会网络化、法律趋同化已成为天下大势。在这种背景下，作为国际社会最为重要的行为规范，国际法在全球治理中发挥着不可替代的作用。

今日之中国，秉持“创新、协调、绿色、开放、共享”五大发展理念，正在全面建设小康社会、全面深化改革、全面推进依法治国、全面从严治党、全面参与全球治理。在这个过程中，国家始终坚持统筹国内国际两个大局，于内，追求实现“两个一百年”奋斗目标，追求实现中华民族伟大复兴的中国梦。于外，坚定不移对外开放，参与全球治理；坚持和平发展、合作共赢；积极构建中国特色大国外交，完善对外战略布局，既“请进来”，又“走出去”，加快推进“一带一路”建设；坚决维护国家主权、安全、发展利益，争取良好国际环境，维护世界和平稳定，促进各国共同发展，打造“人类命运共同体”。毫无疑问，坚持统筹国内国际两个大局，不仅要全面推进依法治国，加强国内法治，而且要在全球治理中高度重视和善于发挥国际法的作用，加强国际法治，推进国内法治与国际法治良性互动，特别是要完善中国自己的涉外法律法规体系，积极参与国际规则的制定，增强中国在国际法律事务中的话语权和影响力，运用法治思维和法治方式依法处理涉外事务,强化涉外法律服务,加强国际法治合作。

当下之中国国际法学界,经过改革开放30多年的建设和发展,可以肯定地说,国际法学科体系不断健全,学术队伍不断壮大,国际学术交流与合作不断拓展,学术水平和创新能力不断提高,培养了一大批国际法专门人才。而且,广大国际法专家学者解放思想、实事求是、求真务实、与时俱进,深入研究和回答中国改革开放面临的国际法理论和实践问题,产出了一大批有分量的学术成果,为国际法学的繁荣发展和国家改革开放及现代化建设做出了重要贡献。但应该指出的是,中国国际法学领域还存在一些亟待解决的问题。比如,国家缺乏整体的国际法学科发展战略规划,国际法学科建设放任自流,各国际法机构各自为阵;国际法人才队伍学术原创能力和解决实际问题的能力不强,活跃在世界国际法舞台的人才不多,总体素质亟待提高;国际法人才培养体系不健全,德行教育与知识传授相分离、理论培养与实践训练相脱离、国内培训与国际培训相隔离;国际法学术研究缺少精品力作,还没有产出具有广泛国际影响的创造性思想成果和理论成果,在国际规则制定和国际法律事务中的话语权和影响力不大。可以这样说,中国国际法学界目前在学术命题、学术思想、学术观点、学术标准、学术评价、学术话语上的能力和水平同中国综合国力和国际地位还不太相称。

综上所述,国际法在国际社会中的重要地位日益凸显,中国全面推进依法治国、对外开放、参与全球治理,亟须掌握和运用国际法,中国国际法学界仍处于有数量缺质量、有专家缺大师以及作用没有充分发挥出来的状态。我们所处的时代表明,这是一个需要国际法的时代,这是一个需要国际法理论创新而且一定能够产生国际法新理论的时代,这是一个需要国际法思想而且一定能够产生国际法新思想的时代。所有这些,正是我们编辑出版"国际法文库"以推动国际法学繁荣发展的初衷。

"国际法文库"将坚持兼容并包、思想自由。主张立足中国、借鉴国外,挖掘历史、把握当代,关怀人类、面向未来,着力推进构建既具有中国特色、中国风格、中国气派,又能进入世界学术话语体系的国际法学。

"国际法文库"将坚持问题导向。面对中国改革开放的新常态、国际局势的新变化,世界范围内各种思想文化交流交融交锋的新形势,只有聆听时代的声音,回应时代的呼唤,认真研究国家深化对外开放、全面参与全球治理的重大而紧迫的问题,才能真正把握历史脉络,找到发展规律,推进国际法理论创新和全球治理实现良法善治。

“国际法文库”将坚持跨学科研究。国际法律问题涉及国际社会生活的方方面面,具有跨学科性,需要从多学科视角,运用学科交叉融合的方法,进行跨学科研究。也就是说,对于国际法律问题,不仅要从国际公法、国际私法、国际经济法等国际法学视角进行研究,而且还要从宪法、行政法、民商法、刑法、诉讼法等国内法学视角进行研究;不仅要从法学视角进行研究,而且还要从国际政治、世界历史、全球经济、人类社会变迁、多元文化交融、地球生态文明等视角进行研究。跨学科研究在于坚持用联系的发展的眼光看待问题,增强研究的整体性、系统性、协调性、战略性,促进问题合情、合理、合法的解决。

“国际法文库”将坚持创造创新。创新是一个民族进步的灵魂,也是引领理论发展的动力。创新,就是有所发现、有所发明、有所创造。国际法理论的生命力在于创新,只有不断进行探索,才能推进国际法思想创新、知识创新、理论创新、制度创新、方法创新。国际法理论创新要从问题开始,发现问题、筛选问题、分析问题、研究问题、解决问题的过程就是创新的过程。国际法理论创新不必贪大求全,发现新事实、新材料、新现象是创新,阐明一个新原理、提出一种新学说、揭示一条新规律是创新,发明一项新技能、找到一条新路径、创造一种新方法也是创新。

“国际法文库”设专著系列、译著系列、实务系列、文集系列,是法律出版社与武汉大学国际法研究所共同打造的学术品牌。法律出版社在中国出版界特别是法学、法律出版领域的龙头地位自不待言。这里有必要对武大国际法所多说几句。武大国际法所是我国著名法学家、教育家、国际私法一代宗师韩德培先生于1980年创办的,是我国高校设立的第一个国际法研究所。该所自创立以来,自强不息,追求卓越,先后培养了一大批已在学术和实务方面崭露头角的国际法专门人才,先后产出了一大批具有较高水平的国际法学术成果,先后两次被评为国家级重点学科,2000年被确定为教育部人文社会科学重点研究基地,2015年入选首批国家高端智库。可以肯定地说,武大国际法所是当今中国国际法领域的学术重镇,不断推进中国国际法人才培养、科学研究和新型智库建设,不仅是它义不容辞的责任,更是它崇高而神圣的使命。正是基于这种情怀,武大国际法所与法律出版社携手合作,设立了这个“国际法文库”。这是为中国国际法学界开辟一块新的学术园地,建造一个新的学术舞台。“国际法文库”是自由、开放、包容、多元的,海内外的国际法同仁都可以在这块园地里辛勤耕耘,春播夏种、秋收冬藏;也都可以在这座舞台上翩翩起舞,崭露头角、一展锋芒。我真诚希望,所有以国际法为志业、立志为中国国际法事业做出贡献的海内外同仁,都能把“国际法文库”视为我们共同的国际法事业的一部分,关心之、支持之、帮助之、鞭策之,勿忘初心、久久为功,去迎接我们共同期待的中国国际法学界百花齐放、百鸟争鸣的春天。

是为序。

[*]

2016 年 12 月 1 日于北京

---

* 黄进,中国政法大学教授,中国法学会副会长,中国国际法学会会长,中国国际私法研究会会长。

总序二

随着中国日益接近世界舞台的中央,我国迫切需要加强国际法律共同体建设,利用国际法维护世界和平和人类命运共同体以及可持续发展,保障中国的正当利益。因此,不管是国际法制度构建,还是国际法理论创新,抑或是国际法实践引领,中国都需要从“被动适应者”向“主动引领者”转变。

由我国著名法学家、教育家、社会活动家、国际私法一代宗师韩德培先生创办的武汉大学国际法研究所是1980年由原国家教委批准成立的中国高校第一个国际法研究机构;1981年设立博士点;1995年建立博士后流动站;1996年列为“211”工程重点建设单位;2000年被教育部批准为普通高等学校人文社会科学重点研究基地;2004年被批准为“985”工程哲学社会科学创新基地;2015年被中宣部确定为首批国家高端智库试点建设单位。她一贯秉持国际公法、国际私法、国际经济法的全面和综合研究,积极拓展联合国法、欧洲联盟法、国际能源法、电子商务法、国际发展法、国际网络法、国际投资法、国际金融法、国际体育法、世贸组织法、海洋法和海商法等前沿学术领域,形成了学科研究方向齐全、学科发展水平一流、咨政服务能力突出、教学科研成果领先的鲜明特色。

但是,不管是作为教育部的人文社会科学重点研究基地,还是作为国家高端智库,仅仅依靠一个研究所的力量难以实现中国国际法理论的创新，难以实现中国从国际法的“被动适应者”向“主动引领者”的转变。当下，中国面临的问题在全球化进程中愈加凸显其复杂性，许多问题往往需要从不同学科、不同视角、不同谱系进行合理的理论解释、作出正确的政策选择；而不同学者、学术机构、智库在不同领域具有相对优势，或者因所在区域不同而存在区域政策问题的竞争优势。因此，团结、组织中国国际法学者共同攻关、协同创新是获得国际竞争优势、创新中国国际法理论，进而实现中国从国际法的“被动适应者”向“主动引领者”转变的必由之路。正是出于这种考虑，我们与法律出版社合作出版“国际法文库”，希望集中展示中国学者的国际法著述和学术见解，及时传播国外国际法学界的最新研究成果，协同研究中国面临的重大国际法实践问题，不断增强中国国际法理论的国际话语权，不断提升中国国际法制度的国际吸引力，不断提高中国国际法实践的国际影响力。

因此，“国际法文库”将面向中国国际法理论界和实务界广泛征集选题，通过自荐与他荐相结合的方式，由丛书编辑委员会根据其学术性、思想性和创新性决定出版选题。本文库分为专著系列、译著系列、实务系列和文集系列。

专著系列旨在集中呈现中国学者在国际法领域的理论研究成果，引导中国国际法学界关注国际学术动态、设置前沿学术议题、营造良好学术风气，推动中国国际法理论创新。以学术性和创新性为选题标准，主要出版中国学者关于国际法领域具体问题的创新性研究成果。

译著系列旨在全面推介国际社会国际法理论的经典著作和最新成果，促进中外国际法理论的交流与交锋，促使中外国际法实践的互动与创新。以思想性与新颖性为选题标准，主要出版国际社会在 20 世纪 90 年代以后创作或再版的国际法著作的译作。

实务系列旨在在中国国际法理论研究和实践运用之间架起桥梁，促使中国国际法研究更加贴近国家和社会的现实需要，在国际法理论的支撑下运用国际法规则分析和解决实践中出现的问题。以对策性与实用性为选题标准，主要出版针对实践中的国际法问题，特别是与中国密切相关的国际法问题的著作，强调贴合国家对外交往实际需要，关注操作层面的问题选择、分析和解决方案。

文集系列旨在及时反映中国国际法学界举办的学术会议成果，提高学术交流的质量，加强学术交流的深度，扩大学术交流的影响。以新颖性与可行性为选题标准，主要出版能够设置学术议题、引领理论前沿的论文集。

我们相信，在中国国际法学界同仁的关心、支持与积极参与下，“国际法文库”一定能够实现上述目的，为中国国际法的理论创新、制度变革和实践引领贡献她应有的智慧、发挥她应有的作用。

[*]

2017 年元旦于武汉

* 肖永平，武汉大学国际法研究所所长，长江学者，法学教授，中国国际私法研究会常务副会长。

序　言

当前,世界正经历百年未有之大变局。这是世界经济、政治、社会、文化、生态格局深刻调整,国际形势错综复杂,单边主义、保护主义日益上升,经济全球化遭遇逆流,国际投资贸易萎缩,世界经济复苏乏力,新冠疫情影响深远,新一轮科技革命和产业变革深入发展,全球治理体系亟待改革和完善的历史变革期。在这样一个时代背景下,全球治理体系变革与国际法治建设不仅要致力于有效应对和解决世界上此起彼伏的矛盾、分歧、纠纷、争议、争端,而且要善于预防潜在的矛盾、分歧、纠纷、争议、争端,乃至冲突不要进一步升级和恶化。这就需要我们坚守《联合国宪章》确立的维护世界和平及安全、促进国际合作与发展、尊重和保障人权的宗旨,坚持真正的多边主义,坚持走和平发展道路,坚持共商共建共享的全球治理观,坚定维护以联合国为核心的国际体系,以国际法为基础的国际秩序,以《联合国宪章》宗旨和原则为基础的国际关系基本准则,加快构建行之有效的国际争端预防与解决体制机制并推动实施。

国际投资争端是国际争端中比较特殊的一类,其特殊性在于争端双方中的一方是作为私主体的投资者,另一方是作为公主体的东道国。这种争端当事方的特殊性决定了国际投资争端解决机制既不同于普通的国际商事争端解决机制,也不同于国家与国家间的国际争端解决机制,需要在争端解决机制的“商事化”与“司法化”之间做好平衡。这恰恰也是当下国际投资争端解决机制,尤其是国际投资仲裁机制变革的核心问题。由于国际投资仲裁机制在构建初期大量借鉴了国际商事仲裁的相关制度设计,后续国际投资仲裁的相关变革从国际投资仲裁程序的内部改革,如透明度规则、上诉机制、仲裁员任命机制改革等,到投资条约对国际投资仲裁庭管辖权的限制以及国际投资仲裁程序的外部制约,如强制磋商程序的设置、国家间仲裁的运用、联合解释机制的强化等,都体现了国际投资仲裁或者投资争端解决的“去商事化”或者“司法化”的趋势。这些变革趋势中所蕴含的权力平衡、利益分配以及话语权争夺,需要引起我们的关注,值得我们深入研究,并应当在未来我国国际投资协定优化完善,以及双边、多边层面有关国际投资争端治理机制的规则协商中妥善回应。

曹兴国博士是我在中国政法大学合作指导的博士后研究者。在我们就其研究方向经过多次讨论后,他将选题确定为“国际投资仲裁司法化问题研究”,正是关注到了上述国际投资争端解决机制的特殊性以及当前变革的整体趋势和重要价值。在选题确定后,他积极收集资料,主动参与相关议题的研讨,并就研究内容与研究进展定期与我沟通,最终在两年内顺利完成了他的博士后研究出站报告,成为本书的“底稿”。在曹兴国博士完成的书稿中,我认为有以下几点值得读者关注:第一,本书深刻分析了国际投资仲裁机制变革的整体趋势以及背后的动因,书中有关国际投资仲裁司法化现象以及成因的论述有助于我们更好地理解整个国际投资争端治理机制变革的焦点和核心问题;第二,本书深入研讨了国际与国内投资争端解决机制的互动和融通,尤其是国内法院对国际投资仲裁的监督与制约,对于我们理解和把握统筹推进国际投资争端的国内法治与涉外法治具有积极价值;第三,本书以司法化和去司法化之间的博弈与平衡为视角对国际投资仲裁机制变革的趋势、原因、影响、挑战以及我国的应对进行了系统研究,相关研究的系统性值得肯定,研究结论极具参考价值。

当然,从更广的视角来看,国际投资争端治理既包含争端解决,也包含争端预防。本书对国际投资仲裁机制的关注仅是整个国际投资争端治理体系的一部分。当前,联合国国际贸易法委员会(United Nations Commission on International Trade Law,UNCITRAL)第三工作组正在推进有关投资者与国家间争端解决的改革议题,并围绕争端预防、解决领域的多个话题开展协商研究。可以这样说,本书研究关注的问题,在后续仍有进一步拓展和深化的空间。我也很高兴得知曹兴国博士希望在这个领域继续深耕细作,并在 2023 年成功申获了国家社科基金项目“国际投资争端全球治理的理念演进及制度因应研究”。

期待他继续在这一领域耕耘，为形成推动国际投资争端全球治理的中国方案、完善我国投资争端国内治理的体制机制持续贡献力量。

党的十八大以来，中国政府高度重视法治建设，将全面依法治国纳入“四个全面”战略布局。2023 年 11 月，习近平总书记在主持中共中央政治局第十次集体学习时，对加强涉外法制建设作了系统、深入、全面的阐述。① 习近平总书记强调，加强涉外法治建设既是以中国式现代化全面推进强国建设、民族复兴伟业的长远所需，也是推进高水平对外开放、应对外部风险挑战的当务之急；要深刻认识做好涉外法治工作的重要性和紧迫性，建设同高质量发展、高水平开放要求相适应的涉外法治体系和能力，为中国式现代化行稳致远营造有利法治条件和外部环境。习近平总书记还强调，在推进涉外法治工作过程中，要坚定维护以国际法为基础的国际秩序，主动参与国际规则制定，推进国际关系法治化；积极参与全球治理体系改革和建设，推动全球治理朝着更加公正合理的方向发展，以国际良法促进全球善治，助力构建人类命运共同体。② 习近平总书记的系列重要讲话精神为我们加强国际法研究和运用指明了前进方向，提供了根本遵循。在我国不断扩大和推进高水平对外开放，推动共建“一带一路”的时代背景下，我国应当本着共商、共建、共享原则，加快推动构建完善的国际投资争端预防和解决机制，力争把我国打造成“一带一路”投资、商事仲裁目的地和争端预防与解决国际中心，有效利用我国特色的调解、仲裁、诉讼等多元纠纷解决机制为中外当事人提供公正、灵活、方便、高效的争端预防与解决服务，从而稳步扩大制度型对外开放，提升贸易和投资自由化便利化水平，建设更高水平开放型经济新体制，促进国际法治进步，推动构建人类命运共同体。

是为序。

2024 年 5 月 6 日于京华

---

① 参见《习近平在中共中央政治局第十次集体学习时强调 加强涉外法制建设 营造有利法治条件和外部环境》，载《人民日报》2023 年 11 月 29 日，第 1 版。

② 参见《习近平在中共中央政治局第十次集体学习时强调 加强涉外法制建设 营造有利法治条件和外部环境》，载《人民日报》2023 年 11 月 29 日，第 1 版。

Contents

目录

引　言

一、选题背景

在经济全球化的时代背景下，国际投资伴随跨国公司的发展成为推动各国经济发展的重要力量，各国政府也将其视为经济工作的重要内容加以推进：一方面，各国政府为了吸引外资纷纷推出促进投资便利化、自由化的政策措施，并签订大量的双边投资协定（Bilateral Investment Treaty, BIT）、自由贸易协定（Free Trade Agreement, FTA）等国际协定，为外国资本进入本国创造积极条件；另一方面，基于获取国际资源和市场、优化本国产业结构和资源配置、参与国际竞争与合作以及促进贸易与就业等目的，各国也都倾向于鼓励本国企业开展对外投资，并通过外交等途径为本国资本走出去创造良好环境。据统计，即使在各国采取投资监管和限制性措施较多的2021年，旨在促进投资自由化和便利化的措施数量（58项）仍然要高于监管和限制性的措施数量（42项）。[①]

不过，国际投资政策、法律环境的整体优化并不能完全消除投资争端的风险。尤其是投资者与东道国政府之间的投资争端，对于投资者来说是巨大的挑战——

---

① See World Investment Report 2022, UNCTAD, https://worldinvestmentreport.unctad.org/world-investment-report-2022/chapter-2-recent-policy-developments-and-key-issues/，最后访问时间：2022年12月22日。

以东道国司法救济为代表的传统投资争端解决渠道,存在诸多不利或者不便的担忧。如何在传统的司法救济之外为投资者提供争端解决机制上的其他选择和有效保障是国际投资法律制度构建中的重要内容之一,关乎投资者开展海外投资信心的树立和良好国际投资环境的营造。国际投资仲裁机制即在此背景下应运而生,其通过对国际商事仲裁机制的全面借鉴,保留了当事人意思自治、仲裁庭自裁管辖权、一裁终局以及秘密性原则等商事仲裁下不同于司法的理念和特征,将投资者与东道国如同两个平等的商事主体一样置于仲裁程序之下,并尽可能脱离东道国国内司法程序的监督。如此,国际投资仲裁机制在制度构建之初便具有内在的区别和独立于司法的商事化特征,并因此被认为赋予了外国投资者与东道国平等的程序地位,是一种去政治化、更为中立的争端解决方式。国际投资仲裁这种去司法化的原有制度设计在实践中,不仅为仲裁庭所遵循,而且达到了吸引投资者的目标,获得了广阔的发展空间。根据联合国贸易和发展会议(United Nations Conference on Trade and Development,UNCTAD)的数据库,截至2023年年底统计的国际投资仲裁案件数量已经有1332个。① 不少评论也对国际投资仲裁机制起到的作用给予了正面、积极的评价,认为它"引导了国际投资争端的去政治化解决,显著地减少了投资者与东道国政府之间的争端上升为国家间争端的风险"②,"是在长远上创造对经济以及人力和自然资源良好管理的有效工具"③。

但随着国际投资仲裁实践的深入,完全商事化的国际投资仲裁机制是否适于投资争端的解决开始遭到质疑。一方面,国际投资仲裁机制赋予投资者单方提起仲裁程序的权利,使投资者可以将提起国际投资仲裁作为对抗甚至威胁东道国的一种手段,而且投资者对仲裁员的任命权使大量符合投资者立场的仲裁员可以影响甚至主导投资争端的解决,"私人利益至上"的理念与东道国公共治理的需求之间存在冲突。另一方面,东道国在商事化的国际投资仲裁机制下被视为普通的商事主体,其作为主权国家的特殊性被忽视——不仅仲裁的秘密性

---

① See Investment Policy Hub, *Known Treaty-based ISDS Cases*, https://investmentpolicy.unctad.org/investment-dispute-settlement,最后访问时间:2024年5月4日。

② Christoph H. Schreuer, *Do We Need Investment Arbitration*?, in Jean E. Kalicki & Anna Joubin – Bret eds., Reshaping the Investor – State Dispute Settlement System, Brill | Nijhoff, 2015, p. 880.

③ Charles H. Brower & Stefan W. Schill, *Is Arbitration a Threat or a Boon to the Legitimacy of International Investment Law*?, 9 Chicago Journal of International Law 473, 476 (2008).

原则与政府活动的透明度要求存在冲突,而且仲裁庭在解释国际投资协定乃至国内法上的自由裁量权时可能偏离、违反缔约方的本意,并可以对东道国基于本国国家利益需求而采取的立法、行政和司法行为进行评判、产生影响,这可能给东道国带来公共治理上的困境。在此背景下,针对国际投资仲裁机制的负面评价不断涌现:从对国际投资仲裁是否真正起到预期作用的质疑,到对国际投资仲裁程序规则的改革和完善,再到退出国际投资仲裁的国家实践,国际投资仲裁遭遇合法性危机(legitimacy crisis)。①

作为对上述质疑的回应,围绕国际投资仲裁机制的改革在理论和实践层面都有了大量的进展。纵观当前这些针对国际投资仲裁的改革建议和实践,一个共通的趋势或思路是对司法模式的借鉴,即将原本脱胎于国际商事仲裁的国际投资仲裁导向更具司法特征的争端解决机制——这不仅表现为不同的国际投资仲裁规则对透明度规则的明确引入,还体现为以欧盟为代表推动的仲裁外部上诉机制以及仲裁员任命机制的改革探讨和实施。同时,随着国际投资仲裁实践的深入,国际投资仲裁与国内司法之间的交集也日趋增多,国际投资仲裁开始出现在国内司法程序的视野中,如对国际投资仲裁裁决的国内司法审查,以及部分国家针对国际投资仲裁程序签发禁仲裁令的实践等。因此,国际投资仲裁在晚近的发展动向可通过司法化这个视角和线索加以研究,它可以在很大程度上概括这一领域晚近发展的整体趋势和焦点问题。国际投资仲裁司法化的趋势概括也为部分学者所采用,如叶斌副研究员对欧盟与加拿大之间的《全面经济贸易协定》(Comprehensive Economic and Trade Agreement, CETA)中投资者诉国家争端解决机制(Investor - State Dispute Settlement,以下简称 ISDS 机制)的司法化问题进行了阐述,认为其司法化主要表现在磋商机制和提交诉请的程序化,以及投资法庭组织架构的司法化。② 类似地,不少学者在研究欧盟晚近提出的国际投资法庭模式时,也指出了其中的司法化倾向。例如,张庆麟教授认为,欧盟旨在引入一套完全不同的 ISDS 新机制,放弃诸多国际商事仲裁的特性,引入世界贸易组织(World Trade Organization, WTO)争端解决机制的诸

---

① 有关国际投资仲裁合法性危机的描述最早来自西方学者的著述,参见 Susan D. Franck, *Legitimacy Crisis in Investment Treaty Arbitration: Privatizing Public International Law Trough Inconsistent Decisions*, 73 Fordham Law Review 1521 (2005)。

② 参见叶斌:《〈欧盟与加拿大全面经济贸易协定〉对投资者诉国家争端解决机制的司法化》,载《国际法研究》2017 年第 6 期。

多要素,逐步将传统的ISDS机制导入诉讼轨道,以期解决其因借用国际商事仲裁所存在的若干先天缺陷;[①]王燕副教授认为,借助这种大刀阔斧的、带有显著司法化特征的改革,欧盟希望在国际投资治理中建立区别于《北美自由贸易协定》(North American Free Trade Agreement, NAFTA)模式的话语联盟,挑战美国在国际投资仲裁领域的制度主导权,扩大欧盟司法体系的全球影响,促进欧盟仲裁员和律师的培养和输送。[②]

在此基础上,本书旨在梳理国际投资仲裁的司法化维度和现象,探析这些司法化动向背后的原因,分析其是否能够有效解决当前国际投资仲裁机制中存在的弊端并回应各方关切,探讨我国对此应当秉持的立场以及采取的应对策略。本书希望通过对国际投资仲裁司法化问题的系统、深入研究,为国际投资仲裁的理论研究和实践应用提供新的研究视角和知识增量。

二、选题说明

对于"国际投资仲裁司法化"这一选题,仍需要进行必要的说明以明确本书的研究范围与内容。

首先,需要说明的是,本书对"国际投资仲裁"这一概念的使用是有限定的。严格来说,国际投资仲裁依据当事人主体的不同,包括三种:国家与国家之间就投资协定的解释与适用等争端提起的仲裁[③],外国私人投资者与东道国政府(或其机构)之间就东道国采取的立法、执法或违约行为等争端产生的仲裁,以及外国私人投资者与东道国企业或个人之间就国际合资、合作等争端产生的仲裁[④]。在本书中,国际投资仲裁,仅指发生于外国私人投资者与东道国政府(或其机构)之间的仲裁。

其次,对于"司法化"这一概念,目前国际投资仲裁领域尚无权威阐述。可资借鉴的是国际商事仲裁领域相关学者对司法化概念的界定。例如,查尔斯·布朗(Charles Brower)教授认为,国际商事仲裁的司法化包括两个方面:一是仲裁更加频繁地伴随源自国际法院诉讼的复杂、正式程序运行;二是仲裁更加经

① 参见张庆麟:《欧盟投资者—国家争端解决机制改革实践评析》,载《法商研究》2016年第3期。

② 参见王燕:《国际投资仲裁机制改革的美欧制度之争》,载《环球法律评论》2017年第2期。

③ 大多数的投资协定实际上都规定了国家与国家间的仲裁机制,但在实践中适用得比较少。

④ 通常,这一类仲裁与普通的国际商事仲裁相比没有太多的特殊性,通常在国际商事仲裁的范畴下进行研究。

常地受到司法干预和控制。[①] 于湛旻博士认为,从司法化这一概念的要素解析出发,国际商事仲裁的司法化,是指国际商事仲裁制度和实践中出现的仲裁与司法程序越发相似,以及仲裁程序中司法介入因素渐强的现象或趋势。[②] 上述界定方式与本书试图考察和分析的司法化现象基本相符。因此借鉴前述学者的界定,在本书中,所谓国际投资仲裁的司法化,是指原本以国际商事仲裁机制为镜鉴的国际投资仲裁机制在晚近呈现脱离国际商事仲裁机制而向司法机制借鉴或效仿的倾向,以及国内司法程序对国际投资仲裁的制约逐渐显现的现象。

再次,司法化具有动态性和相对性。就动态性而言,按照中文中"化"的含义,是指转变或转化成某种性质或状态,是一个动态的过程。所以,对国际投资仲裁司法化的理解,需要确定一个参照的时间段,因为如果从国际投资仲裁机制的早期构建和发展来看,其主要沿着国际商事仲裁的路径设计和运行,更多体现"去司法化"的理念。因此,国际投资仲裁呈现司法化现象或发展趋势的时间并不长,是在国际投资仲裁的实践不断深入,其制度缺陷和负面影响逐渐显现,并由此遭遇"合法性"质疑和危机之后才显现的。同时,国际投资仲裁的司法化并非一个绝对或者统一的趋势,不同的国际投资协定、国际投资仲裁规则对司法化理念的接受、体现程度以及不同国家法院对国际投资仲裁司法审查和司法介入的态度、程度都不尽相同。在此基础上,本书所关注的司法化,是对体现于不同国际投资协定、国际投资仲裁规则,以及部分国家国内司法实践中的司法化现象和问题的集中。

最后,需要注意区分的是,在国际争端解决领域,"司法"概念的使用有时是从相对广义的视角展开的。如有观点认为,解决国际争端的司法方式是指与传统政治方式相对的争端解决方式,包括严格意义上的司法和"准司法"性质的仲裁方式,"司法化"也被用以描述越来越多的国家选择司法方式解决国际争端的趋势。[③] 本书对"司法"及"司法化"的概念的使用显然并不与此相同。

---

① See Richard B. Lillich & Charles N. Brower eds., *International Arbitration in the 21st Century: Towards "Judicialization" and Uniformity?*, Martinus Nijhoff, 1994, p. 9.

② 参见于湛旻:《国际商事仲裁司法化问题研究》,法律出版社 2017 年版,第 20 ~ 21 页。

③ 参见王生、张雪:《国际争端解决的司法途径及中国的应对——从南海仲裁案说起》,载《现代国际关系》2016 年第 10 期。

三、结构安排

除引言外，本书共包括五章，在结构上遵循“引出问题”（第一章）—“描述问题”（第二章和第三章）—“分析问题”（第四章）—“应对问题”（第五章）的整体思路。

第一章是对国际投资仲裁司法化的起点——国际投资仲裁原本去司法化的初衷、理念和实践的论述。国际投资仲裁的司法化研究，以现行国际投资仲裁区别、独立于司法机制为前提，这是本书的立论和研究起点。国际投资仲裁的产生，在很大程度上源于传统 ISDS 机制的不力，尤其是国内司法救济存在的现实困境，故其具有替代传统司法机制的去司法化初衷。同时，在制度设计上，通过对国际商事仲裁的借鉴和直接适用，国际投资仲裁具有仲裁不同于司法的一般特征，而且由于《解决国家与他国国民间投资争端公约》（Convention on the Settlement of Investment Disputes Between States and Nationals of Other States，以下简称 ICSID 公约；基于该公约及其仲裁规则进行的仲裁，以下简称 ICSID 仲裁）在管辖权的排他性、程序的自治性以及国内司法监督的排除方面的自足性设计，ICSID 仲裁进一步具有不受国内司法约束的去司法化效果。此外，因仲裁庭对管辖权的扩张认定，国际投资仲裁在客观上形成了去司法化的实践，将原本可能或者应当归由国内司法管辖的争端纳入了国际投资仲裁的范畴。国际投资仲裁的司法化正是对国际投资仲裁原本这种去司法化的理念和实践带来的争议的回应，是对其去司法化的一种纠正或者背离。

第二章为“国际投资仲裁制度改革对司法制度的效仿”，从国际投资仲裁制度和仲裁规则本身的变化中总结其司法化的演变趋势。具体而言，本章从透明度规则对仲裁秘密性原则的改变、外部上诉机制对仲裁“一裁终局”原则的突破，以及司法化的裁判人员任命机制对传统当事人主导的仲裁员任命机制的改革三方面着重论述国际投资仲裁制度改革中借鉴和效仿司法机制的内在原因、制度方案以及未来进程。基于这些方面的改革，国际投资仲裁机制原本继承于国际商事仲裁的一些制度特征已在不同程度上被弱化，在程序规则和运行机制上呈现司法化的发展趋势。

第三章为“国内司法程序对国际投资仲裁的制约”，从国内司法程序对国际投资仲裁的介入和影响出发，探讨国际投资仲裁司法化的另一个维度。国内司法程序对国际投资仲裁的制约具体包括两个层面，一是对仲裁裁决的司法审查,二是对仲裁程序的介入:前者主要体现于对非 ICSID 仲裁裁决的撤销或者不予承认与执行,审查的事项主要以管辖权瑕疵为主,但不同国家在具体的司法审查标准上存在差异;后者主要体现于部分国家签发禁仲裁令以阻止投资者继续推进国际投资仲裁的实践以及法院强制合并仲裁的权力。

第四章在第二章和第三章有关国际投资仲裁司法化现象阐述的基础上,对该现象产生的原因以及带来的挑战进行分析。国际投资仲裁司法化是国际投资法由新自由主义范式转向内嵌自由主义范式的宏观背景、国际投资仲裁机制下投资利益的失衡与再平衡需求,以及争端解决机制竞争中的制度融合与仲裁多元化发展中的制度分化等因素综合作用的结果。国际投资仲裁的司法化有其内在合理性和必要性,但也可能带来减损仲裁效率、使争端解决复政治化以及裁决执行产生不确定性等负面效果。因此,国际投资仲裁司法化的实质是在司法化与去司法化之间寻找一个新的平衡点,我们既要肯定其积极价值,也要防止其矫枉过正的风险。

第五章是应用论部分,即我国对国际投资仲裁司法化的立场与应对。其中,对于透明度规则,我国在整体上可以接受,但应当对第三方参与制度作出必要的限制;对于上诉机制,我国应当持开放性的整体立场,但以我国仲裁员的切实参与以及对仲裁效率的兼顾为重要前提,并宜在双边和多边谈判中有意地通过关联设计将上诉机制导向多边层面;对于仲裁员的任命机制改革,在引入上诉机制的情况下,可考虑将强制仲裁员名册作为折中方案。同时,对我国法院而言,对国际投资仲裁裁决总体适用国际商事仲裁裁决的司法审查制度,是目前最合理的选择,且未来我国应当进一步限制法院对仲裁程序的介入。此外,建议将国际投资仲裁案件的管辖法院确定为最高人民法院国际商事法庭,并通过消除当前非 ICSID 仲裁裁决适用《承认及执行外国仲裁裁决公约》(以下简称《纽约公约》)的障碍以及修改《中华人民共和国仲裁法》(以下简称《仲裁法》)进一步完善我国司法与国际投资仲裁的制度衔接。

第一章　国际投资仲裁司法化的起点：去司法化的原有理念与实践

如引言中所述，对国际投资仲裁司法化问题的研究，建立在国际投资仲裁原本区别、脱离于司法机制的前提之上——国际投资仲裁的去司法化是本书司法化的立论和研究基础。本章通过对国际投资仲裁在产生、制度设计以及仲裁庭实践中所体现的去司法化理念和实践的阐述，描述国际投资仲裁司法化的"初始状态"和去司法化的起点，为后续司法化现象和问题的具体展开提供基础。

第一节　国际投资仲裁制度的产生背景

国际投资仲裁是在原有 ISDS 机制（尤其是司法机制）遭遇瓶颈，无法满足保障国际投资法治环境、促进国际投资发展的实践需求之后才被设计、创造出来的。因此，国际投资仲裁原有的去司法化理念必须从其制度产生的整体背景中去把握。

在国际经济交往发展的早期，相比于国际贸易，国际投资只占十分有限的部分，并且多以国际借贷、国际证券投资等间接投资的形式出现。[1] 因此，国际投资法

---

① 参见吕岩峰、何志鹏、孙璐：《国际投资法》，高等教育出版社 2006 年版，第 6 页。

的发展也相对滞后于国际贸易法的发展，并表现为早期国际经济交往的双边文件虽然也有关于外国商人及其财产和投资保护的规定，但其重点是保护商人，而不是保护工业投资者，投资条款在友好通商航海条约中显得无足轻重。① 与国际投资法的整体发展状况相吻合，在国际投资发展的早期，可供外国投资者选择的 ISDS 机制十分有限，主要包括四种：第一，与东道国协商谈判或者调解；第二，东道国的当地救济，包括东道国当地的司法救济和行政救济；第三，投资者母国或者第三国的司法救济；第四，投资者母国的外交保护。然而，上述选择对投资者来说都非理想之选。对于协商谈判或者调解，由于程序的非强制性，在双方已经发生争端的情况下，达成争端解决方案的可能性或者及时性难以得到保障。对于东道国的当地救济，由于可适用的国际投资法的缺乏以及东道国的司法、行政机关在处理涉及本国政府或者国有企业的争端时或多或少存在地方保护主义倾向等原因，投资者获得有效救济的可能性并不乐观。对于投资者母国或者第三国的司法救济，则往往受到国家主权豁免原则②以及国家行为原则③的限制。在国家主权豁免原则下，虽然越来越多的国家在豁免立场上采取有限豁免的做法，但除一些国家（如美国）将征收列为豁免例外之外，对于主权国家、政府损害投资者利益的行为，投资者通常很难跨过管辖豁免和执行豁免的阻碍。同时在国家行为原则下，虽然部分国家（如美国）指令法院不得以国家行为原则为由拒绝对违反国际法的征收行为的实质问题作出裁判，但整体而言，国家行为原则对投资者起诉外国政府（尤其没有涉及征收的案件）仍构成了

---

① 参见余劲松主编：《国际投资法》（第 2 版），法律出版社 2003 年版，第 212 页。

② 国家主权豁免具体包括管辖豁免和执行豁免两个方面：管辖豁免，即除非一国明示或默示放弃，另一国司法机关不得受理和审判以该国家、国家财产、国家元首和政府首脑等代表国家的高级官员为被告的民事和刑事诉讼；执行豁免，是指即使一国已放弃了司法管辖豁免，如未经该国放弃执行豁免，另一国法院不得对该国的国家财产采取强制措施，不得对该国的政府高级官员采取民、刑事强制措施。参见何志鹏：《主权豁免的中国立场》，载《政法论坛》2015 年第 3 期。

③ 国家行为原则，是指一国制定的法令或在其领域内实施的官方行为，他国法院不得就其有效性进行审判，从而承认外国国家行为的效力。其与国家主权豁免的区别主要在于主权豁免原则是一个管辖权规则，它通常是指未经国家的明示同意不能将其作为被告在其他国家法院进行诉讼，如果存在主权豁免的正当理由，那么法院丧失对案件的管辖权；国家行为原则是一项可审判性原则，它要求法院对一外国国家在其领域内实施的行为的有效性不予审查从而推定其为有效，属于外国主权的肯定性抗辩。从法律意义上讲，主权豁免原则阻止了诉讼程序的继续进行，而国家行为原则并不阻止法院对案件行使管辖权，而是当案件的实体争议涉及一外国政府行为或法令的有效性时的司法审慎和司法的自我抑制，使特定的问题具有不可审判性（non-justifiability）。参见任明艳：《国家行为原则与主权豁免关系之实证分析》，载《河南大学学报（社会科学版）》2006 年第 5 期。

限制。[①] 至于投资者母国的外交保护救济,也面临三方面的制约:首先,投资者需要向母国政府证明其遭到了不公正的待遇,说服母国政府愿意为其采取行动。其次,外交保护受用尽当地救济的限制,这意味着投资者必须经历用尽当地救济的漫长等待,更不用说达到何种程度才算"用尽"当地救济本身也是一个带有争议的问题。[②] 最后,即使满足上述两个条件,母国政府同意为投资者提供外交保护,也意味着争端解决的控制权从投资者转移到母国政府手中。母国政府在后续处理争端的过程中,一方面,需要与东道国政府进行沟通、核实、协商、谈判,这个过程可能就需要花费很长的时间;另一方面,出于维护两国关系等方面的考虑,母国政府对争端的处理方式并不一定以投资者的利益为首要考虑,这对投资者来说也是潜在的不利因素。综上,对于外国投资者及其国家而言,习惯国际法的最大缺陷之一是缺乏有效的、强制性的 ISDS 机制。[③]

考虑到前述传统 ISDS 机制,尤其是传统司法机制(无论是东道国司法救济还是投资者母国或第三国的司法救济)所面临的困境,仲裁机制成为 ISDS 机制的新选择。因此,国际投资仲裁机制产生的重要初衷之一,就是替代或者补充以国内司法为首的其他争端解决机制,国际投资仲裁在产生的动机上就是提供一种不同于司法的,更加具有投资和商业吸引力的争端解决机制。这一点,可进一步援引学者对 ICSID 公约缔结原因的总结:ICSID 公约最根本的推动力源于外国投资者对东道国司法体系的不信任,如果外国投资者信任东道国司法体系会公正司法,公平对待投资争端的当事双方,就没有必要缔结 ICSID 公约。[④]

当然,仲裁机制之所以能够成为国际投资争端解决的新选择,还有赖于以下两个方面的基础。第一,仲裁作为国家间争端解决机制的运用。从仲裁的发展历史来看,其毫无疑问源于民间,在早期发展中主要用于处理民商事纠纷。不过,1794 年,在英美为解决战后遗留问题签订的《杰伊条约》中,双方约定将

---

① 参见[美]肯尼斯·J. 范德威尔德:《美国国际投资协定》,蔡从燕、朱明新译,法律出版社 2017 年版,第 615 页。

② 有关这方面的论述,可参见张磊:《论外交保护中对用尽当地救济原则的限制——以联合国〈外交保护条款草案〉第 15 条为线索》,载《华东政法大学学报》2014 年第 5 期;张磊:《论外交保护中当地救济的"用尽"程度》,载《求索》2012 年第 2 期。

③ See Jeswald W. Salacuse, *Towards a Global Treaty on Foreign Investment: The Search for a Grand Bargain*, in Norbert Horn & Stefan Michael Kroll eds., Arbitrating Foreign Investment Disputes: Procedural and Substantive Legal Aspects, Kluwer Law International, 2004, p. 68.

④ 参见王海浪:《ICSID 管辖权新问题与中国新对策研究》,厦门大学出版社 2017 年版,第 17 页。

未解决的三个问题通过仲裁解决,这开启了仲裁在近现代被运用于解决国家间争端的实践。到19世纪末,国家间仲裁已经成为一种被广泛接受的国际实践,[①]并突出表现为国际社会在1899年根据《和平解决国际争端公约》成立了常设仲裁法院。第二,私人通过仲裁程序向主权国家求偿的实践。传统上,个人并不被认为是国际法的主体,进而,个人在国际层面通过国际争端解决机制向主权国家寻求赔偿存在障碍。不过,在第一次世界大战以后,根据《凡尔赛和约》等一系列和约成立的混合仲裁庭却在这方面作出了突破。例如,根据《凡尔赛和约》第297条的规定,协约国国民可以通过混合仲裁庭向德国提出索赔。[②]同时,个人直接与外国政府通过协议仲裁解决争端的实践也开始发展。例如,最早有关此种仲裁的记载是1908年美国的一家铁路公司与厄瓜多尔之间进行的仲裁。在1950年之后,产生了大量围绕石油特许协议在东道国和外国私人公司之间进行的仲裁。[③]

上述两个方面奠定了国际投资仲裁的产生基础:前者使仲裁成为一种可被国家接受的国际争端解决机制,后者则为个人通过仲裁向主权国家提起索赔提供了先例和借鉴,解决了传统上制约个人向主权国家的诉权问题。在此基础上,将仲裁机制运用于ISDS领域的呼声逐渐增多。例如,1958年12月,在日内瓦设立的"促进和保护私人外国投资国际协会"认为,未来促进外国资本流动的努力方向之一,即用中立仲裁解决纠纷。此后,1962年联合国经济合作和发展组织提出的《保护外国人财产公约草案》也明确将仲裁作为投资争端的解决方式。[④] 上述多个层面的呼声虽然未能直接落实,但这些呼声引起了联合国经济与社会理事会及世界银行的注意,为此后ICSID公约的诞生奠定了基础,带来了国际投资仲裁机制此后的发展。

第二节 国际投资仲裁去司法化的原有理念

国际投资仲裁制度的应运而生在很大程度上源于人们希望将仲裁的制度

---

① 参见王鹏:《论国际混合仲裁的性质——与国际商事仲裁和国家间仲裁的比较研究》,人民出版社2007年版,第23页。

② See Hans Kelsen, *Principles of International Law*, Rinehart, 1952, p. 142.

③ 参见王鹏:《论国际混合仲裁的性质——与国际商事仲裁和国家间仲裁的比较研究》,人民出版社2007年版,第33~34页。

④ 参见姚梅镇:《国际投资法》(第3版),武汉大学出版社2011年版,第266~268页。

优势引入 ISDS 领域的初衷。作为一种源于民商事领域的替代性争端解决机制,仲裁机制的核心优势即其区别于司法的制度特性。因此,借鉴于国际商事仲裁机制的国际投资仲裁机制在制度构建上也充分体现了去司法化的理念。

一、仲裁机制内在的去司法化理念

虽然如日本学者谷口安平所言,“仲裁与诉讼一样也是以双方当事人的对立作为前提,仲裁人与法官一样需要在认真听取斟酌对立的双方当事人主张的基础上,做出与法院判决具有相同效力的仲裁裁决。换言之,仲裁基本上具有与诉讼相同的结构”①。但仲裁作为替代性纠纷解决机制之一,其与司法之间的区别更为关键——无论在历史渊源上还是制度理念上,它们呈现的是区分基础上的互补关系,而非趋同基础上的同质关系。

这一点在现代商事仲裁的雏形——中世纪商人法庭的发展中就已显露无遗。在中世纪集市贸易的开展初期,由于设立集市是封建领主的特权,因而在集市贸易过程中产生的纠纷最初也由领主法庭管辖。但这种依托于封建权力的司法制度无法满足蓬勃发展的商事需求:在管辖上,“领主法庭通常不设在集市,甚至可能远离集市,商人们为了到领主法庭进行诉讼往往还要长途跋涉”②;在司法程序上,司法程序中僵硬、传统的形式主义,延误时日、和裁判决斗一样原始的证明方法,免诉宣誓的流弊,全凭偶然性判决的“审议裁判”等对商人来说是无休止的折磨。③ 为克服上述司法机制的弊端,商人阶层选择在领主法院之外通过设立商人法庭这一民间机制解决纠纷。商人法庭由拥有丰富商业经验的商人担任裁判人员,适用商人习惯法,并在程序上推崇快速、灵活——他们按照良心和公平原则去处理,并认为在法律的细枝末节上争执是不恰当的。④ 可以说,商人法庭不同于封建领主司法的特点是其在当时的历史背景下产生和发展的根本。

直至仲裁的当代发展,不同于司法的制度特征也仍是仲裁继续保持生命力

---

① [日]谷口安平:《程序的正义与诉讼》(增补本),王亚新、刘荣军译,中国政法大学出版社2002年版,第401页。

② [比利时]亨利·皮雷纳:《中世纪的城市》,陈国樑译,商务印书馆2006年版,第103页。

③ 参见[比利时]亨利·皮雷纳:《中世纪的城市》,陈国樑译,商务印书馆2006年版,第79页。

④ 参见[美]哈罗德·J.伯尔曼:《法律与革命——西方法律传统的形成》,高鸿钧等译,法律出版社2008年版,第340~341页。

的关键所在。具体而言,司法基于保障国家权威和对全体社会成员实现普遍平等和公正的需要,必须在程序设计上作出严谨的,以强制性为主的制度设计。它虽然也考虑公正和效率之间的关系,但公共利益和程序公正、平等、严谨始终是第一位阶的价值追求和制度特征,故其制度设计难免会因为上述价值追求和特征而对效率和灵活性有所牺牲。而这恰恰是仲裁等替代性争端解决机制的生存空间,即在司法制度之外为争端的解决提供更以当事人意愿为中心,能够满足争端当事主体个性化需求的选择。事实上,近现代仲裁的核心价值也确在于此:通过制度上自主性、保密性、一裁终局性和可执行性的设计,仲裁不仅有利于当事人的秘密不被公开,避免"马拉松式"案件的出现,而且使当事人在争端解决过程中能最大限度地控制程序的推进,并在裁决的执行力上具有切实保障。可以说,在满足公正的基本(最低)要求的前提下,仲裁通过淡化程序上对法定程序和法定形式的要求,规避司法机制下严格、复杂的程序规则,使争端的解决更加高效灵活。特别是在国际争端的解决中,考虑到司法的地方保护主义倾向,独立、公正、高效的国际商事仲裁更具吸引力。

上述仲裁的去司法化制度机理使仲裁具有天然的去司法化特征,由此带来的制度优势恰恰也是投资者在国际投资争端的司法途径中无法得到和渴望实现的。因此,国际投资仲裁制度在构建过程中,并未采取另起炉灶的做法,而是对国际商事仲裁制度进行了全面的借鉴或直接适用:全面借鉴体现于 ICSID 仲裁机制对国际商事仲裁制度的参照和借用;而直接适用则体现于很多国际投资仲裁案件直接适用国际商事仲裁规则。例如,根据 NAFTA 第 11 章第 1120 条的规定,根据 NAFTA 提起的国际投资仲裁案件可以适用以下三种程序规则之一:ICSID 仲裁规则、ICSID 附加便利规则以及联合国国际贸易法委员会(United Nations Commission on International Trade Law,UNCITRAL)仲裁规则(以下简称 UNCITRAL 仲裁规则)。不过由于墨西哥直到 2018 年 1 月 18 日才加入 ICSID 公约,加拿大也是在 2013 年 10 月 1 日才批准加入 ICSID 公约,基于 NAFTA 提起的国际投资仲裁最常用的仲裁规则是 UNCITRAL 仲裁规则。而 UNCITRAL 仲裁规则在 2013 年通过《投资人与国家间基于条约仲裁透明度规则》(以下简称《透明度规则》)前,并未针对国际投资仲裁设计特殊的规则,故国际投资仲裁与其他商事仲裁案件适用相同的仲裁规则。因此,如有学者所评论的,国际投资仲裁机制的理念就是将投资争端从政治王国中剥离并将其推入商事仲裁的王国。①

二、国际投资仲裁对仲裁去司法化理念的传承

对商事仲裁制度的全面借鉴和直接适用使国际投资仲裁在制度上继承了其去司法化的核心理念，并具体体现于以下环节中。

（一）当事人意思自治理念的传承

仲裁以充分的当事人意思自治为基础，是否选择仲裁以及仲裁机构的选定、仲裁员的指定、仲裁地和仲裁语言文字的确定、仲裁程序的确定、提交仲裁的争议范围、仲裁的法律适用、是否和解等，均优先由当事人自行决定，当事人可以对仲裁程序起支配作用，对争议的解决也可发挥最大的影响，使仲裁程序较为灵活，这在诉讼中是难以实现的。② 由此，当事人的意思自治是仲裁区分于以强制性为基本特征的司法制度的核心所在，是仲裁去司法化的重要表现。

对国际投资仲裁而言，当事人的意思自治也得到全面的体现——在直接适用商事仲裁规则的情况下自不必说，即使在适用 ICSID 仲裁规则的情况下，当事人的意思自治也全面体现于 ICSID 仲裁规则中，表现为当事人在仲裁员的指定（ICSID 仲裁规则第 1 条），仲裁地点的确定（ICSID 仲裁规则第 13 条第 3 款），仲裁程序的事项（包括仲裁使用的语言，提交请求的数量、顺序、期间，文件复印件的数量，程序的进行方式，费用的分摊方式，开庭的记录方式等，ICSID 仲裁规则第 20 条），仲裁的法律适用（ICSID 公约第 42 条）等方面都具有决定权。

（二）仲裁庭自裁管辖权原则的传承

在仲裁发展的早期，传统观点认为，在当事人对仲裁协议的效力以及仲裁庭的管辖权产生争议时，应当由法院而非仲裁庭来裁决。但随着仲裁实践的发展，仲裁的自治性日益受到国际社会的重视，仲裁庭自裁管辖权原则作为保障仲裁效率和自治性的重要手段开始得到普遍承认。例如，1976 年 UNCITRAL 仲裁规则第 21 条第 1、2 款就规定“仲裁庭应有权就对其管辖权所提出的异议，包括对仲裁条款或单独的仲裁协议的存在和效力所提出的任何异议，进行裁决”；“仲裁庭应有权决定仲裁条款为其组成部分的合同的存在和效力”。1985

---

① See Daniel M. Price, *Chapter 11—Private Party vs. Government*, *Investor – State Dispute Settlement*: *Frankenstein or Safety Valve*, 26 Canada – United States Las Journal 107, 112 (2000).

② 参见黄进、宋连斌、徐前权：《仲裁法学》，中国政法大学出版社 2008 年版，第 5 页。

年的《联合国国际贸易法委员会国际商事仲裁示范法》第16条同样明确规定，"仲裁庭有对自己的管辖权作出裁定的权力"。虽然在商事仲裁下，仲裁庭自裁管辖权的权力并不是绝对和终局的，在绝大多数的国家立法中，其仍需要受到法院的审查，但它限定了法院干预仲裁管辖权的时间和条件，从而避免法院过早地干预仲裁过程，有利于仲裁提高效率。[①] 申言之，仲裁庭自裁管辖权原则背后体现的也是仲裁去司法化的逻辑，尽量避免司法对仲裁的介入。

对国际投资仲裁而言，仲裁庭自裁管辖权原则也得到了充分的遵循，甚至ICSID公约第41条关于仲裁庭自裁管辖权的规定是国际上第一个明确采纳该原则的世界性公约。同时，相比于国际商事仲裁，在ICSID机制下仲裁庭自裁管辖权的权力更呈去司法化的特征：虽然仲裁庭对管辖权的裁决也并不必然是终局的，"仲裁庭显然超越其权力"是ICSID公约明确规定的当事人申请撤销裁决的一个重要理由，但由于ICSID对仲裁裁决的撤销采取的是ICSID体制内的内部救济，不仅排除了缔约国的国内司法审查（详见下文有关ICSID仲裁自足性的论述），而且其内部撤销制度也采取限制性的立场。因而，从这个角度来看，ICSID仲裁庭自裁管辖权的权力更具支配效力。

（三）一裁终局原则的传承

仲裁被视为一次性争端解决机制，其裁决一经作出即具有法律效力，即所谓的"一裁终局"。一裁终局使仲裁不像法院诉讼那样需要两审终审甚至再审等复杂的程序，从而减少了当事人在仲裁程序上所耗费的时间和精力，使仲裁当事人尽快从纷争中解脱出来，进而实现更高的效益。[②] 因此，一裁终局原则是仲裁区别于司法诉讼的重要标志之一，有助于避免出现类似司法诉讼中的"缠诉"现象，提高纠纷解决的效率。

对国际投资仲裁而言，一裁终局原则同样被予以吸收和遵循。在适用国际商事仲裁规则的国际投资仲裁案件中，由于1958年《纽约公约》第3条明确规定"每一个缔约国应当承认仲裁裁决具有约束力"，这使国际投资仲裁的一裁终局原则同样得到绝大多数国家的认可；对于适用ICSID仲裁规则的案件来说，ICSID仲裁同样采取一裁终局原则，ICSID公约第53条明确规定："裁决对双方有约束力。不得进行任何上诉或采取任何其他除本公约规定外的补救办法。"

---

① 参见黄进、宋连斌、徐前权：《仲裁法学》，中国政法大学出版社2008年版，第89页。

② 参见刘晓红主编：《仲裁"一裁终局"制度之困境及本位回归》，法律出版社2016年版，"导言"。

此外,大部分的国际投资协定也会对仲裁裁决的终局效力进行直接规定,这对于当事国而言具有约束力。

(四)秘密性原则的传承

与司法以公开审理为原则不同,仲裁通常以不公开审理、裁决为原则,即仲裁的秘密性原则。仲裁的秘密性具体又包括两方面的含义:一是仲裁程序的私人性、不公开性,除仲裁员、当事人以及证人外,限制其他人参与仲裁程序或了解案件;二是仲裁的保密性,仲裁员和当事人负有不得泄露、公布与仲裁程序、文件和裁决有关内容的义务。① 秘密性是吸引当事人选择仲裁的重要原因之一,因为这可以保护当事方的商业信息和机密不被公开,对保护各自的商业信誉具有积极价值。

虽然根据英国上诉法院在先例阿里航运公司诉特罗吉尔船厂案②中的判决,仲裁的秘密性原则受制于公共利益的例外,但是在国际投资仲裁这一涉及公共利益的领域,仲裁的秘密性在早期仍然得到遵守:对于直接适用国际商事仲裁规则的案件来说,在 UNCITRAL 制定《透明度规则》前,国际商事仲裁中有关秘密性的程序规定同样普遍适用于国际投资仲裁,如 1976 年 UNCITRAL 仲裁规则第 25 条第 3 款规定"除非当事各方另有协议,开庭应采取不公开的方式",第 32 条第 5 款规定"裁决须经当事双方同意才可以公布";对于适用 ICSID 仲裁规则的案件来说,在 2006 年改革之前,秘密性要求也体现于相关条款中,如 ICSID 仲裁规则第 48 条第 4 款规定,国际投资争端中心(International Centre for Settlement of Investment Disputes,ICSID)未经当事人同意不得公布裁决(仲裁庭的法律说理摘要除外)。

三、ICSID 仲裁制度的自足性设计

国际投资仲裁制度因对国际商事仲裁制度的全面借鉴而继承了前述去司法化的特征,但需要指出的是,国际商事仲裁的去司法化并非绝对的,其在很多方面仍依赖或者受制于国内司法。

虽然理论上有仲裁自治论以及非内国仲裁等观点试图淡化或者否认仲裁与国内法,尤其是国内司法的联系,但不可否认的是,从当前国际商事仲裁的实

---

① See Julian Lew, *Expert Report of Dr. Julian D. M. Lew (in Esso/BHP v. Plowman)*, 11 Arbitration International 3 (1995).

② See Ali Shipping Corporation v. Shipyard Trogir. [1998] 1 Lloyd's Rep. 643.

际运行来看，仲裁尚无法完全脱离国内法或国内司法，国内司法的介入仍是普遍且必要的。这表现在：首先，仲裁地法院对于解决仲裁程序中可能遇到的困境有协助的必要，如在一定情形下代为指定仲裁员，强制执行仲裁协议，指示合并仲裁等；其次，虽然仲裁庭有权做出临时性保全措施，但该种措施的实现却依赖于国内法院的协助执行才具有强制力；再次，在一裁终局原则下，法院的司法审查是当事人针对仲裁裁决最有效的外部救济方式，以仲裁裁决撤销权为核心的司法监督制度也是当前世界各国普遍承认的实践，被裁决地所在国或裁决所依据法律的国家的主管机关撤销或停止执行的仲裁裁决也是《纽约公约》明确列明的可以不予承认和执行的裁决种类之一；最后，仲裁裁决既判力的实现也需要依靠法院或者相关执行机关，而国内法院在承认和执行仲裁裁决阶段有权对仲裁进行必要的司法审查也已成为国际共识。鉴于此，尽管商事仲裁呈现去司法化的特征，但因其本身程序的非自足性和法律强制力的不足，这种去司法化的特征并不绝对，国际商事仲裁并不是完全脱离国内司法的自主领域。

不过，在 ICSID 公约及其仲裁规则的框架下，ICSID 仲裁构建了一个完全独立于国内法律体系的自足（self-contained）体系。① 具体而言，为保证依据 ICSID 公约开展的国际投资仲裁的独立性，ICSID 公约及其配套制度规则通过以下三个环节的制度自足性设计，在国际商事仲裁的基础上实现了在程序层面进一步的去司法化。

（一）管辖权的排他性和优先性

ICSID 公约第 26 条规定：“除非另有规定，双方同意根据本公约交付仲裁，应视为同意排除任何其他救济方法而交付仲裁。缔约国可以要求以用尽该国行政或司法救济作为其同意根据本公约交付仲裁的条件。”从该条规定可分析出以下两个层面的含义：一是 ICSID 仲裁对案件的管辖具有排他性，一旦将争端提交 ICSID 仲裁，即视为排除其他救济方式；二是当地救济规则只有在缔约国明确要求的情况下才能得到适用，在未明确要求的情况下，ICSID 仲裁优先于当地救济程序。其中，前一层含义意味着，一旦 ICSID 仲裁庭认定其对案件具有管辖权，则包括国内司法在内的其他争端解决程序将不再适用，避免平行程序的出现。对此，国际复兴开发银行执行董事会在《关于〈解决国家与他国国民间投资争端公约〉的报告》中对“仲裁作为排他性救济”的地位予以了肯定：

① See Georges R. Delaume, *ICSID Arbitration and the Courts*, 77 American Journal of International Law 784 (1983).

假设国家与投资者同意将争端提交仲裁,且并未对寻求其他救济或要求先用尽其他救济的权利进行保留,则表明双方同意将仲裁作为排他性的救济方式。而后一层含义则意味着,原本传统国际法中处于默示适用地位的当地救济规则在ICSID 仲裁下的适用被颠倒过来,其只有在"明示要求"的情况下才能适用。这一点,专门委员会在埃默科诉印度尼西亚案(Amco v. Indonesia)①的撤销程序中已经明确确认——因印度尼西亚没有保留 ICSID 公约第 26 条下要求优先用尽当地救济作为诉诸 ICSID 仲裁庭的条件,故应被视为已经放弃此种要求优先用尽当地救济的权利。

上述 ICSID 公约对其仲裁管辖权的排他性和优先性设计显然体现了去司法化的逻辑和目的。

(二)仲裁程序的自治性

虽然,目前各国际商事仲裁规则对仲裁程序的规定都比较详细,而且当事人的意思自治也是仲裁程序遵循的一个基本原则,但这并不意味着国际商事仲裁下的仲裁程序是完全自治的,其仍受到两个方面的限制:一是如前所述,当事人或者仲裁庭存在无法有效推进仲裁程序的情形,需要法院介入加以协助,如强制执行仲裁协议、采取保全措施、指示合并审理等;二是仲裁程序不得违反仲裁应当适用的法律②的强制性规定。③ 例如,2010 年 UNCITRAL 仲裁规则在其第 1 条第 3 款中就规定:"仲裁应按照本《规则》进行,但本《规则》任一条款与仲裁所适用的某项法律规定相抵触,且各方当事人又不得背离该法律规定的,以该法律规定为准。"如果仲裁程序没有遵守应当适用的法律的强制性规定,可能对仲裁裁决的效力产生影响。因此,国际商事仲裁的程序仍不能完全脱离国内法和国内司法,并非一个完全独立、自治的程序机制。

不过,在 ICSID 仲裁机制下,情形却有所不同。考虑到仲裁程序掺杂国内法和国内司法因素带来的不确定性,ICSID 公约在设计时特别考虑了 ICSID 仲裁程序的自治性。这种程序的自治性,体现于正反两个方面。从正面来看,ICSID 公约第 44 条规定:"任何仲裁程序应依照本节规定,以及除双方另有协

---

① See Amco Asia Corporation and others v. Republic of Indonesia, ICSID Case No. ARB/81/1.

② 通常而言,如果当事人没有对仲裁适用的法律做出约定,那么适用仲裁地国法律。

③ 这种强制性规定可能包括仲裁协议形式上的规定,仲裁程序合并的规定,仲裁程序使用的语言,仲裁裁决的登记等。参见赵秀文:《国际商事仲裁法》(第 3 版),中国人民大学出版社 2012 年版,第 146 ~ 147 页。

议外,依照双方同意提交仲裁之日有效的仲裁规则进行。如发生任何本节或仲裁规则或双方同意的任何规则未作规定的程序问题,则该问题应由仲裁庭决定。”根据该规定,在发生适用的仲裁规则未对仲裁程序作出规定以及当事人无法就仲裁程序达成一致的情形时,仲裁庭是仲裁程序的最终决定者,而无须国内仲裁法或者国内法院的补缺或者介入。从反面来看,ICSID 公约及其仲裁规则没有规定 ICSID 仲裁程序需要遵守任何国家仲裁法的强制规定。故与国际商事仲裁不同,ICSID 仲裁具有去当地化或内国化的特征(delocalized nature),仲裁地在 ICSID 仲裁下不再具有重要的法律价值,仲裁地法对 ICSID 仲裁程序没有实际的约束力,仲裁地的选择通常只是为了事实上的便利。上述正反两方面的设计意图十分明显,就是使 ICSID 仲裁程序能够独立于各国国内法体制,而直接依照国际法规范进行。① 也就是说,ICSID 的仲裁程序规则不必受国内强行法的约束,ICSID 仲裁规则同时充当了管辖仲裁的法律,即仲裁法的地位。②

因此,如果说在国际商事仲裁下,仲裁程序的“非国内化”难以完全实现,因为强制性规定依然是国家为确保仲裁程序在最低限度内实现公平、有效解决争议目标而进行的重要立法规定,③那么对于 ICSID 仲裁而言,其已经构成一个独立、自足、不受仲裁地法影响的仲裁程序体系,完全受 ICSID 公约及其仲裁规则的自身体系支配,在很大程度上实现了“非国内化”的目标。正如有学者所言,“公约,因其是条约,构成了仲裁程序法。因而除了公约本身所提到的以外,公约排除了任何国家的法庭地法的可适用性”④。在此基础上,因仲裁地法被排除,国内司法对 ICSID 仲裁程序的介入被降至最低,仲裁程序的去司法化彰显无遗。

(三)对国内司法监督的排除

在商事仲裁下,由于仲裁本质上是契约性的,因而仲裁员的权力不是漫无限制的。如果没有任何监督,仲裁就好比是人治下的开明专制,缺乏制度化的保障。⑤ 其中,法院的司法监督是仲裁监督最主要的组成部分之一,也是世界各

---

① See Moshe Hirsch, *The Arbitration Mechanism of the International Centre for the Settlement of Investment Disputes*, Springer, 1993, p. 19.

② 参见石惠:《投资条约仲裁机制的批判与重构》,法律出版社 2008 年版,第 53 页。

③ 参见张美红:《论国际商事仲裁程序“非国内化”》,载《兰州学刊》2014 年第 7 期。

④ 林爱民:《国际投资协定争议仲裁研究》,复旦大学 2009 年博士学位论文,第 86 页。

⑤ 参见黄进、宋连斌、徐前权:《仲裁法学》,中国政法大学出版社 2008 年版,第 206 页。

国仲裁立法和司法实践的通例。司法对仲裁的监督主要通过两个环节实现:一是司法机关对本国仲裁裁决的撤销程序;二是司法机关对仲裁裁决的承认与执行。前者是当事人的一种主动救济机制,可以否决仲裁裁决的效力,一旦仲裁裁决被有权的司法机关撤销,则其在其他国家往往也将不具有可执行性;后者则是一种被动的救济方式,被申请人只能阻止裁决在申请承认与执行国的承认与执行,胜诉方理论上还可以向其他国家请求承认与执行。基于发展国际商事仲裁的需求,晚近各国对国际商事仲裁多持支持和鼓励的态度,因而法院对仲裁的司法监督亦多持友好的态度,尽量减少对仲裁的司法干预。但无论如何,国际社会普遍认可对仲裁司法监督的必要性,认为它是防止仲裁员、仲裁庭或仲裁机构违反基本公平、正义或公共秩序,保障当事人权利免于不当侵犯的必要保证。

当然,上述国内司法监督程序的存在对当事人来说也可能成为要求败诉方承担仲裁裁决责任的阻碍,因为各国法院秉持的司法监督立场不甚相同,司法监督程序的效率亦参差不一,一旦裁决需要受国内司法监督程序的制约,不仅仲裁裁决的效力能否被维持将存在不确定性,而且将极大延长争端的解决周期。因此,为排除国内司法监督给国际投资仲裁裁决带来的不确定性,ICSID公约在制度设计中明确对国内的司法监督程序进行了排除——起草者在起草公约时一再强调,ICSID 的仲裁后救济程序具有排他性。① 具体而言,体现在以下方面。

首先,在仲裁裁决的撤销环节,ICSID 公约设立了内部的裁决撤销制度以取代国内司法的裁决撤销制度。根据 ICSID 公约第四章第五节有关“裁决的解释、修改和撤销”的规定,ICSID 仲裁裁决的救济只能通过本节规定的三种路径进行:第一,如果双方对裁决的意义或范围发生争议,任何一方都可以向秘书长提出书面申请,要求对裁决作出解释;②第二,如果任何一方发现一些在性质上对裁决有决定性影响,且不为仲裁裁决作出时仲裁庭和申请人所了解的事实,可以向秘书长书面提出修改裁决的申请;③第三,任何一方如果依据包括仲裁庭的组成不当、仲裁庭显然超越其权力、仲裁庭的成员有受贿行为、有严重的背离

---

① 参见刘京莲:《阿根廷国际投资仲裁危机的法理及实践研究:兼论对中国的启示》,厦门大学出版社 2011 年版,第 186 页。

② 参见 ICSID 公约第 50 条。

③ 参见 ICSID 公约第 51 条。

基本程序规则的情况以及裁决未陈述其所依据的理由在内的一个或几个理由，可向秘书长申请撤销仲裁裁决。[①] 其中，上述内部的裁决撤销制度是否定ICSID仲裁裁决效力的唯一途径，而且撤销程序仅依据ICSID公约在ICSID体系下进行，完全独立于国内法院的司法监督程序。[②] 通过上述内部撤销机制的设计，ICSID裁决实现了ICSID体系内的内部救济和监督，规避了由各国国内法院司法审查可能导致的撤销理由和裁判标准不一的风险，从而在最大限度上保证了ICSID仲裁撤销制度在实践层面的统一性。

其次，在仲裁裁决的承认和执行环节，ICSID公约同样赋予ICSID仲裁裁决直接的终局效力，从而排除了国内法院在承认和执行环节对裁决的审查。如果ICSID公约不能为裁决的执行提供充分的保障，那么投资者和东道国都将对ICSID的仲裁体制失去信心，因为无力的执行机制会使一方当事人获得的有利裁决失去实际意义。[③] 因此，虽然ICSID公约规定裁决的执行应受执行国关于执行判决的现行法律的管辖，但同时明确规定，每个缔约国都有承认ICSID仲裁裁决的义务，如同该裁决是该国法院的最终判决一样。[④] 也就是说，缔约国对ICSID仲裁裁决的承认是无条件的，其司法机关不能对裁决做任何实质的审查。当然，在本韦努蒂和邦方诉刚果案（Benvenuti & Bonfant v. People's Republic of the Congo）[⑤]以及西非工业混凝土公司诉塞内加尔案（SOABI v.

---

① 参见ICSID公约第52条。

② 其程序为：对于当事人向ICSID秘书长提出的撤销裁决申请，秘书长在收到相关手续费后应当对合格的请求要求行政理事会主席从仲裁员小组中任命一个由三人组成的专门委员会负责审理。该临时性的专门委员会如果发现确实存在前述一种或几种情形，那么有权撤销部分或全部裁决。如果裁决被全部撤销，那么在任何一方当事人的请求下，应将争端提交依据ICSID公约新组成的仲裁庭审理；如果裁决被部分撤销，那么未被撤销部分依然具有法律约束力。

③ See Anoosha Boralessa, *Enforcement in the United States and United Kingdom of ICSID Awards against the Republic of Argentina: Obstacles that Transnational Corporations May Face*, 17 New York International Law Review 53, 59 (2004).

④ ICSID公约第54条第1款规定："每个缔约国都应承认遵从本公约作出的裁决具有约束力，并在其国内执行该裁决所加的金钱上的义务，如同该裁决是该国法院的最终判决一样。有联邦宪法的缔约国可以在该国联邦法院或通过该联邦法院执行该裁决，并可规定联邦法院应把该裁决视为是其组成的一邦的法院所作出的最终判决。"

⑤ See S. A. R. L. Benvenuti & Bonfant v. People's Republic of the Congo, ICSID Case No. ARB/77/2, decision of Cour d'Appel, Paris (26 June 1981), ICSID Reports 1 (1993), p. 368.

State of Senegal)[①]中,巴黎上诉法院都明确指出,有关裁决承认与执行的决定并不构成强制执行措施,它们是两个不同的环节。同时,根据ICSID公约第55条的规定,对判决承认和执行的规定不得解释为背离任何缔约国现行关于本国或外国执行豁免的法律,这意味着在强制执行环节,可能涉及主权执行豁免问题。在利比里亚东部木材公司诉利比里亚案(LETCO v. Liberia)[②]的承认与执行程序中,投资者首先在美国纽约南区地区法院获得了承认和执行裁决的裁定,随后又请求法院签发了一个针对利比里亚财产的执行命令(writ of execution)。利比里亚就该执行命令提出上诉,认为执行命令涉及的财产属于美国《外国主权豁免法》豁免的主权财产。上诉法院支持了利比里亚的上诉请求,撤销了一审法院的执行命令,但同时准许利比里亚东部木材公司根据《外国主权豁免法》的商业例外就利比里亚政府的商业财产寻求强制执行。[③] 因此,虽然ICSID公约未能打破东道国可能享有的执行豁免,但其赋予仲裁裁决终局效力的制度设计在避免国内司法程序的审查上相比国际商事仲裁已经有了根本性的进展。[④]同时,ICSID公约进一步规定了东道国不遵守ICSID仲裁裁决的救济措施——根据ICSID公约第27条的规定,如果另一缔约国未能遵守和履行裁决,作为投资者母国的缔约国可以给予外交保护或提出国际要求,包括依据ICSID公约第64条的规定将此问题视为有关公约的解释和适用的争端提交国际法院。此外,拒绝执行ICSID仲裁将会使缔约国丧失在国际社会中的声誉,这不大可能是一个国家轻易愿意承担的风险。[⑤]

总体来看,ICSID公约对国内司法监督的排除是富有成效的,它使ICSID仲裁裁决在效力的确定性和执行的保障性方面要显著高于依据国际商事仲裁规则进行的国际投资仲裁。

---

① See Société Ouest Africaine Des Bétons Industriels (SOABI) and Others v. State of Senegal, ICSID Case No. ARB/82/1, decision of Cour d'Appel, Paris (5 December 1989), ICSID Reports 2 (1994), p. 337.

② See Liberian Eastern Timber Corporation v. Republic of Liberia, ICSID Case No. ARB/83/2.

③ See Lucy Reed, Jan Paulsson & Nigel Blackaby, *Guide to ICSID Arbitration*, Kluwer Law International, 2004, p. 188.

④ 而且实践中越来越多的国家对财产执行豁免采取有限豁免的立场(如美国、英国、法国、意大利、荷兰、奥地利等)。

⑤ 参见周成新:《国际投资争议的解决方法》,中国政法大学出版社1989年版,第236页。

第三节 国际投资仲裁庭管辖权扩张对国内司法的挤压

除了机制产生和制度设计上的去司法化初衷和理念,国际投资仲裁在实践运行中也因仲裁庭对管辖权的扩张认定而在客观上形成了去司法化的效果,即将原本可能或者应当归由国内司法管辖的国际投资争端纳入了国际投资仲裁的范畴。

当然,在深入探讨这一问题前,有必要首先对两个问题进行说明。

第一,在国际投资仲裁下仲裁庭管辖权的取得与国际商事仲裁存在一定的区别:与国际商事仲裁领域仲裁协议由当事人直接达成不同,在依据投资协定提起的国际投资仲裁中,投资者和东道国并未实际磋商达成一份仲裁协议,而是由投资者母国和东道国在相关投资协定中规定投资者有权就相关投资争端提交仲裁。因此,依据投资协定提起的国际投资仲裁也被学者称为无默契仲裁①,或强制性仲裁②。对于这种不同于商事仲裁的"仲裁合意"形态,有两种理解方式:一是它并没有突破传统商事仲裁需要仲裁合意的本质要求,只是改变了合意的形式,即东道国在其国内立法或其缔结的国际条约中允许某类投资争端提交仲裁可视为仲裁协议的"要约",而投资者通过提交书面材料提起国际仲裁的行为构成仲裁协议的"承诺";③二是投资者在依据投资协定提起的国际投资仲裁中,依据的并不是其与东道国之间的仲裁合意,而是条约赋予投资者的,向东道国提起仲裁的条约请求权——其性质是国际法的权利,而非国际商事仲裁中国内法意义上的契约请求权。④ 这两种观点在国际投资仲裁实践中都有不少的案例作为支撑,但如果采取后一种理解方式,显然会具有规避某些仲裁庭管辖权障碍的效果。例如,在阿祖里克斯公司诉阿根廷案(Azurix Corp. v. Argentina)⑤中,阿祖里克斯(Azurix)公司(美国公司)下属的子公司与阿根廷布宜诺斯艾利斯政府签订了一份有关饮用水供应及污水处理的特许合同,合同

---

① See Jan Paulsson, *Arbitration Without Privity*, 10 ICSID Review – Foreign Investment Law Journal 232 (1995).

② 参见林爱民:《论国际投资争议的"强制性仲裁"》,载《行政与法》2008 年第 1 期。

③ 参见张建:《对无默契仲裁管辖权正当性的反思——以中国参与国际投资争议解决的实践为视角》,载《西部法律评论》2017 年第 5 期。

④ 参见石惠:《投资条约仲裁机制的批判与重构》,法律出版社 2008 年版,第 24 ~26 页。

⑤ See Azurix Corp. v. The Argentine Republic, ICSID Case No. ARB/01/12.

中的管辖权条款规定与该合同有关的一切争议须提交拉普拉塔省(La Plata)法院解决。发生争议后,阿祖里克斯公司依据美国和阿根廷之间的BIT,将争端提交至ICSID。作为被申请人,阿根廷提出管辖权异议,认为特许合同中的管辖权条款已经排除了ICSID的管辖权;而阿祖里克斯公司则认为合同的管辖权条款与条约的管辖权属于不同的性质,个人不能放弃条约赋予的管辖权。最终,仲裁庭支持了阿祖里克斯公司的主张,认为特许协议中的管辖权不能涵盖不同性质的条约管辖权。① 也就是说,仲裁庭通过认定依据BIT提起国际投资仲裁的请求权为国际法层面下的权利绕开了契约中的管辖权条款限制,进而实现仲裁庭的管辖权。在西方石油公司诉厄瓜多尔案(Occidental v. Ecuador)②、CMS天然气输送公司诉阿根廷案(CMS v. Argentina)③、劳德诉捷克案(Lauder v. Czech)④等案件中,仲裁庭也有类似的做法。

第二,国际投资仲裁庭管辖权认定的去司法化实践,实际是指仲裁庭在解释涉及仲裁庭是否具有管辖权的相关条文时,具有扩张管辖权的偏好。国际投资仲裁下仲裁庭管辖权的确定,其核心问题在于确定某一国家是否在其缔结的条约或投资合同中授权或同意将某一特定投资争端提交仲裁解决。而鉴于条约文本或者投资合同文本的措辞并非总是清晰、明确的,条约或合同条款的解释就成为管辖权确定过程中经常发生争议的环节,管辖权的扩张也通常是在这一解释过程中完成的。因此,考察国际投资仲裁庭是否存在扩张管辖权的偏好,主要在于考察仲裁庭是否在解释过程中违背了一般的解释规则和逻辑,是否违反了不得对管辖权的存在与否及范围大小作有利或不利推定的原则,得出的结论是否公平合理、逻辑自洽。

总体来看,虽然不少仲裁庭在裁决中强调对管辖权的认定既不能进行缩限解释,也不能进行扩张解释,⑤但普遍的观点是国际投资仲裁庭存在扩张管辖权

① See Azurix Corp. v. The Argentine Republic, ICSID Case No. ARB/01/12, Decision on Jurisdiction, para. 79.

② See Occidental Petroleum Corporation and Occidental Exploration and Production Company v. The Republic of Ecuador, ICSID Case No. ARB/06/11.

③ See CMS Gas Transmission Company v. The Republic of Argentina, ICSID Case No. ARB/01/8.

④ See Ronald S. Lauder v. The Czech Republic, UNCITRAL, Final Award.

⑤ 例如在埃默科诉印度尼西亚案中,仲裁庭就明确提出对公约中规定的仲裁条款既不能进行限制解释,也不能进行扩张性解释。

的偏好。这种偏好在仲裁庭对仲裁限制条款的弱化解释以及对仲裁条款适用范围的扩张解释两方面表现得尤为明显。

一、对仲裁限制条件的弱化解释

为国际投资仲裁的适用设定一定的限制条件,是国际投资协定或者投资合同中常见的做法。从理论上来讲,对限制条件的满足是将投资争端提交仲裁的先决条件,任一限制条件的不满足都会阻碍仲裁管辖权的成立。然而,从国际投资仲裁的实践来看,仲裁庭经常对仲裁限制条件进行弱化解释以促成自身的管辖权。其中,与本书去司法化主题密切相关的是对当地救济条款的弱化解释以及对与之相关的"岔路口条款"的架空解释。

(一)对当地救济条款的弱化解释

虽然受20世纪90年代以来投资自由化浪潮的影响,当地救济条款的使用总体呈现减少之势,但仍有不少国际投资协定或投资特许合同将当地救济条款作为提起国际投资仲裁的前置条件,包括:一是规定要用尽东道国的当地救济;二是规定在一定期限内寻求当地救济,在该期限内如果争端仍未解决,那么外国投资者可以寻求国际仲裁。①

当地救济条款体现了对东道国司法主权的尊重,其重要意义在于给争议双方提供一段时间的"冷却期",有利于东道国政府充分发挥协调功能,避免争端进一步走向国际化。② 不过,在国际投资仲裁实践中,仲裁庭对当地救济条款的态度却并不统一,不少仲裁庭通过弱化解释当地救济条款的方式满足自身管辖权。仲裁庭对当地救济条款的弱化解释主要依赖两条路径:一是通过最惠国待遇条款绕开当地救济条款;二是通过目的解释和无效例外的解释规避当地救济条款的适用。

具体而言,通过扩张解释最惠国待遇条款达到实现自身管辖权目的的实践最早源自马菲齐尼诉西班牙案(Maffezini v. Spain)③的裁决。在该案中,被申请人抗辩申请人未满足其援引的西班牙与阿根廷BIT第10条第2款的规定,即

---

① 参见王海浪:《ICSID管辖权新问题与中国新对策研究》,厦门大学出版社2016年版,第51页。

② 参见温先涛:《孰南?孰北?妥协还是共识?——评中国—加拿大投资保护协定》,载《武大国际法评论》2013年第2期。

③ See Emilio Agustín Maffezini v. The Kingdom of Spain, ICSID Case No. ARB/97/7.

在将争端提交仲裁前,应首先把案件提交至西班牙法院,并据此认为仲裁庭缺乏对该案的管辖权。仲裁庭承认根据该条规定,仲裁庭不享有管辖权。但与此同时,仲裁庭同意了申请人通过最惠国待遇条款援引智利与西班牙 BIT 相关规定①的主张,认为虽然西班牙与阿根廷 BIT 中的最惠国待遇条款②并没有明确其是否适用于争端解决条款,但有充分的理由认为争端解决条款与投资者的保护密不可分,它与对投资者的实体法待遇紧密相连。而且根据该案中最惠国待遇条款所使用的"本协定所包含的所有事项"的措辞,其适用范围也可以包括争端解决程序条款。③ 此后,在针对阿根廷的一系列国际投资仲裁案中,仲裁庭都遵循了该案仲裁庭的观点,④最惠国待遇条款成为投资者规避当地救济条款的一个"利器"。当然,将最惠国待遇条款适用于争端解决程序条款遭到了广泛的批评。如学者所指出的,因投资者与东道国之间并无实质上的仲裁合意(如前所述,有学者称之为无默契仲裁),对东道国将争端提交仲裁的"同意"范围,应当进行严格解释。而鉴于争端解决条款是缔约国运用一系列的谈判技术反复谈判后权衡得出的方案,它不能因投资者对其他条约的选择而受到干扰,因为其他条约中的争端解决条款是不同的缔约主体在不同的情形下谈判制定的。同时,在任何情况下,不能就争端解决条款进行有利程度的等级设定,因为条款本身无法解释出哪个更为有利,而仲裁庭对国际仲裁优于东道国司法的裁决也将使其招致反感。上述理由也被一些仲裁庭采纳,如在温特夏尔诉阿根廷案(Wintershall v. Argentina)⑤中,仲裁庭即援引了上述理由,认为对于仲裁庭的管辖权,一个推测的同意并不充分,因为任何限制国家主权的行为都不能由法庭推定,最惠国待遇条款中"所有事项"的措辞并不必然能够使其扩展适用于争端

---

① 在智利与西班牙双边投资协定的争端解决条款中,对提起国际投资仲裁没有作先提交国内法院的限制。

② 案涉的最惠国待遇条款原文为:Article Ⅳ, paragraph 2, "In all matters subject to this Agreement, this treatment shall not be less favorable than that extended by each Party to the investments made in its territory by investors of a third country"。

③ See Emilio Agustín Maffezini v. The Kingdom of Spain, Decision on Jurisdiction, para. 54 – 56.

④ 类似的案件包括:Siemens A. G. v. The Argentine Republic, ICSID Case No. ARB/02/8; Gas Natural SDG, S. A. v. The Argentine Republic, ICSID Case No. ARB/03/10; Suez, Sociedad General de Aguas de Barcelona, S. A. and Vivendi Universal, S. A. v. Argentine Republic, ICSID Case No. ARB/03/19。

⑤ See Wintershall Aktiengesellschaft v. Argentine Republic, ICSID Case No. ARB/04/14.

解决条款。

通过目的解释和无效例外的解释来规避当地救济条款适用的实践,最典型的案例是阿巴克拉诉阿根廷案(Abaclat v. Argentine)①和办公环境公司诉阿根廷案(Ambiente Ufficio v. Argentina)②。在前一案例中,申请人援用的阿根廷与意大利 BIT 的第 8 条也有类似于前述马菲齐尼诉西班牙案的争端解决条款,规定在将争端提交国际仲裁前,应当先向投资所在地国家的法院提起诉讼,如果在向东道国法院提起诉讼后的 18 个月内争端仍存在,那么投资者可以提起国际仲裁。该案中的申请人(投资者)在并未满足 18 个月诉讼期间的情况下提起国际仲裁,但仲裁庭认为,第 8 条本身的措辞并不足以得出未遵守该条规定的后果,而应当考虑该条的目的和宗旨。在仲裁庭看来,第 8 条规定的争端解决程序旨在为争端双方提供一个公平、高效的争端解决机制,因此,在判断申请人未遵守该条规定是否将导致其无法提起仲裁时,应考察这种不遵守是否与第 8 条的目的与宗旨相背离——只有当这种不遵守不恰当地剥夺了东道国通过其国内法律体系解决争端的公平机会时,才会被认为不符合第 8 条的目的和宗旨。同时,这种机会不应仅是理论上的机会,而应是真实的机会,即东道国可以通过国内法院有效地解决该争端。且从该案的总体情况来看,通过东道国的国内法律体系解决该案争端只是理论上的机会,且(或)该案争端根本无法在 18 个月内有效解决,因此仅因投资者没有遵守 18 个月的诉讼期间就剥夺其提交仲裁的权利是不公平的。③ 而在后一案——办公环境公司诉阿根廷案中,就仲裁庭管辖权发生争议的同样是前述阿根廷和意大利 BIT 第 8 条对 18 个月的诉讼期间的规定。不过在该案中,仲裁庭首先对阿巴克拉诉阿根廷案中仲裁庭的裁决理由进行了否定,其援引该案中 Abi - Saab 教授的反对意见,认为仲裁庭的裁决忽略了不遵守管辖权限制或可仲裁性条件的后果是无须明确规定的,而是内嵌于其作为管辖权限制或可仲裁性条件的法律性质中的,根据一般法律规

---

① See Abaclat and Others v. Argentine Republic, ICSID Case No. ARB/07/5.

② See Ambiente Ufficio S. p. A. and others v. Argentine Republic, ICSID Case No. ARB/08/9.

③ See Abaclat and Others v. Argentine Republic, ICSID Case No. ARB/07/5, Decision on Jurisdiction and Admissibility, para. 579 – 584. 与之类似,在 Teinver v. Argentine 案中,仲裁庭也认为要求投资者重新履行前置条件之后再提交仲裁是对时间和资源的浪费,在提起国际仲裁之后该前置条件才满足也能够满足条约设定前置条件的宗旨。See Teinver S. A., Transportes de Cercanías S. A. and Autobuses Urbanos del Sur S. A. v. The Argentine Republic, ICSID Case No. ARB/09/1, para. 135.

则或者一般国际法，不符合管辖权限制或可仲裁性条件不可避免的后果即案件不在仲裁庭的管辖权范围内或不可诉。① 但仲裁庭并未就此驳回申请人的仲裁请求，而是继续分析了无效例外(the futility exception)：仲裁庭先是根据2006年《外交保护条款草案》第15条“当地救济规则的例外”第1项所列举的“不存在合理的可得到的能提供有效补救的当地救济，或当地救济不具有提供此种补救的合理可能性”的情形，认为在外交保护法领域，无效例外是被普遍承认的；紧接着，仲裁庭认为虽然该案的BIT并未提及无效例外，但根据《维也纳条约法公约》第31条的规定，在解释条约条款时，应当考虑适用当事国间关系的国际法规则，包括相关国际习惯法，而用尽当地救济规则和一段期间国内诉讼的前提要求具有相似性，因为它们都要求在将争端提交国际层面之前先提交当地司法机关，它们都服务于尊重东道国主权的目的，旨在为东道国提供在将争端移交至国际层面之前由其国内层面解决的机会，因而，将外交保护领域用尽当地救济的无效例外适用于国际投资法领域要求诉诸国内法院的条款并非一个牵强的结论；最后，仲裁庭还认为，由于18个月的诉讼期间暗示了其仅是一项暂时求助国内法院的要求，因此与用尽当地救济的要求相比，前者的门槛要低于后者。在上述论证的基础上，仲裁庭认为考虑到在阿根廷国内提起的诉讼根本不可能在18个月内裁决完毕的现实，将争端诉诸阿根廷国内法院完全是徒劳的举动，因此在该案中适用无效例外是合理的，进而，申请人未满足国内诉讼的要求并不影响仲裁庭的管辖权。②

仲裁庭上述通过目的解释和无效例外来规避当地救济条款的做法，遭到了诸多非议，被认为存在扩大自身管辖权的倾向：首先，根据一般的解释规则，文义解释要优于目的解释，在BIT的规定已经清楚、明确地表达了缔约国意图的情况下，仲裁庭再利用目的解释的方法否定这种约定，不符合一般的解释规则。其次，仲裁庭对无效例外的引入也违背了条约有效解释的一般原则。有效解释原则虽未规定在1969年《维也纳条约法公约》中，但仍以习惯国际法的形式存

---

① See Abaclat and Others v. Argentine Republic, ICSID Case No. ARB/07/5, Dissenting Opinion to Decision on Jurisdiction and Admissibility, para. 28.

② See Ambiente Ufficio S. p. A. and others v. Argentine Republic, ICSID Case No. ARB/08/9, Decision on Jurisdiction and Admissibility, para. 597 – 628. 与之类似，在Hochtief v. The Argentine案中，仲裁庭认为如果一方或者双方当事人已经事先决定将拒绝国内法院做出的任何决定，则再要求当事人花费18个月的时间在国内诉讼上是毫无意义的。See Hochtief AG v. The Argentine Republic, ICSID Case No. ARB/07/31, Decision on Jurisdiction, para. 51.

在于国际司法实践中并为国际法委员会所承认。[①] 正如国际法院在英伊石油公司案[②]中对该解释原则的确认,对条约的解释应当使约文中的每一个字都有理由和意义。而国际投资仲裁庭对无效例外的引入显然与上述精神相违背。

以上述解释路径和案件为代表,部分国际投资仲裁庭在对当地救济条款进行解释时,通常对东道国的国内司法持不信任的态度,进而采取一些偏离一般文义解释的方法以达到规避国内司法管辖权,实现自身管辖权的目的,体现了国际投资仲裁庭在仲裁实践中的去司法化倾向。

(二)对"岔路口条款"的架空解释

所谓"岔路口条款"是指根据该条款,投资者必须在东道国国内法院和国际仲裁之间择一适用,一旦选择,即为终局。也就是说,"岔路口条款"的效果在于使投资者对东道国国内法院或国际投资仲裁的选择具有排他性,对其中一种救济方式的选择意味着对另一种救济方式的放弃。作为一种在投资条约或特许投资协议谈判中经常采用的折中方案,"岔路口条款"的本意应当是明确的。然而,国际投资仲裁庭在对其进行解释时,却往往将国内法院审理的争端和仲裁庭审理的争端认定为两个不同的争端,从而使"岔路口条款"几乎没有适用的可能。

具体而言,仲裁庭认为,只有当国内司法程序与国际仲裁中的当事人、争端以及诉讼事由都相同时,"岔路口条款"才会被启用。而在实践中,仲裁庭对这三个要素相同的认定又往往从严把关,进而使这三个因素的严格相同变得十分困难。首先,在当事人相同方面,仲裁庭往往认定构成母子公司关系的当事人不是同一当事人。在安然诉阿根廷案(Enron v. Argentine)中,仲裁庭即支持了申请人提出的依据美国和阿根廷 BIT 提起仲裁的是投资者本人,而在阿根廷国内法院提起诉讼的则是其在阿根廷投资的子公司,两者属于不同的起诉方的主张。[③] 这一裁决思路在劳德诉捷克等案中也被采纳。据此,投资者实际很容易通过投资者身份上的包装实现当事人不同的目的。其次,在争端相同方面,仲裁庭经常认为国内法院受理的与投资争端密切相关的具体事项争议并不构成投资争端本身。例如,在奥尔金诉巴拉圭案(Olguín v. Paraguay)中,仲裁庭就

---

① 参见伊鲁:《条约的有效解释原则》,载《人民司法(应用)》2017 年第 7 期。

② See Anglo – Iranian Oil Co. case (jurisdiction), I. C. J. Reports 1952, p. 93.

③ See Enron Corporation and Ponderosa Assets, L. P. v. Argentine Republic, ICSID Case No. ARB/01/3, Decision on Jurisdiction, para. 96 – 98.

认为投资者在巴拉圭法院提起的商业公司破产和清算案件虽然与仲裁庭受理的该投资者要求巴拉圭政府履行付款义务的争端相关,但属不同的争端。① 再如,在格宁等诉爱沙尼亚案(Genin v. Estonia)中,仲裁庭同样以其中一个申请人在美国国内的诉讼并未涉及仲裁程序中的营业执照问题,以及投资者在美国国内的诉讼属于为所有股东利益对许可证需求的救济,而在仲裁程序中寻求的是投资争端救济为由认为两个程序下的争端并不相同。② 对此,由于在东道国的诉讼总是因一些具体争端引起,而诉之于国际投资仲裁的诉因又总是可以抽象为"投资争端",如此判断,则很难想象在东道国提起何种诉讼才会触发"岔路口条款"。③ 最后,在诉讼事由相同方面,仲裁庭经常依据在国内法院寻求的救济并非涉及条约的义务而判定两者寻求救济的依据不同,进而认为两者的诉讼事由不同。典型的案例即为前述已经提及的劳德诉捷克案、西方石油公司诉厄瓜多尔案、CMS 天然气输送公司诉阿根廷案等。

因此,通过变更起诉主体、修改争端事项、切换法律依据等技术手段,投资者在国际投资仲裁实践中很容易规避"岔路口条款"的适用。这使"岔路口条款"虽赫然出现在国际投资条约之中,但在实践中却沦落为一个"几无意义"的"没有牙齿"的摆设。④ 而其背后,凸显的是国际投资仲裁庭希望不受国内司法程序制约的去司法化倾向。

总结来看,以当地救济条款和"岔路口条款"为代表,仲裁庭对投资条约中仲裁前置条件的弱化解释很难说符合一般的解释规则和逻辑。正如有学者所言,"对仲裁前置条件的设置,是缔约妥协的一部分,它的存在使得缔约方同意缔结该条约。投资者对于投资条约中的仲裁前置条件,不容讨价还价。因此,否定仲裁前置条件的强制性的解释结论,有违条约解释的善意要求"。⑤ 在此基础上,国际投资仲裁庭在管辖权认定上所表现的去司法化倾向是显而易

---

① See Eudoro Armando Olguín v. Republic of Paraguay, ICSID Case No. ARB/98/5, Decision on Jurisdiction (unofficial English translation, used with permission from ICSID Reports), para. 30.

② See Alex Genin, Eastern Credit Limited, Inc. and A. S. Baltoil v. The Republic of Estonia, ICSID Case No. ARB/99/2, award, para. 332 - 333.

③ 参见王海浪:《ICSID 管辖权新问题与中国新对策研究》,厦门大学出版社 2017 年版,第 64 页。

④ 参见徐崇利:《国际投资条约中的"岔路口条款":选择"当地救济"与"国际仲裁"权利之限度》,载《国际经济法学刊》2007 年第 3 期。

⑤ 徐树:《国际投资仲裁庭管辖权扩张的路径、成因及应对》,载《清华法学》2017 年第 3 期。

见的。

二、对仲裁条款适用范围的扩张解释

除对仲裁限制条件进行弱化解释之外，仲裁庭在实践中还经常通过宽泛解释仲裁条款措辞以及扩张适用“保护伞条款”(umbrella clause)等方式扩展投资仲裁条款的适用范围，进而将尽量多的投资争议从国内法院的管辖范围中剥离出来，实现去东道国司法的目的。

(一)对仲裁条款措辞的宽泛解释

仲裁庭通过对仲裁条款措辞的宽泛解释扩张其适用范围的实践，主要体现在对提交仲裁的投资争端范围的宽泛解释上。对此，最为典型的案例，即与中国 BIT 有关的谢某某诉秘鲁案(Tza Yap Shum v. Peru)。在该案中，中国公民谢某某根据秘鲁和中国 BIT 向秘鲁提起仲裁，主张秘鲁政府因征税而冻结其公司账户的行为违反了 BIT 的规定。双方争议的一个主要问题在于如何解释秘鲁和中国 BIT 第 8 条第 3 款“涉及征收的赔偿数额的争端可以根据任何一方的要求提交至 ICSID 国际仲裁”的规定，其是否表明 BIT 同意提交仲裁的争端仅为“涉及征收补偿款数额的争端”？秘鲁政府认为根据该规定可提交仲裁的案件仅是征收补偿数额争端，而投资者则认为该规定的措辞包括了与征收有关的任何重要事项。最终，仲裁庭依据《牛津字典》对“涉及”一词的定义，支持了投资者的主张，认为应赋予该用语最宽泛的含义，仲裁庭有权管辖所有与征收有关的争端，包括：(1)征收、国有化，或者其他类似手段是否发生；(2)上述行为是否满足公共利益的要求；(3)上述行为是否遵循了适当的国内法程序；(4)是否存在歧视；(5)赔偿是否会被支付；(6)该赔偿是否等同于征收的投资的价值，是否用可转换和可自由转移的货币进行支付并且没有不合理的延迟。①

(二)“保护伞条款”的扩张适用

东道国违反与投资者之间的合同不会导致国际责任是受到普遍认可的国际习惯法内容。② 但这一国际习惯法却因仲裁庭对“保护伞条款”的扩张适用

---

① See Señor Tza Yap Shum v. The Republic of Peru, ICSID Case No. ARB/07/6, Decision on Jurisdiction, para. 152. 转引自沈伟：《论中国双边投资协定中限制性投资争端解决条款的解释和适用》，载《中外法学》2012 年第 5 期。

② See Gregorio Salatino, *Overview of Umbrella Clause*, 13 Business Law International 51 (2012).

而遭到挑战。所谓“保护伞条款”,一般是指缔约方承诺将遵守其与投资者之间合同的条款。在国际投资仲裁中,有观点认为基于“保护伞条款”,投资协定将原来仅为外国人与东道国之间的合同义务转换为国际法上的义务,①投资者据此可以直接向东道国提起国际投资仲裁。采此观点的典型案例是通用公证行诉菲律宾案(SGS v. Philippines)。在该案中,仲裁庭否定了此前通用公证行诉巴基斯坦案(SGS v. Pakistan)②中仲裁庭对“保护伞条款”限制性解释的推理,认为虽然被申请人(菲律宾)在争议合同下应付多少款项本身并不构成条约事项,东道国遵守合同性承诺的义务也不转变为国际法问题,但“保护伞条款”的措辞仍可适用于源于国内法以及合同中的义务。故仲裁庭只是中止仲裁程序,等待当事人或国内法院就应付款项达成协议或作出判决。③ 然而,如果按照该案仲裁庭的解释方法,其潜在的可能却是无数的合同会因“保护伞条款”的适用而被带入国际投资仲裁,造成国际投资仲裁的泛滥,对东道国形成不合理的负担。同时,如果“保护伞条款”与最惠国待遇条款一起扩张适用,那么将进一步扩张国际投资仲裁的适用范围,进而造成国际投资仲裁机制的无限膨胀。例如,在阿里夫诉摩尔多瓦案(Arif v. Moldova)中,仲裁庭就依据法国与摩尔多瓦BIT中的最惠国待遇条款,将英国与摩尔多瓦等BIT中的“保护伞条款”引入。④

因此,对仲裁条款措辞的宽泛解释和“保护伞条款”的扩张适用是仲裁庭扩张投资仲裁条款适用范围的重要途径,体现了仲裁庭通过扩张自身管辖权实现投资争端去司法化的效果。当然,需要说明的是,并非所有国际投资仲裁庭都有扩大管辖权的倾向。在对最惠国待遇条款、“岔路口条款”、“保护伞条款”等进行解释时,不少仲裁庭实际仍持谨慎和限制性态度。同时,上述路径也并不是仲裁庭扩展其管辖权的所有路径,实践中仲裁庭还可以通过宽泛认定投资以及投资者等途径达到扩张其管辖权的目的,进而实现使投资争端突破国内司法管辖的去司法化效果。

---

① See Thomas W. Walde, *The Umbrella Clause in Investment Arbitration: A Comment on Original Intentions and Recent Cases*, 6 Journal of World Investment & Trade 205 (2005).

② See ESGS Société Générale de Surveillance S. A. v. Islamic Republic of Pakistan, ICSID Case No. ARB/01/13.

③ See SGS Société Générale de Surveillance S. A. v. Republic of the Philippines, ICSID Case No. ARB/02/6, Decision of the Tribunal on Objections to Jurisdiction.

④ See Mr. Franck Charles Arif v. Republic of Moldova, ICSID Case No. ARB/11/23, award, para. 395 -396.

第二章　国际投资仲裁制度改革对司法制度的效仿

国际投资仲裁在制度产生、制度设计以及实践运行中所体现的去司法化初衷、目的和效果使其广受投资者的青睐。然而,国际投资仲裁在实践中暴露的一系列问题,如裁决一致性的缺失、对投资者利益的偏向保护,尤其是对东道国公共管理权力及公共利益造成的挑战和负面影响,也使其遭遇"合法性"危机——改革国际投资仲裁机制的呼声和实践不断涌现。这些改革背后共同的思路往往是对国际投资仲裁机制去司法化特征的变革,即弱化国际投资仲裁机制的"商事"属性,使其在程序规则和运行机制上朝着司法化的方向发展。因此,晚近有关国际投资仲裁制度改革的探讨和实践很大程度上就是在借鉴和效仿司法机制的逻辑下开展的。本章重点关注国际投资仲裁制度改革中对司法制度效仿最显著的三个方面,即透明度规则对仲裁秘密性的突破、外部上诉机制对仲裁"一裁终局"原则的突破以及仲裁员任命机制改革对仲裁意思自治的突破。

第一节　透明度规则对仲裁秘密性的突破

如本书第一章所述,国际投资仲裁制度在其设立之初沿用国际商事仲裁制度的一般规则,对仲裁程序同样秉持秘密、不公开原则。然而，仲裁程序的秘密性于国际投资仲裁中的适用在实践中引发了广泛质疑，并成为后续修改的重点：对透明度规则的引入成为普遍的实践。

一、国际投资仲裁的透明度需求

国际商事仲裁作为一种处理商业私主体之间民商事纠纷的纠纷解决机制，通常只涉及争议双方的私权益，因此，保持仲裁程序的秘密性通常不会对争议双方当事人之外的其他主体带来消极影响，反而对当事人商业秘密、商业信誉、知识产权等的保护更具优势，仲裁的秘密性也因此成为吸引当事人选择仲裁的重要原因之一。然而，对国际投资仲裁而言，由于国际投资争议在争议主体、争端性质等方面的特殊性，秘密性原则在国际投资仲裁下存在诸多不适用性，透明度规则的引入成为一种正当需求：

第一，国家主体与国家行为的特殊性要求引入透明度规则。在国际投资仲裁下，争端的一方当事主体为主权国家，争议的内容主要是主权国家及其政府的公法行为——不仅包括一个独立国家或其授权机构的行政行为，还包括其立法和司法行为，如发布条例、命令或司法公告。① 在当代民主社会和民主法治的构建中，公开透明是国家行为的一个基本要求——它不仅是民主的应有之义，而且是提升政府责任性、改善政府政策制定质量、增进政府和公众之间沟通、促进公民参与和遏制腐败的有效手段，②是保证公众对政府政治信任的必要条件。在此基础上，保证国家行为在形成、实施和结果过程中相关信息的可获得性就成为一种必要。因此，对于因国家的立法、司法或者行政行为等引起的国际投资争端，如果仍坚持仲裁的秘密性原则，就会与政府活动需要遵守的透明度和公共介入的基本要求存在根本冲突，进而给作为当事方的主权国家带来公共治理上的困境。也正因如此，作为国际投资仲裁参与主体之一的国家对仲裁透明度的需求是十分强烈的。

第二，国际投资争端中广泛的公共利益关涉要求引入透明度规则。国际投资仲裁中的公共利益至少体现在以下两方面：一方面，国际投资争端经常源于政府部门就环境保护、税收、公共健康、进出口管制等广泛关涉公众利益的公共

---

① 参见王贵国：《国际投资法》，北京大学出版社2001年版，第117～118页。

② 参见于文轩：《政府透明度与政治信任：基于2011中国城市服务型政府调查的分析》，载《中国行政管理》2013年第2期。

管理措施,而国际投资仲裁程序的启动可能对东道国继续开展其公共管理措施形成制约,使东道国的公共管理行为面临来自国际争端解决程序的审查和压力,进而可能影响相关措施的推进进度,对东道国社会公众的利益带来影响;另一方面,国际投资仲裁裁决对东道国公共管理措施的否定性评价可能使东道国面临巨额的金钱赔偿义务,给政府财政带来影响,进而影响一部分,甚至是大量社会公众的利益。以政府的环境措施为例,投资者以东道国相关环境措施违反投资协定义务,构成对其投资间接征收为由的起诉已经成为各国政府将相关环境措施适用于外国投资者的重大障碍。例如,在国际投资仲裁庭裁决的与环境措施有关的不少案件中,国际投资仲裁庭都支持了投资者的诉求,认定政府的环境措施构成对外资的间接征收,进而使相关环境措施适用于外国投资者面临障碍。仲裁庭的裁决使当地政府和居民对国际投资仲裁机制的合理性产生了质疑,认为其对政府公共规制权的不当限制,影响了当地居民的公共利益。典型的如梅特克莱德公司诉墨西哥案(Metalclad v. Mexico)[①],由于投资者投资的废物掩埋场正好位于当地居民饮用水地下水源的上方,当地市政府以项目可能污染环境为由拒绝给该项目颁发许可证。投资者认为该种拒绝颁发许可证的行为构成间接征收,并提起国际投资仲裁。对于墨西哥政府在案件审理过程中提出的抗辩理由,如根据墨西哥的生态法令,该项目许可证的颁发应该考虑项目对当地土壤、水源等的负面影响等,仲裁庭不予认可,并认为没有必要决定和考虑墨西哥制定上述生态法令的动机或目的。[②] 同时,即使在一些案件中仲裁庭最终没有支持投资者的诉请,但国际投资仲裁仍然成为投资者拖延或者阻碍政府环境措施的有效手段。在伦科公司诉秘鲁案(Renco v. Peru)[③]中,虽然仲裁庭并未最终支持投资者的诉请,但在仲裁过程中,秘鲁政府迫于仲裁的压力而被迫允许投资者在仲裁期间继续运营没有按照规定安装污染检测设施的冶炼厂。对此,如学者评价的,实质上,秘鲁政府进行环境保护的努力和采取的环保措施受到了一个外部的国际仲裁庭的审查,国家维护自己公共利益的主权受到了挑战。[④] 该案例表明,一些污染环境、危害公共健康的投资者企业可能会将

---

① See Metalclad Corporation v. The United Mexican States, ICSID Case No. ARB(AF)/97/1.

② See Metalclad Corporation v. The United Mexican States, award, para. 111.

③ See The Renco Group, Inc. v. The Republic of Peru, ICSID Case No. UNCT/13/1.

④ 参见黄世席:《可持续发展视角下国际投资争端解决机制的革新》,载《当代法学》2016 年第 2 期。

国际投资仲裁作为一种威胁东道国的手段,迫使其取消或者延缓采取迫切需要的环境管制措施,而这将会给当地民众的社会公共利益带来影响和损害。因此,相比于国际商事仲裁,国际投资仲裁不仅涉及争端双方的权利义务,还可能牵涉广泛的公共利益,赋予与争端具有利益相关性的公众必要的知情权,甚至某种形式的参与权就成为一种现实的需求。

第三,国际投资法制发展以及仲裁裁决一致性的需求要求引入透明度规则。虽然国际司法领域并未建立国内法意义上的遵循先例制度,但国际司法对国际法的发展作用是客观存在的——国际司法创造的判例极大地丰富了国际法的规则,使国际法在众多的领域中都获得了密集的发展。[①] 这一点,在国际投资仲裁领域也是如此:鉴于国际投资条约内容的抽象性、国际投资法领域的习惯国际法和一般法律原则数量稀缺且内容模糊等因素,广泛援引先例成为仲裁庭解释投资条约中的普遍现象。[②] 应当承认,仲裁裁决对国际投资法的解释和发展是推动国际投资法精细化发展的重要助力之一:对国际投资法制的完善来说,如果后续实践认为仲裁庭对相关规则的解释不合理,则可以通过缔约国对规则的声明和澄清,或者后续的条约和规则完善加以纠正;如果后续实践认为仲裁庭对相关规则的解释是合理的,则可以通过仲裁实践的反复适用使相关解释成为国际投资法领域的共识和惯例,继而可以在后续的国际条约和规则完善中被吸收采纳。因此,无论仲裁庭对相关规则的使用和解释是否准确,其都具有推动国际投资规则朝着更明确、更完善的方向发展的价值。而仲裁的秘密性则会阻碍这种价值的实现。同时,过去的仲裁经验对当事人、仲裁员以及仲裁机构而言也是一个极其重要的资源,[③]如果坚持仲裁的秘密性,不仅不利于为当事人和仲裁庭提供预期和借鉴,而且将导致各仲裁庭之间缺乏统一裁决的必要信息,给保证裁决的一致性带来巨大挑战。不一致裁决对国际投资仲裁权威性和公正性可能造成的负面影响是巨大的——当前有关国际投资仲裁的合法性危机在很大程度上正是源于仲裁庭的不一致裁决。因此,无论出于促进国际投资法制发展,还是充分利用过往仲裁经验、提高仲裁裁决一致性、缓解合法性危

---

① 参见赵海峰:《论国际司法程序的发展及其对国际法的影响》,载《当代法学》2011 年第 1 期。

② 参见刘笋:《论国际投资仲裁中的先例援引及缔约国的干预和引导》,载《法学评论》2021 年第 3 期。

③ 参见林其敏:《国际商事仲裁的透明度问题研究》,载《河北法学》2015 年第 6 期。

机的考虑,在国际投资仲裁中引入透明度规则都具有现实的必要性。

二、国际投资仲裁透明度改革的路径

基于秘密性原则在国际投资仲裁领域的不适应性,有关国际投资仲裁透明度的改革呼声在不同层面涌现。在公众舆论层面,2001 年,《纽约日报》上刊登的一篇文章直指国际投资仲裁的秘密性:"这些仲裁庭的会议是秘密进行的,他们的成员通常并不知名,他们作出的裁决也不用完全披露,但是,恰恰是这么一小群国际仲裁庭处理的投资者与外国政府之间的争端却导致了国内法的废除,对司法系统的质疑和对环境管理措施的挑战。"①2014 年欧盟委员会对《跨大西洋贸易与投资伙伴协议》(Transatlantic Trade and Investment Partnership, TTIP)进行的网上公开意见征集也显示,大部分的意见支持对国际投资仲裁进行透明度方面的改进。② 在理论研究层面,学者对国际投资仲裁秘密性的批评、担忧以及对透明度的呼吁也不在少数,代表性的观点包括:在涉及公共利益的案件中保持国际投资仲裁程序的秘密性只会招致批判并对程序的合法性带来损害;③缺乏公众公开和公众监督将降低私人仲裁员不公开作出的仲裁结果的合法性;④透明度可以通过提高公众对仲裁信息的了解,进而保证更高的参与度。⑤另外,在国际投资仲裁的实践层面,一些仲裁庭在案件中也表达出对透明度的支持态度。例如,在梅塞尼斯诉美国案(Methanex v. United States of America)中,仲裁庭首次根据当时 UNCITRAL 仲裁规则第 15 条第 1 款的规定,认为即使当事人一方反对,仲裁庭也有权接受第三方提供的书面材料,并旗帜鲜明地指

---

① Anthony Depalma, *Nafta's Powerful Little Secret; Obscure Tribunals Settle Disputes, but Go Too Far, Critics Say*, New York Times (11 March 2001), https://www.nytimes.com/2001/03/11/business/nafta-s-powerful-little-secret-obscure-tribunals-settle-disputes-but-go-too-far.html.

② See European Commission, *Online Public Consultation on Investment Protection and Investor-to-state Dispute Settlement (ISDS) in the Transatlantic Trade and Investment Partnership Agreement*, p. 15, European Commission (13 January 2015), http://trade.ec.europa.eu/doclib/docs/2015/january/tradoc_153044.pdf.

③ See Fulvio Fracassi, *Confidentiality and NAFTA Chapter 11 Arbitrations*, 2 Chicago Journal of International Law 221 (2001).

④ See Andrew Newcombe & Axelle Lemaire, *Should Amici Curiae Participate in Investment Treaty Arbitrations?*, 5 The Vindobona Journal of International Commercial Law and Arbitration 809 (2001).

⑤ See Eric Stein, *International Integration and Democracy: No Love at First Sight*, 95 American Journal of International Law 494 (2001).

出,NAFTA 第 11 章的仲裁程序可以从更开放、透明中获益,过分坚持秘密性反而会对其造成负面影响。[①] 在苏伊士诉阿根廷案(Suez v. Argentina)中,虽然仲裁庭受当时的 ICSID 仲裁规则所限,在申请人反对的情况下拒绝了第三人参加仲裁程序的申请,但对于第三人作为“法庭之友”提交的材料,仲裁庭认为由于案件牵涉公共利益,应当允许这些材料的提交,并指出:公众对国际投资仲裁程序合法性的认可(特别是在涉及国家和公共利益问题时),依赖于公开性及公众对程序运行认知的提高。[②]

在此背景下,国际社会对国际投资仲裁透明度的改革也在实践中不断尝试和推进,并主要依托两个路径展开:一是在国际投资协定中直接对国际投资仲裁的透明度要求进行规定;二是在仲裁规则层面引入透明度规则。

(一)国际投资协定对透明度的要求

虽然从整体上看,基于签订时间等原因,目前大部分生效的国际投资协定都未对透明度规则作出明确规定,但是在国际投资协定中对国际投资仲裁的透明度作出特别规定是晚近的发展趋势。[③] 具体而言,相关实践最早始于 NAFTA 第 11 章附件第 1137.4 条的规定,即在涉及加拿大或美国的国际投资仲裁中,作为争端当事方的国家或者投资者都可对裁决进行公开。同时,在 2001 年和 2003 年,NAFTA 自由贸易委员会进一步通过两个解释,就公众查阅仲裁案件文件的权利以及允许提交法庭之友意见的问题作出说明,推进这两方面的透明度改革。遵循 NAFTA 的精神和原则,美国和加拿大在此后的 BIT 谈判和实践中也都将上述规定纳入其中。例如,2004 年《美国双边保护投资条约范本》以不同的方式允许包括作为非争端当事方的 BIT 缔约方在内的非争端当事方、专家,以及一般公众对仲裁的某种参与。其中,第 28 条第 2 款允许作为非争端当事方的 BIT 缔约方可以就条约解释问题向仲裁庭提交口头和书面意见;第 28 条第 3 款允许仲裁庭接受并考虑作为非争端当事方的个人或实体提出的法庭

---

① See Methanex Corporation v. United States of America, UNCITRAL, Decision of the Tribunal on Petitions from Third Persons to Intervene as “amici curiae”, para. 49.

② See Suez, Sociedad General de Aguas de Barcelona, S. A. and Vivendi Universal, S. A. v. Argentine Republic, ICSID Case No. ARB/03/19, Order in response to a Petition for Participation as Amicus Curiae, para. 22.

③ See N Jansen Calamita & Ewa Zelazna, *The Changing Landscape of Transparency in Investor – State Arbitration: The UNCITRAL Transparency Rules and Mauritius Convention*, in Christian Klausegger, Peter Klein eds., Austrian Yearbook on International Arbitration 2016, 2017, p. 278.

之友意见;第 29 条规定了相关文件的公开,以及允许非争端当事方评论文件和观摩听证。[①] 在 NAFTA 以及美国和加拿大实践的影响下,欧盟也在此后的双边和多边投资协定谈判中重视对透明度规则的引入。例如,在欧盟和加拿大签订的 CETA 中不仅直接采纳了 UNCITRAL《透明度规则》的相关规定,而且在程序公开方面提出了更高的要求。在这些实践的带动下,国际投资仲裁的透明度规则日益成为各国国际投资协定中常见的组成部分。

(二)仲裁规则对透明度规则的借鉴

在仲裁规则层面,ICSID 于 2006 年对仲裁规则及相关规章作出修改,并将透明度改革作为重点内容。从整体上来看,ICSID 仲裁规则在透明度方面的改革幅度相对较小,如第三方参加听证会的前提是没有当事方表示反对(ICSID《仲裁规则》第 32 条第 2 款);裁决书的公布仍需要当事方的同意,中心只可以将仲裁庭的法律理由刊登在其发行的刊物上(ICSID《仲裁规则》第 48 条第 4 款)。但是,其仍然比原来的规定有了显著的改进,特别是对仲裁庭有权允许非争端方提交书面意见的规定具有重要价值。在 ICSID 的改革之外,实践中在使用广泛程度上仅次于 ICSID 仲裁规则的 UNCITRAL 仲裁规则也于 2013 年正式通过《透明度规则》,对国际投资仲裁的透明度做出了大胆的革新。此后,新加坡国际仲裁中心(Singapore International Arbitration Centre, SIAC)和中国国际经济贸易仲裁委员会(China International Economic and Trade Arbitration Commission, CIETAC)于 2017 年发布的投资仲裁规则中也都借鉴了透明度规则:《新加坡国际仲裁中心投资仲裁规则》第 29 条、第 37 条和第 38 条分别对第三方参与、仲裁的保密性以及仲裁的公开作出了规定;《中国国际经济贸易仲裁委员会国际投资争端仲裁规则(试行)》第 44 条和第 55 条也分别对第三方提交书面意见和资料公开进行了规定。

基于上述发展,可以说与国际商事仲裁奉行的“保密—透明例外”原则不同,当前国际投资仲裁已在整体理念上已经奉行“透明—保密例外”原则。[②] 国际投资仲裁的透明度已经是一个清晰可辨的趋势。

---

① 参见[美]肯尼斯·J. 范德威尔德:《美国国际投资协定》,蔡从燕、朱明新译,法律出版社 2017 年版,第 656 ~ 662 页。

② 参见朱明新:《联合国国际贸易法委员会“投资仲裁透明度规则”评析》,载《武大国际法评论》2017 年第 1 期。

三、国际投资仲裁透明度规则的具体内容

当然,不同的国际投资协定和仲裁规则有关投资仲裁透明度规则的内容和标准并不完全统一。以下,本书选取实践中具有广泛影响力和代表性的两个仲裁规则和两个国际投资协定——ICSID《仲裁规则》(包括配套相关规则)和UNCITRAL《透明度规则》,以及 CETA 和《美国—墨西哥—加拿大协定》(U. S. - Mexico - Canada Agreement, USMCA)为分析对象,从程序公开、文件公开和公开例外三个方面对现有的透明度规则进行系统的梳理,以求掌握当前有关国际投资仲裁透明度规则的内容构成以及不同规则和协定间的异同、趋势。

(一)透明度规则之程序公开

国际投资仲裁在程序公开方面的透明度规则主要包括程序启动信息的公开、审理程序的公开和法庭之友的参与三个方面。其中,仲裁程序启动信息的公开旨在使公众知悉仲裁的开始;审理程序的公开意在使公众有机会具体和深入了解案件的审理过程;法庭之友则是指非诉讼当事方,但对案件实质问题有重大利害关系,主动申请或应法庭要求向法庭提交书面意见的人,[①]法庭之友的参与有助于仲裁庭更充分地掌握与案件有关的事实和信息。具体而言,ICSID、UNCITRAL、CETA 和 USMCA 在程序公开方面的透明度规则梳理如表 2 - 1 ~ 表 2 - 3 所示。

表 2 - 1　透明度规则中的程序启动信息公开要求

名称	具体规定
ICSID《行政和财政条例》(Administrative and Financial Regulations)	第 22 条第 1 款: 秘书长应恰当地公布中心运行的相关信息,包括所有有关仲裁或调解请求备案的信息,并以合适的方式公布这些程序相关的日期预期及结束方式

① 参见梁丹妮:《NAFTA 投资争端仲裁程序透明度研究——法庭之友与非争端缔约方的参与》,载《求索》2008 年第 10 期。

续表

名称	具体规定
UNCITRAL《透明度规则》	第2条： 一俟被申请人收到仲裁通知，争端各方即应迅速将仲裁通知副本发送给第8条所述及的存储处。存储处从被申请人处收到仲裁通知，或者存储处收到仲裁通知及该通知已发送给被申请人的记录，即应迅速向公众提供关于争议各方名称、所涉经济部门以及提出有关申请所依据的条约的信息
CETA	无特别规定[1]
USMCA	第14章第8条： 1. 在符合第2款和第4款的情况下，被申请人在收到下列文件后，应迅速将此类文件转交非争端缔约方，并使公众可获得此类文件： (a)意向通知； (b)仲裁通知

〔1〕在无特别规定的情况下，直接适用UNCITRAL《透明度规则》的相关规定。

表2-2 透明度规制中的审理程序公开要求

名称	具体规定
ICSID《仲裁规则》	第32条第2款： 除非任一当事方反对，仲裁庭在咨询秘书长后，在做出合理安排之后可以允许其他人参加、列席或旁听全部或部分审理
UNCITRAL《透明度规则》	第6条： 1. 除第2条第3款另有规定外，为出示证据或进行口头辩论而进行的审理应公开举行
CETA	第8.36条： 5. 审理应当对公众公开。仲裁庭应当在询问争端双方的意见后确定合适的事务性安排以便公众参加此种审理。如果仲裁庭认为有必要保护机密或受保护的信息，应当采取合理的安排确保该部分的审理不对外公开

续表

名称	具体规定
USMCA	第 14 章第 8 条： 2. 仲裁庭应举行公开庭审，并在询问争端双方的意见后确定合适的事务性安排。但是，若争端一方有意在听证会使用受保护信息或第 3 款规定的其他信息，应就此通知仲裁庭。仲裁庭应采取适当的安排以保护该信息不被泄露，包括庭审在讨论该信息期间不对外公开

表 2-3 透明度规则中的法庭之友参与

名称	具体规定
ICSID《仲裁规则》	第 37 条第 2 款： 在咨询当事双方后，仲裁庭可允许非争议当事方的自然人或法人提交与争议范围内事项有关的书面材料。在仲裁庭决定是否允许提交时，除其他相关因素外，仲裁庭应当考虑下列方面： (a)非争议方提交的材料通过提出不同于争议各方的观点、特别知识或见解而有助于仲裁庭确定与仲裁程序有关的某一事实或法律问题； (b)非争议方提交的材料是否是争议范围内的事项； (c)非争议方是否在仲裁程序中有重大利益。 仲裁庭应确保非争议方提交的材料不对仲裁程序造成干扰或不适当的负担，或对任何争议方造成不公正的损害，并给争议各方就非争议方提交的材料发表意见的机会
UNCITRAL《透明度规则》	第 4 条： 1. 经与争议各方协商后，仲裁庭可允许既不是争议方又不是非争议方条约缔约方的人(第三人)就争议范围内的事项向仲裁庭提交书面材料。 2. 第三人希望提交材料的，应向仲裁庭提出申请，并应以仲裁所使用的语言，以简洁方式，在仲裁庭规定的页数限制内提供下列书面材料： …… 3. 在确定是否允许提交此类材料时，除仲裁庭确定的其他相关因素外，仲裁庭应考虑下列方面： (a)第三人是否在仲裁程序中有重大利益；以及 (b)所提交的材料将在何种程度上通过提出不同于争议各方的观点、特别知识或见解而有助于仲裁庭确定与仲裁程序有关的某一事实或法律问题。 …… 5. 仲裁庭应确保任何提交材料不对仲裁程序造成干扰或不适当的负担，或对任何争议方造成不公正的损害。 6. 仲裁庭应确保给予争议各方就第三人提交的材料发表意见的合理机会

续表

名称	具体规定
CETA	无特别规定
USMCA	第 14 章第 7 条: 2. 非争端缔约方可就本协定的解释向仲裁庭提出口头和书面意见。 3. 经商争端双方,仲裁庭可接受和考虑法庭之友提交的,能够协助仲裁庭评估争端双方陈述和观点的,属于争端范围内的事实或法律问题的陈述,条件是此类法庭之友的陈述是对仲裁程序具有实质性利益的非争端方人员或实体提交的。每一份陈述应写明作者,披露其与任一争端方之间的直接或间接从属关系,指明在其准备该陈述过程中向其或将向其提供帮助的任何人、政府或其他实体。每份陈述应以仲裁语言书就,并遵守仲裁庭确定的页数限制和截止期限。仲裁庭应给予争端双方回应该种陈述的机会。仲裁庭应保证该种陈述不扰乱或不当延迟仲裁程序,或不公平地损害任一争端方

(二)透明度规则之文件公开

国际投资仲裁在文件公开方面的透明度规则,主要是指在仲裁程序开始后,为使公众及时获取相关信息、进程和结果,仲裁庭或相关组织应当履行的,公开相关文件的条件、时间、方式等。具体而言,ICSID、UNCITRAL、CETA 和 USMCA 在文件公开方面的透明度规则梳理如表 2-4 所示。

表 2-4 透明度规则中的文件公开要求

名称	具体规定
ICSID《行政和财政条例》	第 22 条第 2 款: 如果当事双方都同意公开: (a)调解委员会的报告, (b)仲裁裁决,或 (c)会议记录和其他程序记录, 秘书长应当以有利于促进国际投资法发展的合适方式安排相关信息的公开

续表

名称	具体规定
UNCITRAL《透明度规则》	第 3 条: 1. 除第 7 条另有规定外,应向公众提供下列文件:仲裁通知、对仲裁通知的答复、申请书、答辩书以及任何争议方提交的任何进一步书面陈述或书面材料;上述文件所有证物以及专家报告和证人陈述的证物的清单(尚未为程序编拟的此种清单不在此列),但并非证物本身;非争议方条约缔约方以及第三人提交的任何书面材料、审理笔录(如果有)以及仲裁庭的命令、决定和裁决。 2. 除第 7 条另有规定外,经任何人向仲裁庭提出请求,应向公众提供专家报告和证人陈述,但专家报告和证人陈述的证物不包括在内。 3. 除第 7 条另有规定外,仲裁庭可以自行或者经任何人请求,经与争议各方协商后,决定是否以及如何公布证物以及向仲裁庭提供的或者由仲裁庭印发的不在上文第 1 款或第 2 款范围之内的其他任何文件。例如,这可以包括在规定的场所公布此种文件
CETA	第 8.36 条: 2. 要求磋商的请求、要求被申请人作出决定的通知、被申请人的决定、同意调解的协议、意图申请仲裁员回避的通知、对仲裁员回避申请的裁决以及合并仲裁的申请应当包含于 UNCITRAL《透明度规则》第 3 条第 1 款所列的文件范围之内。 3. 证据应当包含于 UNCITRAL《透明度规则》第 3 条第 2 款所列的文件范围之内
USMCA	第 14 章第 8 条: 1. 在符合第 2 款和第 4 款的情况下,被申请人在收到下列文件后,应迅速将此类文件转交非争端缔约方,并使公众可获得此类文件: …… (c)争端方向仲裁庭提交的起诉书、摘要,以及任何依据本章第 7.2 条、第 7.3 条及第 12 条提交的书面陈述; (d)仲裁庭听证会纪要或笔录(如有);以及 (e)仲裁庭的命令、裁决和决定

(三)透明度规则之例外情形

透明度规则的例外情形,是指部分信息应当被排除在公开的范围之外。具体而言,ICSID、UNCITRAL、CETA 和 USMCA 中有关透明度规则例外情形的规定梳理如表 2-5 所示。

表 2-5　透明度规则中的例外情形

名称	具体规定
ICSID《仲裁规则》	第 32 条第 2 款： 仲裁庭应制定合适的程序对该案案件中涉及的保密信息予以保护
UNCITRAL《透明度规则》	第 7 条： 1. 第 2 款所界定以及按照第 3 款和第 4 款述及的安排所指明的机密信息或受保护信息，不应根据第 2 条至第 6 条提供给公众。 2. 机密信息或受保护信息包括： (a) 商业机密信息； (b) 根据条约受到保护而不得向公众提供的信息； (c) 根据被申请国的法律受到保护而不得向公众提供的被申请国的信息，以及根据仲裁庭认定适用于其他信息披露的任何法律或规则受到保护而不得向公众提供的此种信息；或者 (d) 披露信息将妨碍执行法律的。 …… 5. 被申请国认为信息披露将违背其基本安全利益的，本《规则》概不要求被申请国向公众提供有关信息
CETA	第 8.36 条： 6. 本章的任何规定不要求被申请人保密根据其国内法应当向公众公开的信息
USMCA	第 14 章第 8 条： 3. 本附件，包括第 4(d) 款，不要求被申请人在仲裁程序包括听证会期间向公众提供或披露受保护信息，[1] 也不要求被申请人提供或允许其他方获取根据第 32.2 条（安全例外）和第 32.5 条（信息披露）可拒绝提供的信息

〔1〕根据第 9.1 条定义的规定，受保护信息指秘密的商业信息，或依据一缔约方法律享有保密特权或受保护而不得泄露的信息，包括政府保密信息。

（四）小结

总结前述仲裁规则或国际投资协定中有关国际投资仲裁透明度的规定，可以发现相关规则或协定在整体上呈现明显的继承性和发展性：一方面，制定在后的规则或协定对制定在前的规则或协定的参考无论在措辞上还是内容上都是显而易见的；另一方面，从 ICSID 仲裁规则相对保守的透明程度，到后续规则和协定下更为广泛的公开内容和不以当事方同意为前提的条件变化，国际投资仲裁在透明程度上的扩大也是显而易见的。基于 UNCITRAL《透明度规则》、

CETA、USMCA 等具有的广泛国际影响力,以及透明度规则在整体上对东道国公共诉求的合理兼顾,可以预见,这种扩张的透明趋势将会在更多的国际投资仲裁规则和国际投资协定中得到体现。

第二节 外部上诉机制对仲裁"一裁终局"原则的突破

"一裁终局"原则是仲裁制度体现其效率,区别于司法制度的重要特征之一。虽然 ICSID 公约设立了内部的裁决撤销制度,可在某种程度上视为一种内部的上诉机制,但其与国际商事仲裁下国内法院(仲裁地法院)独立的裁决撤销制度仍存在显著区别:一方面,其裁决的撤销事由更为有限,排除了在国际商事仲裁下"争议的标的不能通过仲裁解决""与仲裁地法公共秩序相抵触"两项重要的撤销事由;另一方面,负责撤销程序的临时专门委员会在受理上诉申请时也秉持严格的克制性,多次强调其只能对裁决进行程序审查,不能在发现裁决中存在严重实体错误时,为了否定该实体错误而千方百计地对裁决进行程序上的挑剔,进而根据并不严重的程序错误撤销裁决,更不能通过曲解程序性的撤销理由的方法撤销裁决。① 因此,"ICSID 仲裁撤销制度不同于上诉,其只维护 ICSID 仲裁的程序公正"②。然而,随着国际投资仲裁实践的发展,尤其是裁决不一致现象引发的广泛关注,设立独立外部上诉机制的呼声一直不曾间断,并已在欧盟的推动下付诸条约实践。

一、外部上诉机制的需求:裁决一致性的缺失

在推动设立外部上诉机制的诸多因素中,裁决一致性的缺失无疑是最为主要的一个。对于裁判活动而言,裁决的一致性至关重要,"正义感强烈要求,在相同的情形中,所有的人都应得到同样的对待"③;"人们越确信法院会遵循既定判决及其思路,就越会在将来的行动中依赖类似判决。人们越能依靠这样的判决,对法律指引行为的可靠性的信心就越强,而对法律的信心越强,就越能强

---

① 参见魏艳茹:《ICSID 仲裁撤销制度研究》,厦门大学出版社 2007 年版,第 159 页。

② 魏艳茹:《ICSID 仲裁撤销制度研究》,厦门大学出版社 2007 年版,第 168 页。

③ [美]E. 博登海默:《法理学——法律哲学与法律方法》,邓正来译,中国政法大学出版社 2004 年版,第 565 页。

有力地主张公正,反对恣意妄为"①。在此基础上,裁决一致性带来的确定性和可预见性可以使当事人尽可能地明晰自己的法律地位和权利义务,进而使其在商业谈判中依据这种确定性和可预见性充分谈判,减少争议的发生。当然,裁判的一致性并不意味着对先前案例所确立的规则的僵硬遵守和一成不变。结合案件的具体事实和不同社会背景条件下裁判人员对法律规定的理解和价值判断,后续案件作出与先前案例不同的判决是法律解释、运用过程中的正常现象,也是促进法律发展的重要推动力量之一。这一点,即使是在遵循先例制度的英美法系国家也是如此:"遵从前例"并不是死板地遵循前例,因为这也会限制普通法的发展。在必要时,法官甚至可以推翻先前的判例,这在英美法系国家的司法实践中并非罕见。②

在国际投资仲裁领域,仲裁裁决的一致性同样重要:"不同投资仲裁庭对相同或相似条约条款的解释保持相对高度的一致性,才会使人们对仲裁体制保持基本信任;投资者只有确信仲裁庭能够准确解释条约条款,才能对案件审理结果的公正性确立信心。因此,裁决的一致性和准确性是仲裁体制长久保持合法性的保障。"③不过,实践中国际投资仲裁裁决的不一致现象仍难以避免,并成为国际投资仲裁机制遭到批判的焦点。

在国际投资仲裁领域,裁决不一致的现象最突出、明显地体现于以下两种情形中。

第一,因平行的仲裁程序,不同仲裁庭对相同的争议问题作出不一致的裁决。这一类的裁决不一致现象,最典型的例子是劳德诉捷克案和CME公司诉捷克案(CME v. Czech)④。在这两个案件中,具有实质相同利益的两个申请人——Ronald S. Lauder(在捷克投资的美国公民,以下简称劳德)和CME Czech Republic B. V.(劳德控制的一家设立于荷兰的公司,以下简称CME),对同一被申请人——捷克斯洛伐克共和国,基于相同的案情和诉请——他们所投资的一家捷克电视公司的排他性经营资质,因被申请人通过传播委员会的行为而遭受损失,依据义务几乎完全相同的两个不同BIT——《美国与捷克斯洛伐克共和国关于互相促进和保护投资协定》和《荷兰与捷克斯洛伐克共和国关于互相促

① 张志铭:《司法判例制度构建的法理基础》,载《清华法学》2013年第6期。

② 参见何然:《司法判例制度论要》,载《中外法学》2014年第1期。

③ 刘笋:《建立国际投资仲裁的上诉机制问题析评》,载《现代法学》2009年第5期。

④ See CME Czech Republic B. V. v. The Czech Republic, UNCITRAL.

进和保护投资协定》①,提起的两个平行的 UNCITRAL 仲裁程序,最终形成了两个截然不同的仲裁结果。在劳德诉捷克案中,仲裁庭认为被申请人没有实质性违反投资协定的行为,故无须承担赔偿责任;而在 CME 公司诉捷克案中,仲裁庭则认为被申请人违反了一系列的条约义务,应承担赔偿责任。也就是说,在案件事实和当事人辩护②基本一致的情况下,只是由于仲裁庭组成的不一致,就导致了南辕北辙的裁决结果。以上述两个案件为代表,平行仲裁程序带来的裁决不一致风险在国际投资仲裁领域引起了广泛关注。

第二,仲裁庭在不同的案件中,对相同的法律问题作出的不一致裁决。此类不一致现象多产生于连续性的关联仲裁案件中,如 21 世纪初阿根廷在经济衰退情况下因实施《公共紧急状态法》而招致的一系列国际投资仲裁案件。其中,CMS 天然气输送公司诉阿根廷案③与 LG&E 能源公司等诉阿根廷案(LG&E v. Argentina)④、大陆保险公司诉阿根廷案(Continental Casualty v. Argentina)⑤关于国家紧急状态(state of necessity)的不一致认定就是典型的例子。在这三个案件中,作为被申请人的阿根廷政府都援引了国际习惯法和相关 BIT 中的规定,认为其被投资者诉诸仲裁的措施是在处于国家紧急状态下做出的,可以免除相应的赔偿责任。对此抗辩,CMS 天然气输送公司诉阿根廷案的仲裁庭认为对于相关措施是否符合国家紧急状态,首先应依据国际习惯法判断。而根据《国家对国际不法行为的责任条款草案》第 25 条⑥所确立的国际习惯法,阿根廷不能援引紧急状态这一免责事由:阿根廷所遭受的经济危机还没有达到让其

---

① 两个协定在投资者提起诉请的"公平公正待遇""充分保护与安全保障""禁止征收""禁止其实想措施"等条款上都基本一致。

② 在这两个案件中,代理律师基本是一致的。See August Reinisch, *Necessity in International Investment Arbitration-An Unnecessary Split of Opinions in Recent ICSID Cases-Comments on CMS v. Argentina and LG&E v. Argentina*, 8 Journal of World Investment & Trade 212 (2007).

③ See CMS Gas Transmission Company v. The Republic of Argentina, ICSID Case No. ARB/01/8.

④ See LG&E Energy Corp., LG&E Capital Corp., and LG&E International, Inc. v. Argentine Republic, ICSID Case No. ARB/02/1.

⑤ See Continental Casualty Company v. The Argentine Republic, ICSID Case No. ARB/03/9.

⑥ 本条规定:"1. 一国不得援引'紧急状态'作为理由解除不遵守该国某项国际义务的行为的不法性,除非:(1)该行为是该国保护基本利益,对抗某项严重迫切危险的唯一办法;并且(2)该行为并不严重损害作为所负义务对象的一国或数国或整个国际社会的基本利益。2. 一国不得在以下情况下援引紧急状态作为解除其行为不法性的理由:(1)有关国际义务排除原因紧急状态的可能性;或者(2)该国促成了该紧急状态。"

经济完全崩溃的程度,不构成基本安全受到危险;阿根廷采取的货币比索化措施也不是阿根廷可以采取的唯一措施;阿根廷政府在20世纪90年代采取的私有化措施和其他外资吸引措施也是促使经济危机形成的原因。而在LG&E能源公司等诉阿根廷案和大陆保险公司诉阿根廷案中,仲裁庭则认为对于相关措施是否符合国家紧急状态,首先应依据BIT的规定判断。而在案涉期间内,阿根廷的社会状态已经达到崩溃的状态,构成国家紧急状态,可以援引BIT的相关规定免除赔偿责任。此外,如第一章中已经提及的,不同仲裁庭在对最惠国待遇条款、当地救济条款、"保护伞条款"等的解释上也都存在不一致的情形。

当然,国际投资仲裁领域存在不一致裁决的事实并不意味着在国际投资仲裁领域不一致裁决已经泛滥。事实上,在很多法律问题上,不同仲裁庭的解释是保持一致的,而且在仲裁裁决中,我们也经常可以发现仲裁庭会引用以前其他仲裁庭处理相似问题的分析和观点。这表明,仲裁裁决的不一致问题可能并非如个案中所凸显的那么激烈。同时,客观来说,也没有任何一个司法或者仲裁体系在裁决的一致性上是完美的,冲突或不一致裁决在不同的国际司法领域都是普遍存在的,包括国际人道主义领域、国际人权领域、国际贸易领域等。[①]就算在国内司法领域,判决的不一致问题同样无法规避,即使国内的法院系统拥有更为紧密的组织保障。在此基础上,也有观点提出,裁决的不一致是法律实践的常态,通过对不同观点的裁决的争论,某种更为普遍接受的法律解释才会脱颖而出,进而形成一致的法律意见;而且在国际投资仲裁实践中,虽然没有严格的先例制度,但软先例制度已经为很多学者和仲裁员承认。[②] 由此,从长远来看,裁决的一致性通过实践的反复检验和筛选也能实现。不过,此种观点并没有否认裁决一致性和可预见性的价值,只是认为裁决的一致性可以通过实践的自我调整和发展实现,虽然这种预期的实现需要花费的时间较长。

不一致裁决的形成原因可能是多方面的,包括:其一,复杂、缺乏明确性、呈现碎片化状态的国际投资实体法本身带有的不确定性使以其为裁判依据的仲裁庭在适用和解释法律规则上面临困境。在当前主要基于BIT构建起来的国

---

① See Katharina Diel-Gligor, *Towards Consistency in International Investment Jurisprudence: A Preliminary Ruling System for ICSID Arbitration*, Brill Nijhoff, 2017, p. 114 – 115.

② See Judith Gill, *Inconsistent Decisions: An Issue to be Addressed or a Fact of Life?*, in Federico Ortino et al. eds., Investment Treaty Law, Current Issues (Vol. 1), British Institute of International and Comparative Law, 2006, p. 15 – 25.

际投资法律体系下,不同国家间形成的 BIT 在具体措辞和内容上存在诸多差异,这些局部或细微的差异可能带来理解和适用上的不一致。同时,实体法规则的模糊之处也给了仲裁庭过大的自由裁量空间,这进一步加剧了不一致裁决出现的可能性。例如,对于所谓"待遇"、"原则"或"标准"的含义,即便在国际法专家之间也很难形成一致性意见。例如,"最低国际法待遇标准""赫尔原则"等被西方国家认为已经构成习惯国际法规则的原则或标准,其含义在西方国家也从来没有获得过一致性解释,而诸如"公平公正待遇""持续的安全与保护"等规则虽被当代国际投资法反复提及,但它们的含义从来就没有在理论上得以澄清,也没有在案例实践中获得一致的解读。① 其二,临时性、非统一的国际投资仲裁机制是造成不一致裁决的重要程序原因。当前国际投资仲裁实践并没有一个统一的仲裁机构或组织加以协调,包括 ICSID、UNCITRAL 在内的众多仲裁机构、组织都可以受理国际投资仲裁案件,它们在程序规则以及仲裁员的聘任标准上都存在差异,在具体的裁判标准上也缺乏相应的沟通、协调和统一机制。而且,实践中国际投资仲裁大量采用临时仲裁的方式,组成临时仲裁庭的仲裁员在文化背景、专业水平等各个方面均有差异,很难在国际投资仲裁中形成一致性的长期政策。② 这种临时、分散的国际仲裁机制在培养法律解释文化和促进法律解释的一致性方面存在先天的不足。其三,监督纠正机制的缺乏。如第一章所述,在 ICSID 仲裁下,ICSID 公约在制度设计中对国内的司法监督程序明确予以排除,转而通过内部的裁决撤销制度加以取代。然而,这一内部的裁决撤销制度在设计时也充分秉持克制原则,仲裁庭的事实认定或法律适用、解释错误并不在可以申请撤销裁决的事由之列。这一点,在 CMS 天然气输送公司诉阿根廷案的撤销程序中表现得尤为明显:虽然负责该案撤销程序的专门委员会认为仲裁裁决存在一系列的错误和缺陷,包括明显的法律错误,但其反复强调,ICSID 公约第 52 条赋予的审查权是有限的,委员会不能直接以自己的法律观点和事实理解推翻仲裁庭的观点和理解。③ 因此,ICSID 的内部裁决撤销制度对促进裁决的一致性并无实际价值。对于非 ICSID 仲裁来讲,仲裁

① 参见刘笋:《国际投资仲裁裁决的不一致性问题及其解决》,载《法商研究》2009 年第 6 期。

② 参见谢宝朝:《投资仲裁上诉机制不是正当性危机的唯一解药》,载《世界贸易组织动态与研究》2009 年第 4 期。

③ See CMS Gas Transmission Company v. The Republic of Argentina, ICSID Case No. ARB/01/8, Decision of the ad hoc Committee on the Application for Annulment of the Argentine Republic (English), para. 135, 136, 158.

地的国内司法程序也难以担当起纠正不一致裁决的职能:一方面,在支持仲裁发展的整体理念下,仲裁庭在法律适用、解释上的错误很少能够成为裁决撤销的理由;另一方面,即使仲裁地国的司法机关有权审查裁决的实质内容,但实践证明,这些国家经常对法院的复审权力范围进行自限,因为如果复审权过大,当事人就不愿意选择这些国家作为仲裁地,为防止案源流失,仲裁地法院通常不轻易审查事实和法律问题,只对程序性的有限事项进行复审。①

基于上述分析,在多边国际投资协定难以出台以及临时仲裁制度不易改变的情况下,监督纠正机制的设立就自然成为解决裁决一致性缺失问题呼声最高的措施选择。

二、外部上诉机制的设立:呼声及实践

如果一个适当的机制能够促进裁决一致性的实现、缓解质疑,那么这个机制就额外具有价值,而且就具体个案而言,如果能够更加迅速地纠正不一致裁决下的错误裁决,那么这个机制的价值同样应当被鼓励,尤其考虑到这种错误可能对败诉方产生重大影响。② 同时,也有观点认为,在国际投资仲裁领域,裁决的一致性难以通过实践的自我调整和发展实现,因为 ISDS 机制以私法程序解决公法问题,分别由私人投资者和涉事东道国任命仲裁员。私人投资者自然选择那些倾向私人投资者利益的具有私法背景的仲裁员,东道国自然选择那些倾向维护政府监管权力的具有公法背景的仲裁员。不同背景的仲裁员倾向于援引那些支持自己观点而且具有类似背景的先案仲裁员的裁决。仲裁员的背景分离呈现相互加强的趋势,导致仲裁员群体的结构性撕裂,进而导致国际投资仲裁员群体无力自发形成对 BIT 实体规则的共同认知。③ 此外,对于一裁终局原则的价值本身,也有学者表示质疑,认为只有在满足以下两个假设中的一

---

① 参见刘笋:《建立国际投资仲裁的上诉机制问题析评》,载《现代法学》2009 年第 5 期。当然,除上述三个方面的主要原因之外,仲裁规则中缺乏合并审理程序,缺乏先例制度,以及早期国际投资仲裁透明度的缺乏也被一些学者视为导致不一致裁决产生的原因。参见刘笋:《国际投资仲裁裁决的不一致性问题及其解决》,载《法商研究》2009 年第 6 期;Katharina Diel-Gligor, *Towards Consistency in International Investment Jurisprudence: A Preliminary Ruling System for ICSID Arbitration*, Brill Nijhoff, 2017, p. 163 – 202。

② 参见肖军:《建立国际投资仲裁上诉机制的可行性研究——从中美双边投资条约谈判说起》,载《法商研究》2015 年第 2 期。

③ 参见王鹏、郭剑萍:《论国际投资仲裁上诉机制的设计——以 TTIP 谈判为例》,载《国际经贸探索》2015 年第 5 期。

个时,一裁终局所追求的终局性才可能是国际商事仲裁的普遍肯定性优点:第一,仲裁员永远不会犯错误;第二,仲裁标的很小以致裁决错误是可被承受的,或者当事人对效率和终局性的渴求胜过裁决错误的风险。显然,对于第一个假设,即使是最忠诚的仲裁拥护者也不会认同;对于第二个假设,虽然在一些情况下可能适用,但在绝大多数的国际投资和国际贸易中,案件标的通常是巨大的,因而第二个假设也无法满足。[①] 据此,有学者认为,在国际投资仲裁中顽固地坚持仲裁裁决的终局性是毫无道理的教条主义。[②]

因此,虽然存在一些争议,但是独立的外部上诉机制的构建始终是国际投资仲裁领域中一项备受关注的改革措施。同时,上诉机制在 WTO 争端解决机制中的实践也为此种改革措施提供了参考。在 WTO 争端解决机制下,独立的上诉机构被赋予对专家组报告中涉及的法律问题和专家组所作的法律解释进行审查的职能。作为国际争端解决领域第一个引入独立上诉机制的争端解决机制,WTO 上诉程序被视为乌拉圭回合在争端解决体制方面的一个重大成就和进步。[③] 特别在维护裁决的一致性方面,WTO 上诉机构的作用已在实践中得到充分的体现。举例而言,为增强裁决的一致性,上诉机构在实践中积极维护其先前裁决:在美国不锈钢反倾销案中,上诉机构即指责专家组没有遵从其先前裁决的做法,并明确指出根据《关于争端解决规则与程序的谅解》第 3 条第 2 款对争端解决机制应当为多边贸易体制提供可靠性和可预见性的要求,其裁决构成 WTO 争端解决制度的一部分。除非有其他强有力的理由,否则争端解决机构应按照相同的方法解决相同的问题。[④] 与此同时,为增强裁决的权威性,上诉机构在内部的合议机制上采取了"联合领导"的方式,即虽然案件名义上只有 3 名成员进行庭审,但全体成员实际都会参与讨论案件。这种内部讨论机制对于增强上诉机构成员对地区差异和文化差异的理解,增强裁决的说服力并保证

---

① See William H. Knull & Noah D. Rubins, *Betting the Farm on International Arbitration: Is It Time to Offer an Appeal Option?*, 11 American Review of International Arbitration 531, 532 – 533 (2000).

② 参见石现明:《国际投资仲裁内部上诉机制述评》,载《云南大学学报(法学版)》2011 年第 2 期。

③ 参见纪文华、黄萃:《WTO 争端解决程序之上诉阶段实践考察》,载《武大国际法评论》2006 年第 2 期。

④ See World Trade Organization, United States-Final Anti-dumping Measures on Stainless Steel from Mexico – AB – 2008 – 1 – Report of the Appellate Body, WT/DS344/AB/R, para. 160 – 162.

裁决的延续性具有重要价值。而且上诉机构的第一批成员还曾达成一致,相互承诺不公开发表不同意见,这种延续至今的做法有效地防止了内部反对意见对其裁决正当性的削弱。① WTO 上诉机制在保障裁决一致性以及促进争端解决机制合法性方面的成功可以为国际投资仲裁的上诉机制提供借鉴。

鉴于上述理论与实践,上诉机制在国际投资仲裁领域始终不乏支持者,他们认为,通过外部上诉机制的设立,能够建立一种常态化的裁决审查机制,有助于保障裁决的一致性和可预见性,而且通过多一个层级的审查,有助于提升裁决的准确性,进而减少问题裁决的产生概率,提升裁决的权威性。② ICSID 秘书处在 2004 年 10 月公布的仲裁规则修改事项的候选单中也将上诉便利制度(Appeals Facility)列入其中,并向各成员征求意见。同时,秘书处提供了一个可能的方案设计,即由 ICSID 行政理事会通过一套上诉便利规则(ICSID Appeals Facility Rules)建立这种上诉机制:上诉职能由行政理事会选任的 15 名法律、国际投资和国际条约方面的权威专家组成的上诉小组行使,他们应当来自不同的国家,其中 8 位任期 3 年,剩余 7 位任期 6 年;一旦当事方对裁决提起上诉,除非当事方对人数另行约定,否则 ICSID 的秘书长应当在与当事方尽可能协商之后指定 3 名上诉小组的成员成立上诉庭;可提起上诉的理由包括明显的法律错误及 ICSID 公约第 52 条列举的 5 个撤销裁决的理由;此外,严重的事实错误也可能包含在上诉理由中,但应当作一定的限制以尊重仲裁庭的事实认定;上诉庭可以维持、修改或推翻仲裁庭的裁决,也可以根据 ICSID 公约第 52 条的规定全部或部分撤销原裁决;上诉庭的裁决是终局的,但如果上诉庭在裁决中对原裁决没有处理的争端作出裁决,那么任何当事方都可以向另一新的上诉庭依据前述上诉机制提起上诉;除非仲裁庭例外裁定,否则上诉方应当先预付上诉程序的相关费用;为保证程序的快速性,上诉便利规则可能需要提前设立程序的时间限制,当然,仲裁庭可做必要的调整,同时,上诉便利规则也可能对上诉庭作

---

① 参见齐飞:《WTO 争端解决机构的造法》,载《中国社会科学》2012 年第 2 期。

② See Susan D. Franck, *Legitimacy Crisis in Investment Treaty Arbitration: Privatizing Public International Law Trough Inconsistent Decisions*, 73 Fordham Law Review 1521, 1607 (2005); Andreas Bucher, *Is There a Need to Establish a Permanent Reviewing Body*, in Emmanuel Gaillard ed., The Review of International Arbitral Awards, IAI Series No. 6, JurisNet, 2010, p. 289; Yenkong Ngangjoh-Hodu & Collins C. Ajibo, *ICSID Annulment Procedure and the WTO Appellate System: The Case for an Appellate System for Investment Arbitration*, 6 Journal of International Dispute Settlement 308, 328 (2015).

出裁决设定期限,可能是审理程序终结后的 120 日内。① 应当说,前述有关上诉机制的设计已经相对完整,但遗憾的是这一多边框架下的努力最后因多方面的分歧而未被采纳。

当然,ICSID 努力的失败并未浇灭设立上诉机制的呼声。2011 年,引领国际投资法制发展的欧盟在欧盟议会关于未来欧盟国际投资仲裁机制的有关决议中明确提出,应该对现有的国际投资仲裁机制进行改革,给予投资争端当事方上诉的机会。② 在 2014 年 9 月达成的 CETA、2016 年 2 月公开的《欧盟与越南自由贸易协定》(EU-Vietnam Free Trade Agreement, EUVFTA)以及 2018 年 10 月达成的《欧盟与新加坡自由贸易协定》(EU-Singapore Free Trade Agreement, EUSFTA)中,欧盟进一步将前述改革设想转化为条约实践,在相关协定中引入具体的上诉机制。对比上述三个欧盟 FTA 中的上诉机制,其制度内容具有高度的相似性,不过 EUVFTA 和 EUSFTA 中的规定比 CETA 更为详尽。具体而言,上述协定中关于上诉机制的内容主要包括:上诉机构成员由缔约方共同成立的委员会任命,人数为 6 人,由缔约双方以及第三国的国民各 2 人担任,同时委员会可以视情况增加成员人数;③在一审裁决作出的 90 日内,当事方可以提起上诉,上诉理由包括一审适用和解释法律错误,严重的事实认定错误(包括对相关国内法的认定错误)以及 ICSID 公约第 52 条列举的撤销裁决理由;④提起上诉的当事方应该提交包括上诉成本在内的保证金(security);⑤上诉案件由上诉机构成员中的 3 人随机轮流组成上诉庭进行审理,每个成员审理

---

① See ICSID Secretariat, *Possible Improvement of the Framework for ICSID Arbitration*, 22 October 2004, https://icsid. worldbank. org/sites/default/files/Possible% 20Improvements% 20of% 20the% 20Framework% 20of% 20ICSID% 20Arbitration. pdf.

② See European Parliament, *European Parliament Resolution of* 6 *April* 2011 *on the Future European International Investment Policy* (2010/2203(INI)), 6 April 2011, http://www. europarl. europa. eu/sides/getDoc. do? pubRef = -//EP//TEXT + TA + P7 - TA - 2011 - 0141 + 0 + DOC + XML + V0//EN.

③ See EUSFTA, Investment Protection Agreement, Article 3. 10, para. 2 and 3; EUVFTA, Investment Protection Agreement, Article 3. 39, para. 2 - 4.

④ See CETA Article 8. 28, para. 2; EUSFTA, Investment Protection Agreement, Article 3. 19, para. 1; EUVFTA, Investment Protection Agreement, Article 3. 54, para. 1.

⑤ See EUSFTA, Investment Protection Agreement, Article 3. 19, para. 5; EUVFTA, Investment Protection Agreement, Article 3. 54, para. 6.

案件的机会相等；[①]从上诉当事方提起上诉到上诉庭发布裁决，上诉程序通常不得超过180日，并在任何情况下不得超过270日；[②]对于不成立的上诉申请，上诉庭可以裁决驳回，对于明显不合理的上诉可以快速裁决驳回；[③]对于成立的上诉申请，上诉庭有权对裁决的认定和结论进行部分或全部修改，[④]或者发回重审[⑤]。此外，上诉程序同样适用第三方资助（third party funding）、透明度、法庭之友等制度规则。[⑥] 总体来看，欧盟上诉协定中有关上诉机制的运行规则和程序的规定已经十分具体，并引入了快速驳回机制、费用担保等旨在防止上诉机制被滥用的规定，可谓考虑周全。当然，现有的协定对一些问题仍有待明确。例如，对于上诉庭中第三国国民的选择问题，目前尚缺乏细化的规定，而第三国国民如何选择和产生却是一个极为重要的问题，极有可能在缔约方间产生分歧，这将给未来上诉机构的运行带来不确定性。

总而言之，虽然目前有关国际投资仲裁上诉机制的实践仍处于初步阶段，但上诉机制的提出和实践本身就是对传统仲裁"一裁终局"特征的颠覆性改革，体现了在司法机制下对上诉权利和裁决正确性的保障理念。

三、外部上诉机制的未来：多边上诉机制的展望

在欧盟的推动下，上诉机制的设想实现了由设想到实践的跨越，但其效果仍有待实践加以检验。同时，欧盟已有的上诉机制实践都是在双边路径下展开的，但从理论上讲，双边路径并非国际投资仲裁上诉机制的最佳路径，因为双边路径意味着每一引入上诉机制的BIT都将设立一个独立的上诉机制，这一方面，将给缔约方带来显著的成本压力（如果上诉机构是常设的，上诉机构的成员是专职的）；另一方面，也将在上诉机制层面形成碎片化的局面，不同上诉机构

---

① See CETA Article 8.28, para.5; EUSFTA, Investment Protection Agreement, Article 3.10, para.7 and 8; EUVFTA, Investment Protection Agreement, Article 3.30.

② See EUSFTA, Investment Protection Agreement, Article 3.19, para.4; EUVFTA, Investment Protection Agreement, Article 3.54, para.5.

③ See EUSFTA, Investment Protection Agreement, Article 3.19, para.2; EUVFTA, Investment Protection Agreement, Article 3.54, para.2.

④ See EUSFTA, Investment Protection Agreement, Article 3.19, para.3; EUVFTA, Investment Protection Agreement, Article 3.54, para.3.

⑤ See EUVFTA, Investment Protection Agreement, Article 3.54, para.4.

⑥ See EUSFTA, Investment Protection Agreement, Article 3.19, para.6; EUVFTA, Investment Protection Agreement, Article 3.54, para.7.

之间的裁决一致性同样难以保证。因此,欧盟现有双边基础上的上诉机制只是现阶段多边上诉机制难以实现的"无奈之选",但就最终目标而言,多边框架下的上诉机制仍是其努力的方向。对此,一方面,欧盟在前述设立双边上诉机制的 FTA 中纳入一个"多边争端解决机制条款",规定"缔约方相互之间应当继续推进多边投资法庭和上诉机制的构建(包括联合其他有兴趣的贸易伙伴),一旦建立该种多边机制,则相关的投资争端将通过合适的机制安排转至多边机制下解决"①;另一方面,欧盟也积极尝试寻找多边层面上诉机构的设立渠道——2017 年 9 月,欧盟委员会就要求欧盟理事会授权开始关于建立包括上诉机制在内的多边投资争端解决法院公约的谈判,并在附件中认为 UNCITRAL 是开展此种多边公约谈判的有效平台。②

当然,相比于双边路径,多边框架下的上诉机制将面临更多的挑战和困难——ICSID 在 21 世纪初构建上诉机构的失败经历即表明了这一工作的难度。从理论上讲,基于 ICSID 公约本身已经具有的广泛接受性,在 ICSID 公约的体系下引入多边上诉机制是目前制度成本最低、可行性最高的方案。但是在 ICSID 2016 年启动的新一轮规则改革中,并未将上诉机制作为下一阶段修改的重点内容加以列举。在此背景下,UNCITRAL 是目前推进多边框架下国际投资仲裁上诉机制为数不多的选择。2017 年年底,UNCITRAL 委托第三工作组启动了有关投资争议解决方式的改革议题,并将建立仲裁上诉机构或内含上诉机制的国际投资法院模式作为重点的研究内容之一。其中,UNCITRAL 第三工作组认真考虑以下有关多边上诉机制构建的问题:(1)是否需要设立一个单独的上诉机构对无论依据何种规则作出的投资仲裁裁决进行上诉审查,这种上诉机制在何种程度上具有可行性,并如何规定上诉机构的管辖权;(2)上诉机构的人员组成,比如,如何任命上诉机构的成员,应设立何种机制避免利益冲突,当事方在上诉庭成员的组成和上诉程序的推进中是否应当具有选择权和决定权;(3)允许上诉的事由,尤其是是否允许当事人就(明显、严重或重大的)法律错误和事实认定错误进行上诉,审查的标准(对仲裁庭裁决进行全面的审查还是

① CETA Article 8. 29; EUSFTA, Investment Protection Agreement, Article 3. 12; EUVFTA, Investment Protection Agreement, Article 3. 41.

② See European Commission, *Recommendation for a Council Decision Authorising the Opening of Negotiations for a Convention Establishing a Multilateral Court for the Settlement of Investment Disputes*, 13 September 2017, https://eur-lex.europa.eu/legal-content/GA/ALL/? uri = CELEX:52017PC0493.

进行必要的限制）以及上诉机构对原仲裁庭是否有发回重审的权力，如果有该如何实施；（4）上诉机构作出的裁决和决定仅对当事方有约束力还是将构成法律的原则具有先例效力；（5）上诉机构与现有的ICSID裁决撤销机制的关系；（6）上诉机构对裁决执行环节带来的影响以及如何对现行的投资仲裁机制进行补充；（7）上诉机构的仲裁地是否与一裁的仲裁地相同，如果相同，仲裁地的选择标准是什么。①

诚如前述UNCITRAL第三工作组所考虑的，在ICSID公约的体系之外另行制定和实施一套包含上诉机制的ISDS机制不仅需要解决上诉机制本身的必要性论证和制度层面的合理设计，而且要关注与既有ISDS机制之间的关系。就目前来看，关于上诉机制的构建路径以及具体制度仍未达成广泛的共识。

第三节　仲裁员任命机制改革对仲裁意思自治的突破

如本书第一章所述，当事人的意思自治是仲裁区分于以强制性为基本特征的司法制度的核心所在，是仲裁去司法化的重要表现。其中，就仲裁员任命的意思自治而言，仲裁员不仅原则上依据当事人的指定（或者共同指定）逐案选任，而且可被任命的仲裁员不一定是专职的——律师、学者等也是仲裁员群体的重要组成部分，这与司法机制下的法官任命机制存在根本区别。当事人在仲裁员选择范围以及任命上的自由度和决定权被视为吸引当事方选择仲裁的核心原因之一：当事人有权委任仲裁员可以保障仲裁庭对当事人文化的了解，拉近当事人与仲裁程序的距离，从而增强其对仲裁过程及结果的信任。②

国际投资仲裁现有的实践基本沿袭了国际商事仲裁下的仲裁员任命机制：一方面，可被任命的仲裁员范围非常广泛，其不必是专职的，也不必在相关仲裁机构或组织的仲裁员名册中——如ICSID的仲裁员名册仅具有参考作用，当事人完全可以在仲裁名册之外选任其他仲裁员；另一方面，当事人享有对仲裁员

---

① See UNCITRAL, *Possible Future Work in the Field of Dispute Settlement: Reforms of Investor-State Dispute Settlement (ISDS)*, (A/CN. 9/917), 20 April 2017, http://daccess-ods.un.org/access.nsf/Get? OpenAgent&DS = A/CN. 9/917&Lang = E.

② See Alexis Mourre, *Are Unilateral Appointments Defensible? On Jan Paulsson's Moral Hazard in International Arbitration*, in Stefan Michael Kroll and Loukas A. Mistelis et al. eds., International Arbitration and International Commercial Law: Synergy, Convergence and Evolution, Kluwer Law International, 2011, p. 384.

的任命权,如根据 ICSID 公约第 37 条第 2 款的规定,仲裁庭应由双方同意任命的独任仲裁员或任何非偶数的仲裁员组成。现行的仲裁员任命机制受到投资者的普遍欢迎,但也带来了诸多涉及仲裁员公正性与独立性的争议,由此形成的对仲裁员的信任危机构成国际投资仲裁机制正当性危机的重要方面。

一、国际投资仲裁员面临的质疑①

在仲裁领域,仲裁员的重要性无须赘言,“仲裁的好坏取决仲裁员的好坏”(arbitration is only as good as its arbitrators)是仲裁领域的广泛共识。如同适用的法律一样,仲裁员可以影响法院选择、案件结果,并在长远上关乎国际投资和贸易法律的合法性和未来。② 公正性和独立性是仲裁员作为居中裁判者的基本要求,不仅关乎案件裁判的公平公正,而且关乎仲裁作为一种纠纷解决机制的公信力。作为最基本的职业要求,公正性要求仲裁员保持中立,既不偏袒某一方当事人,也不对争议的问题带有倾向性;独立性则要求仲裁员与当事人之间不存在可能影响仲裁员裁判自由的依赖关系。③ 大多数国家的立法以及仲裁机构、仲裁组织和仲裁规则都对仲裁员的公正性和独立性有明确的规定,并通过任职资格、道德规范、行为准则、披露规则等一系列制度确保仲裁员的公正性和独立性。就国际投资仲裁而言,仲裁员的公正性和独立性同样关乎机制的公正性、合法性和公信力。为此,相关的投资协定及仲裁规则也都有具体的制度设计加以保障,如现行 ICSID 仲裁规则第 6 条第 2 款规定仲裁员在组成仲裁庭之前须签署一份公正性和保密性的声明,同时在此声明的附件中,仲裁员必须申明和当事人之间在过去及现在存在的职业、商务关系,以及其他影响其被信赖作出独立裁决的关系。

应当认为,国际投资仲裁机制对仲裁员的公正性和独立性不可谓不关注,但从实践的状况来看,仲裁员的公正性和独立性仍然遭到了不少质疑,并主要集中于三个方面。

---

① 本部分相关内容,亦可参见本人拙文《裁判者信任困境与国际投资争端解决机制的信任塑造》(《政法论丛》2021 年第 3 期)。

② See Pauwelyn Joost, *The Rule of Law without the Rule of Lawyers? Why Investment Arbitrators are from Mars, Trade Adjudicators from Venus*, 109 The American Journal of International Law 751, 767 (2015).

③ 参见彭丽明:《仲裁员责任制度比较研究》,法律出版社 2017 年版,第 63 ~ 70 页。

(一)单方指定仲裁员的代理人化

单方指定仲裁员(边裁)的代理人化是当前对仲裁员公正性和独立性诟病最多的问题。对于当事人单方指定的仲裁员的独立性和公正性,理论和实践中曾经有过不同的观点,如早期美国仲裁协会(American Arbitration Association, AAA)和美国律师协会(American Bar Association, ABA)制定的《商事争议中仲裁员的行为道德准则》(1977 年版本)允许单方指定的仲裁员对其指定方当事人有一定的倾向性——除非当事人之间另有约定,一般将单方指定的仲裁员视为"非中立"的仲裁员,并允许其在接受指定后继续与指定方进行联络。不过,在 AAA 和 ABA 于 2003 年对该准则的修改中,上述内容已被删除,并要求包括当事人单方指定的仲裁员在内的所有仲裁员都保持中立。国际上另一具有重要影响的仲裁组织——国际律师协会(International Bar Association, IBA)制定的《国际仲裁员行为准则》《国际仲裁利益冲突指引》也明确规定所有的仲裁员应当独立、公正,毫无偏袒,所有的仲裁员在仲裁过程中不得单方与任何一方当事人或其代理人讨论案件的相关情况。因此,在当前国际仲裁的实践中,单方指定仲裁员与共同指定或者仲裁机构指定的仲裁员在地位上完全相同已经成为普遍的共识和实践。然而,无论是在国际商事仲裁还是国际投资仲裁中,单方指定仲裁员容易成为当事人在仲裁庭中的代理人现象却一直为仲裁界诟病。

当事人及其代理律师在指定仲裁员时即有指定一名能够有助于他们赢得案件的仲裁员的动机,这种动机在他们的案件事实不是很有利时更为强烈,为当事人选择一个能够为案件带来最佳结果的仲裁员也成为代理律师的一项义务。一旦某一仲裁员被当事人指定,其同样可能产生通过帮助指定他的当事人获得有利结果而期待后续被再次指定的动机。① 不可否认,仲裁员与当事人(代理人)的下述心态无法避免,即如果他们按照当事人的意愿行事,他们获得指定的概率将显著增加;律师也会认为指定一个友好的仲裁员会使其在出现小错误时减少被仲裁庭责难的可能,并在案件的程序推进上给予照顾。② 实践中,

---

① See Hans Smit, *The Pernicious Institution of the Party-appointed Arbitrator*, Columbia FDI Perspectives, No. 33, 14 Dec. 2010.

② See Jan Paulsson, *Moral Hazard in International Dispute Resolution*, 25 ICSID Review 339, 354 (2010).

重复指定仲裁员(repeat arbitrators)现象的出现,即对这种内生动机和心态的印证。[①] 在此动机下,单边仲裁员对指定其进入仲裁庭的当事人的“照顾”方式可能包括:第一,在与仲裁庭成员的交流中渗透指定他的当事人的主张和观点,尽可能地说服首席仲裁员采纳其观点。第二,即便仲裁庭对指定他的当事人作出不利裁决不可避免,其仍可对最终结果施加影响以尽可能地使案件结果对指定他的当事人有利。例如,他可以说服仲裁庭的其他成员减少不利裁决的金额以换取一致裁决,这种妥协对首席仲裁员通常会非常有吸引力,因为一致裁决有助于提升其声誉进而增加其未来获得指定的机会。[②] 实践中,有不少一致裁决是单边仲裁员在背后促成的妥协结果。[③] 第三,作为最后的选择,单边仲裁员可以在裁决中发表异议意见,表达对指定他的当事人的支持。根据学者对国际投资仲裁网站和ICSID网站上公布的150个国际投资仲裁裁决的统计,有34个裁决中包含仲裁员的异议意见,而值得关注的是,这些异议意见几乎全部来自败诉方当事人指定的单边仲裁员。这个比例在统计学上是十分值得注意的,因为从理论上来说,在由3名仲裁员组成的仲裁庭中,败诉当事人所指定的仲裁员发表异议意见的比例应为33%,即使去掉首席仲裁员(首席仲裁员发表异议意见的概率很小),这一比例也应是50%才更为合理。[④] 当然,异议仲裁员几乎全部由不利裁决方当事人所委任的仲裁员作出本身并不必然代表仲裁员道德的缺失,实践中,当事人在选任仲裁员时也确实会挑选那些和他们观点相近的仲

---

① 有关这一现象的关注,可参见 Natalia Giraldo-Carrillo, *The "Repeat Arbitrators" Issue: A Subjective Concept*, revista Colombiana de Derecho Internacional, 19 International Law 75 – 106 (2011); Fatima-Zahra Slaoui, *The Rising Issue of "Repeat Arbitrators": A Call for Clarification*, Arbitration International, Vol. 25:1, p. 103 – 120 (2001); Kanaga Dharmananda & Raphaël de Vietri, *Impartiality and the Issue of Repeat Arbitrators—A Reply to Slaoui*, Journal of International Arbitration, Vol. 28:3, p. 187 – 200 (2011)。根据 IBA《国际仲裁利益冲突指引》,当某一仲裁员在过去的3年中超过3次被同一法律顾问或律师事务所指定时,属于橙色清单所列举的情形,需要进行披露。

② See Hans Smit, *The Pernicious Institution of the Party-appointed Arbitrator*, Columbia FDI Perspectives, No. 33, 14 Dec. 2010.

③ See Jan Paulsson, *Moral Hazard in International Dispute Resolution*, 25 ICSID Review 339, 354 (2010).

④ See Albert Jan van den Berg, *Dissenting Opinions by Party-Appointed Arbitrators in Investment Arbitration*, in Mahnoush Arsanjani et al. eds., Looking to the Future: Essays on International Law in Honor of W. Michael Reisman, Martinjus Nijhoff, 2011, p. 824.

裁员[①],但问题是,当事人的这种事先算计和筛选也证明了单边仲裁员指定机制与"双方当事人都信任所有仲裁员"这一基础假设并不一致。[②] 事实上,虽然没有确凿的证据,但单边仲裁员的公正性和独立性在实践中可能已经被质疑,一个具有说服力的证据是在前述学者搜集的150个案例中,没有一个仲裁员援引过此前裁决中的异议意见,可能的原因即仲裁庭清楚,异议意见几乎都是由败诉方当事人指定的仲裁员作出的,其意见的中立性值得怀疑。[③]

在此基础上,单方指定仲裁员的代理人化也使实践中出现了两类仲裁员群体,一类仲裁员多次被投资者指定,而另一类多次被国家指定——前者更有可能认为仲裁庭有管辖权且国家应承担责任,而后者不大可能认为仲裁庭有管辖权且国家应承担责任。[④] 这种现象或倾向的存在,给国际投资仲裁员群体的公正性和独立性,乃至整个国际投资仲裁机制的合法性都带来了负面影响。鉴于此,不少学者和政府都呼吁对这种当事人主导的仲裁员任命机制进行改革。

(二)仲裁员的多重身份及其利益冲突风险

除单方指定仲裁员的代理人化外,另一遭到国际社会对国际投资仲裁员公正性和独立性质疑的问题是仲裁员在身份上的多重性以及由此可能引发的身份冲突。

身份冲突从时间上可分为两种:一种是两种身份同时存在,即身份重合引起的冲突,如同时在不同案件中担任律师和仲裁员;另一种是两种身份先后存在,即身份接替引起的冲突,如在同一案件中先做调解员再做仲裁员等。[⑤] 在国际投资仲裁中仲裁员身份冲突问题的产生,源自仲裁庭的临时性和仲裁员的多元性——仲裁庭针对个案组建,而仲裁员则既有专职的国际仲裁员,也有非专职的律师、学者、政府工作人员等,其中非专职的律师和学者又占据很大的比重。对于非专职仲裁员而言,他们可能前一分钟还是代理律师的身份,下一分

---

① See Richard Mosk & Tom Ginsburg, *Dissenting Opinions in International Arbitration*, 15 Mealey's International Arbitration Report 9 (2000).

② See Jan Paulsson, *Moral Hazard in International Dispute Resolution*, 25 ICSID Review 339, 354 (2010).

③ See Albert Jan van den Berg, *Dissenting Opinions by Party-Appointed Arbitrators in Investment Arbitration*, in Mahnoush Arsanjani et al. eds., Looking to the Future: Essays on International Law in Honor of W. Michael Reisman, Martinjus Nijhoff, 2011, p. 827.

④ 参见陈磊:《风险、激励与监管:ISDS仲裁员的身份冲突及其化解》,载《国际商务研究》2017年第2期。

⑤ 参见林一飞:《略论仲裁中的身份冲突》,载《法学评论》2006年第1期。

钟又转变为学者重新塑造相关问题，或者作为政府代表或专家证人影响政府的投资政策。① 根据学者的一项统计，在国际投资仲裁领域，仲裁员和代理人、专家证人在不同案件中身份重叠的现象十分常见——身份重叠最频繁的仲裁员在接受23次仲裁员指定之外还被21次指定为案件当事方的代理人。②

从利益冲突的视角来看，根据当前广泛使用的IBA《国际仲裁利益冲突指引》，如果同时在两个案件中分别担任仲裁员和代理律师，仲裁员曾就仲裁中同样出现的问题发表过一般意见（如在法律评论文章或公开讲座中发表相关意见，但并未专门针对正在仲裁的案件），或者仲裁员与一方当事人的法律顾问或另一仲裁员，先前曾经一起担任仲裁员或共同担任法律顾问，都属于绿色清单所列举的无须披露的情形。由此，仲裁员在先前案例中作出的仲裁裁决就可能成为其日后担任代理律师时援引的对象和依据，此时，隐藏在不同案件中仲裁员与代理律师身份冲突之下的实质风险是"规则制定者"与"规则使用者"的重合，这与"任何人不得成为自己的法官"的基本法理存在冲突。正如有学者所言，一份具有事实上先例价值的裁决能使仲裁员在后续类似案件中身份转换为律师时获利，仲裁员在利益驱使下也难免会（有意或无意地）促使裁决朝着有利于其（未来）客户的方向发展。③ 同时，仲裁员和代理律师在不同案件中的共事经历也可能带来相互照顾或者暗箱操作的风险。例如，代理律师在某一案件中选择了一位仲裁员，等到下次这个仲裁员担任其他案件的代理律师时，作为回报，他可能选择之前的那位代理律师作为仲裁员。由此，两者之间可能形成不易察觉的利益交换，导致担任仲裁员的一方在程序和实体层面给予另一方以更多的"照顾"。

上述身份重合和冲突给仲裁员独立性和公正性带来的质疑在实践中也已经引起了当事方的注意。不过如前所述，由于上述身份重合和冲突并不被IBA《国际仲裁利益冲突指引》视为表面或者实质上存在利益冲突的情形，当事人就上述情形提出回避申请或者撤销裁决申请经常被驳回。例如，在马来西亚电信

---

① See Cecilia Olivet, Pia Eberhardt, *Profiting from Injustice-How Law Firms, Arbitrators and Financiers are Fuelling an Investment Arbitration Boom*, TNI (27 Nov. 2012), https://www.tni.org/en/briefing/profiting-injustice.

② See Malcolm Langford, Daniel Behn & Runar Hilleren Lie, *The Revolving Door in International Investment Arbitration*, J Int Economic Law Vol. 20:2, p. 329 (2017).

③ 参见于湛旻：《论国际投资仲裁中仲裁员的身份冲突及克服》，载《河北法学》2014年第7期。

公司诉加纳案(Telekom Malaysia v. Ghana)[①]中,加纳对其中一位仲裁员提出回避申请,理由是他正在另一起相似但无关的国际投资仲裁案(RFCC 诉摩洛哥案,RFCC v. Morocco)[②]中担任投资者的代理律师。当时 RFCC 诉摩洛哥案的仲裁庭已作出对投资者的不利裁决,但投资者正在申请撤销裁决,而加纳在该案的法律论证中恰恰还援引了 RFCC 诉摩洛哥案的裁决。对此,加纳认为该仲裁员在 RFCC 诉摩洛哥案中的代理律师身份将使其在相关问题上千方百计地提出各种论据来支持投资者,这将对其在审理该案相关问题时产生影响,故应当回避。对于加纳的回避申请,根据案件适用的 UNCITRAL 仲裁规则,海牙国际常设仲裁法院的秘书组在审查后认为上述情况不构成对仲裁员公正性与独立性产生正当怀疑的情形,驳回了加纳的申请。[③] 再如,在埃默科诉印度尼西亚案中,印度尼西亚以投资者指定的仲裁员曾为投资者的实际控制者提供过税务安排建议且该仲裁员所在律所与投资者存在合作关系为由要求撤销裁决,但审理撤销程序的特别委员会以"不存在明显的缺乏独立性"为由驳回了撤销申请。[④]

多重身份和身份冲突对国际投资仲裁员公正性和中立性带来的质疑随着实践中第三方资助的普遍运用而更加引起关注。所谓第三方资助,一般是指由与案件争议没有利益关系的第三方对一方当事人参加诉讼或仲裁提供资助的安排。[⑤] 由于国际投资仲裁案件通常较为复杂,会产生巨额的法律费用,因此缺乏资金或者需要转嫁诉讼风险的仲裁当事方(通常是投资者)就有了相应的融资需求。同时,国际投资仲裁案件可能产生的赔偿又是巨额的,这就使投资机构将其视为一项具有预期收益可能的投资——第三方资助也就在这种供需关系中产生。虽然第三方资助在国际投资仲裁中的广泛程度无法确切统计,但据

---

① See Telekom Malaysia Berhad v. The Republic of Ghana, Case No. HA/RK 2004, 788.

② See Consortium R. F. C. C. v. Kingdom of Morocco, ICSID Case No. ARB/00/6.

③ 当然,由于加纳的观点在此后向海牙地区法院提出的挑战仲裁员的诉讼中得到了法院的支持,迫使伊曼纽尔·盖拉德(Emmanuel Gaillard)教授辞去了在 RFCC 诉摩洛哥案中代理律师的职务。

④ See Amco Asia Corporation and others v. Republic of Indonesia, ICSID Case No. ARB/81/1, Ad hoc Committee Decision on the Application for Annulment.

⑤ 参见肖芳:《国际投资仲裁第三方资助的规制困境与出路——以国际投资仲裁"正当性危机"及其改革为背景》,载《政法论坛》2017 年第 6 期。

称目前至少 40% 的国际投资仲裁案件存在第三方资助的安排。① 第三方资助对于仲裁员公正性和独立性的影响在于第三方资助的安排通常是秘密的，而国际投资仲裁员身份的多重性意味着不容忽视其与在当事人背后操盘的资助方之间存在的某种利益关系的可能性，且这种利益关系更加难以察觉。②

正是基于上述情况，有评论认为，在国际投资仲裁机制下，仲裁员、律师事务所以及金融投机者（向投资者提供仲裁费用资助的第三方）扮演的并不是被动参与者的角色，而是积极的参与者。③ 这就是对国际投资仲裁员独立性和中立性的最大质疑。

（三）被指定仲裁员的分布不均

在现行的仲裁员任命机制下，另一个引起国际社会，尤其是发展中国家关注的问题是实践中被实际指定的仲裁员的分布不均问题。

由于近现代仲裁制度主要是在西方国家的实践中发展起来的，其基本反映了西方国家的法律理念和制度经验。这一方面使西方国家始终引领仲裁制度的发展方向，掌握仲裁规则的制定权和解释权，并在事实上控制着仲裁实践在其主导下开展；④另一方面也意味着非西方国家的当事人和仲裁员参与国际仲裁时将面临制度和文化上的不适应性，增加了其参与难度。基于仲裁制度的西方倾向，西方仲裁员具有天然的优势，表现为西方国家或其当事人会当然地指定西方仲裁员，而非西方国家或其当事人因本国仲裁员参与国际仲裁能力和实践的匮乏，通常在重大案件中也更信任经验丰富、知名度高的西方仲裁员，从而导致非西方国家的仲裁员一直缺乏实践机会。这种“恶性循环”在现行的仲裁员指定机制下被不断放大。从数据来说，虽然 ICSID 规定每个成员均可推荐 4 位仲裁员进入其仲裁员名册，但是在实践环节，根据学者统计的 1039 个案例，被指定次数最多的前 25 位仲裁员中有 21 位来自西方国家，而仅剩的 4 位非西

---

① See Stavros Brekoulakis, *The Impact of Third Party Funding on Allocation for Costs and Security for Costs Applications: The ICCA-Queen Mary Task Force Report*, Kluwer Arbitration Blog, http://arbitrationblog. kluwerarbitration. com/2016/02/18/the-impact-of-third-party-funding-on-allocation-for-costs-and-security-for-costs-applications-the-icca-queen-mary-task-force-report/.

② 当然，目前不少仲裁规则和国际投资协定对第三方资助的披露义务作出了规定。

③ See Cecilia Olivet & Pia Eberhardt, *Profiting from Injustice-How Law Firms, Arbitrators and Financiers are Fuelling an Investment Arbitration Boom*, TNI (27 Nov. 2012), https://www. tni. org/en/briefing/profiting-injustice.

④ 当前具有影响力的国际仲裁中心基本都在西方国家，如伦敦、巴黎、日内瓦、斯德哥尔摩等。即使是晚近被认为是新兴国际仲裁中心的新加坡（非西方），其仲裁制度仍是沿袭西方国家而来的。

方仲裁员中,有1位来自东欧(保加利亚),但已经在美国居住超过30年并有美国的求学和工作经历,另3位来自高收入的拉丁美洲国家(阿根廷、智利、哥斯达黎加),而且都在美国或西欧居住或执业。① 根据另一位学者的统计(截至2014年),虽然84%的ICSID仲裁案件是对发展中国家提起的,但发展中国家的仲裁员人数只占所有ICSID人数的50%,而实际的受指定比例更仅占不到30%。②

被指定仲裁员的分布不均带来的潜在风险是发展中国家或者非西方国家因无法参与国际投资仲裁的裁判过程中而对国际投资仲裁机制持警惕、怀疑甚至是疏远的态度,进而形成误解和偏见,影响国际投资仲裁在整个国际层面的合法性和正当性基础。同时,从客观上来说,被指定仲裁员的分布不均也确实可能会给非西方或者发展中国家的当事人带来不利影响,表现为西方仲裁员在潜意识里对不同于自己文化习惯的意识形态、表述方式、历史传统和实践做法的不解、怀疑和不信任,进而影响他们对相关证据和事实的认定,最终影响案件的裁决结果。

此外,被指定仲裁员的分布不均还体现为国际投资仲裁案件向精英仲裁员的过度集中。根据学者对1972年至2014年2月ICSID仲裁案件的统计,虽然有419名仲裁员接受过指定,但其中超过一半的仲裁员只接受过一次指定,10%的仲裁员接受了超过50%的指定。③ 被指定仲裁员的"向心性"(centrality)导致这些处于"中心"的仲裁员手中的案件积压,使仲裁程序的推进以及裁决的作出速度被拖延。在此种情况下,仲裁机制原本相对于司法机制的高效、灵活性在国际投资仲裁下已经很难体现。

二、仲裁员任命机制的欧盟变革及其风险

对于当前当事人意思自治主导下的仲裁员任命机制带来的问题,有观点认为,不必过于放大,可以通过仲裁机制本身的调节来解决,如仲裁员的信誉机制

---

① See Malcolm Langford, Daniel Behn & Runar Hilleren Lie, *The Revolving Door in International Investment Arbitration*, Journal of International Economic Law, Vol. 20 :2, p. 309 – 310 (2017).

② See Pauwelyn Joost, *The Rule of Law without the Rule of Lawyers? Why Investment Arbitrators are from Mars, Trade Adjudicators from Venus*, 109 The American Journal of International Law 751, 767 (2015).

③ See Sergio Puig, *Social Capital in the Arbitration Market*, 25 European Journal of International Law 387, 403 (2014).

最终会使缺乏独立性和公正性的仲裁员无法得到仲裁业界的认可而被淘汰退出，实现国际投资仲裁员群体的"自我净化"。同时，相关问题的解决可以在仲裁框架下进行规则完善。在维持国际投资仲裁机制的大框架下，理论和实践层面有关仲裁员信任基础补缺的应对措施主要体现为对仲裁员行为规范、利益冲突规则以及遴选、指定机制的完善。就仲裁员的行为规范和利益冲突规则，除机构层面 ICSID 在实践中推动的仲裁员在接受指定审理案件时签署独立性和公正性宣言，以及 ICSID 和 UNCITRAL 秘书处正在推进的《投资者与东道国争议解决审裁官行为守则》草案外，越来越多的 BIT 和包括投资章节的自由贸易协定倾向对相关内容作出具体规定或者援引成熟的实践做法。例如，《全面与进步跨太平洋伙伴关系协定》(Comprehensive and Progressive Agreement for Trans-Pacific Partnership, CPTPP)明确规定缔约方应在协定生效前制定仲裁员应当遵守的行为守则，以及有关利益冲突的其他规则或指南。① USMCA 则将 IBA《国际仲裁利益冲突指引》并入，其中有关直接或者间接利益冲突的规则将直接适用于 USMCA 的 ISDS 机制，并且仲裁员被明确禁止从任何组织或政府处接受与争端相关的指示，也不得在程序期间担任本协定下正在进行中的仲裁案件当事方的代理人或当事人指定的专家或证人。② 当然，仲裁员利益冲突的避免，除其本身披露义务以及回避规则的完善外，还有赖于当事人披露义务的健全。以引发广泛关注的第三方资助为例，第三方资助对仲裁员独立性的可能影响亦依赖于当事方的披露，只有在知悉存在第三方资助的情况下，仲裁庭才能获取规制第三方资助的主动权，及时审查是否存在潜在利益冲突。③ 在仲裁员遴选、指定机制方面，相关的改革措施和建议更为多样，包括：对仲裁员的专业知识要求进行细化，如 CPTPP 第 9.22 条第 5 款要求仲裁员具有争端适用的准据法方面的专业知识或相关经验；采取强制仲裁员名册，即缔约方协商制定候选仲裁员列表，纠纷当事人只能从候选仲裁员中选定仲裁庭成员；④成立一个类似国际刑事法院法官任命咨询委员会的独立的国际投资仲裁员审查委员会，

---

① See CPTPP, Chapter 9 - Investment, Article 9.22, para. 6.

② See USMCA, Chapter 14 - Investment, ANNEX 14 - D, Article6, para. 5.

③ 参见徐树、陈雪雯：《国际投资仲裁中第三方资助的披露规则研究》，载《国际法学刊》2020 年第 3 期。

④ 参见单文华、王鹏：《均衡自由主义与国际投资仲裁改革的中国立场分析》，载《西安交通大学学报(社会科学版)》2019 年第 5 期。

对候选的仲裁员进行审查;[①]废除当事人的单方指定机制,由中立的第三方机构指定仲裁员。[②]

当然,另一种改革路径即以欧盟为代表,认为应当对裁判者任命机制作出彻底变革,并已随着欧盟国际投资法院设想的提出付诸国际投资条约实践。[③]

(一)仲裁员任命机制的欧盟变革

欧盟对国际投资仲裁下仲裁员任命机制的变革包括以下内容:第一,仲裁员多重身份的规避。欧盟在包括 CETA、EUVFTA、EUSFTA 在内的新一代 FTA 中都明确,一旦被任命为依据该 FTA 成立的投资法庭或上诉法庭的仲裁员,则无论是在正在进行中的还是将来的依据本协定或其他国际投资协定提起的国际投资案件中,相应的仲裁员都不能再担任代理律师以及当事人指定的专家、证人。同时,这些 FTA 中还都包含一个未来可以通过决议将现阶段按月支付给仲裁员和法庭主席及副主席的预付佣金(retainer fee)和日常费用(daily fee)转化为固定薪水(regular salary)的条款——一旦进行这种转化,则仲裁员将变成全职的,不能再担任任何其他职务,无论其他职务是否有报酬。此外,在行为守则部分,还规定了仲裁员在任期届满之后的附随义务:不能以任何形式参与其在任期间法庭或上诉庭正在受理的,或者与他们在任期间审理的争端直接或间接相关的投资争端;在任期满 3 年内,不能以代理人的身份参与法庭或上诉庭审理的案件。显然,通过上述制度安排,欧盟旨在规避当前国际投资仲裁员多重身份可能带来的利益冲突,尽量减少仲裁员的身份冲突可能给仲裁员公正性和独立性带来的质疑。第二,仲裁员任命权的转移。在欧盟前述 FTA 中,投资者不再享有任命仲裁员的权利,仲裁员由投资协定的缔约双方共同任命,分别由等数量的缔约双方国民以及第三国国民担任。至于具体案件的仲裁庭,则是随机分配而成,由主席将案件在不同的小组间轮流分配。显然,欧盟认为通过上述制度安排不仅可以改善当前非强制性的仲裁员名册制度导致的仲裁员

---

① See James Devaney, *An Independent Panel for the Scrutiny of Investment Arbitrators: An Idea Whose Time has Come?*, 18 Law and Practice of International Courts and Tribunals 369 (2020).

② See Jan Paulsson, *Moral Hazard in International Dispute Resolution*, 25 ICSID Review 339, 354 (2010).

③ 需要说明的是,在晚近的 FTA 中,欧盟对相关 ISDS 机制的裁判机构和裁判人员表述为"tribunal"和"member",这与其建立国际投资法院的意图有关,但从最终裁决的性质而言,欧盟目前仍希望将其作为仲裁裁决以寻求更为便利的国际执行,因此,本书中仍将欧盟 ISDS 机制下的"tribunal"和"member"视为仲裁庭和仲裁员。

分散、裁决尺度不一的问题,而且可以缓解单方指定仲裁员代理人化的问题,并通过仲裁庭的随机组成机制防止参与者事先预测仲裁庭成员构成,进而影响法庭成员的可能。第三,仲裁员道德规范的强化。欧盟新一代的FTA毫无例外地都在ISDS机制部分特别增加了对仲裁员道德规范的规定。它要求仲裁员应从独立性无可置疑的人中选择,且不能隶属于任何政府部门,①尤其不能接受任何政府或组织作出的与争端有关的指示,不能审理任何可能具有直接或间接利益冲突的争端。为了规避利益冲突,相关FTA中还附有仲裁员应当遵守的行为准则,要求每个仲裁员必须避免不正当行为,必须独立和公正,必须避免直接和间接的利益冲突,并从披露义务、工作职责、独立性和公正性的具体要求、卸任后的义务、保密义务以及工作时间和费用的记录等方面对仲裁员的行为规范作出了要求。虽然上述职业道德要求并不详尽,但体现了欧盟规范仲裁员行为,维护仲裁员公正性和独立性的决心。

通过上述几个方面的改革,欧盟试图隔断仲裁员与当事人之间可能存在的利益冲突风险,并进一步对仲裁员的道德及行为规范进行强化和指引。相关改革措施参考的对象,即司法机制下司法裁判人员的任命机制。显然,就仲裁员任命机制而言,欧盟对国际投资仲裁机制的司法化改造思路是十分明确的。其背后,是东道国对国际投资仲裁公共色彩关注的提升,认为对仲裁员的委任进行更加严厉的监督与控制,有助于排除私人利益因素,特别是商业因素,对仲裁程序的侵蚀。②

(二)欧盟变革方案的风险

国际投资仲裁下仲裁员任命机制的改革涉及整个投资仲裁体制的核心参与者和吸引力,事关重大。事实上,对欧盟相关改革措施能否解决现有仲裁员任命机制存在的问题以及是否会造成新的问题不无疑问和担忧,具体如下。

第一,在整体上,对投资者仲裁员任命权的剥夺可能会被视为有损国际投资仲裁机制的初衷和价值。国际投资仲裁机制的设立初衷在于将投资者与东道国之间的投资争端从国内层面转至国际层面,从而缓解投资者对东道国救济机制的不信任。投资者对现行国际投资仲裁机制的认可很大一部分原因即源

---

① 但仅是领取政府支付的担任仲裁员的报酬,此前曾是政府部门的工作人员,或者家庭成员从政府领取收入不构成此种隶属关系。

② 参见傅攀峰:《单边仲裁员委任机制的道德困境及其突围——以Paulsson的提议为核心》,载《当代法学》2017年第3期。

自对自己指定的仲裁员的信任和认可,如果剥夺投资者的这种指定权而改由政府统一任命,可能使投资者认为仲裁员是国内法官的替代,引发投资者对国际投资仲裁机制的信任危机。事实上,如学者所言,在再任命博弈中,享有任命权的主体决定了裁判者的负责对象。① 这意味着一旦仲裁员的任命权完全掌握在缔约国手中,则投资协定和相关行为准则中有关仲裁员不得接受缔约国指令和保持独立公正的规定可能沦为形式,因为基于获得再次任命的"本能",很难保证仲裁员不在潜移默化中更多地从国家的视角分析相关争议,在整体上呈现"亲国家"的倾向。这进一步可能导致作为服务提供者的仲裁员逐渐远离对仲裁用户和仲裁文化的关注,演变成仲裁公务员,甚至是仲裁政客。② 如此,相关的改革可能导致对现行国际投资仲裁机制的"矫枉过正"——从当前东道国对国际投资仲裁机制的"不满"转变为投资者对国际投资仲裁机制的"抱怨"。

第二,政治化的风险担忧。在欧盟的改革方案下,由于缔约方掌控成员的选任权,该选任过程本身就可能变得政治化,就像 WTO 上诉机制正面临的困境一样。③ 特别是在双边层面的投资法庭模式下,目前对于如何共同任命第三国成员缺乏细化的制度设计,这可能在后续的运作中引发机构瘫痪的危机——因为每个具体案件的审理法庭需由缔约双方的成员(各一名)以及第三国的成员(一名)组成。

第三,在具体案件的审理中,不同仲裁员的立场依然可能存在显著差异,仲裁员的代理人化问题可能"变相"存在。根据欧盟对具体案件仲裁庭构成机制的设计,仲裁庭将由缔约双方的仲裁员(各一名)以及第三国的仲裁员(一名)组成,如此,可能出现的情形是:具有东道国国籍的仲裁员很可能更倾向于维护自己国家的公共利益或国家安全;而与投资者具有相同国籍的仲裁员也更可能从投资者的角度出发,维护自己国家投资者的权益。④

---

① 参见王鹏:《中立、责任与参与:国际投资仲裁的多边改革与中国对策》,载《国际政治研究》2018 年第 2 期。

② See Alexis Mourre, *Are Unilateral Appointments Defensible? On Jan Paulsson's Moral Hazard in International Arbitration*, in Stefan Michael Kroll, Loukas A. Mistelis, et al. eds, International Arbitration and International Commercial Law: Synergy, Convergence and Evolution, Kluwer Law International, 2011, p. 385.

③ See Sergio Puig & Gregory Shaffer, *Imperfect Alternatives: Institutional Choice and the Reform of Investment Law*, 112 American Journal of International Law 361 (2018).

④ 参见董静然:《"一带一路"倡议下投资者—国家争端解决机制研究——基于欧盟国际投资法庭制度的考察》,载《江苏社会科学》2018 年第 1 期。

第四,新任命机制下的报酬机制可能造成顶尖仲裁员的流失,降低国际投资仲裁的仲裁质量。在当前欧盟的仲裁员任命机制下,仲裁员尚不是全职的,因此其按月得到的预付佣金必然也是相对有限的——按照欧盟在 TTIP 建议文本中的设想,欧盟提议初审法庭成员的预付佣金仅为每月 2000 欧元。但与此同时,仲裁员需要"随时待命",且如前所述,自接受任命时起,无论是在正在进行中的还是将来的依据本协定或其他国际投资协定提起的国际投资案件中,仲裁员都不得再担任代理律师以及当事人指定的专家、证人,这将对仲裁员的收入带来显著影响。因此,具有高素养的投资仲裁专家是否会因收入问题放弃加入投资法庭,是值得考量的问题。[①] 如果顶尖的国际投资仲裁员离开仲裁员队伍,转向专职的代理律师等,这将给保证国际投资仲裁的权威性和仲裁裁决的质量带来负面影响。

---

① 参见邓婷婷:《中欧双边投资条约中的投资者—国家争端解决机制——以欧盟投资法庭制度为视角》,载《政治与法律》2017 年第 4 期。

第三章　国内司法程序对国际投资仲裁的制约

除了仲裁制度改革中所体现的对司法机制的效仿，国内司法程序对国际投资仲裁的介入和影响也是国际投资仲裁司法化的重要表现之一。尤其是随着近几年国际投资仲裁实践数量的增加，国内司法程序与国际投资仲裁的交集不断产生并引发广泛关注，包括司法程序对国际投资仲裁裁决的司法审查以及对仲裁程序的介入。相关实践的增加使人们意识到国际投资仲裁并不能完全脱离国内司法的制约，国内司法对国际投资仲裁的影响越来越受到关注。由此，国内司法程序对国际投资仲裁的制约可归纳为国际投资仲裁机制在另一个维度的司法化。

第一节　国际投资仲裁裁决的司法审查

"仲裁作为一种争端解决机制，仲裁裁决的实现相对于裁决本身而言如果不是更为重要的话，至少是同等重要的"[①]，这对于国际投资仲裁裁决来说同样适用。国际投资仲裁裁决不仅可能受到仲裁地国裁决撤销程

① 林爱民：《国际投资协定争议仲裁研究》，复旦大学2009年博士学位论文，第152页。

序的制约，而且在承认与执行阶段，第三国[①]法院也可能依据相关国际公约（如《纽约公约》）或国内法对裁决进行审查，并作出不予承认与执行的裁定。因此，国内司法程序对国际投资仲裁的制约与影响首先体现在裁决的司法审查上，包括裁决的撤销和裁决的不予承认、执行。

具体而言，关于国际投资仲裁裁决的司法审查，主要涉及司法审查的审查权力、审查事项以及审查标准三方面的问题。此外，近年来，欧盟法院对欧盟成员国间 BIT 中的 ISDS 机制是否与欧盟法兼容问题的审查也值得我们特别关注，其对欧盟成员国国际投资仲裁裁决的承认与执行机制的影响以及对欧盟成员国间国际投资仲裁机制的整体冲击，凸显了国内司法程序对国际投资仲裁机制产生的制约效果。

一、国际投资仲裁裁决的司法审查权力

国内司法对国际投资仲裁裁决的司法审查，以国内法院是否有对国际投资仲裁裁决有权进行审查为前提。对此，因适用的法律不同，需要将国际投资仲裁裁决区分为 ICSID 仲裁裁决和非 ICSID 仲裁裁决两类。其中，ICSID 仲裁裁决仅指根据 ICSID 公约下的仲裁程序作出的裁决，不包括根据 ICSID《附加便利规则》作出的裁决。

（一）对 ICSID 仲裁裁决的司法审查权力

如第一章中所述，为排除国内司法监督给国际投资仲裁裁决带来的不确定性，ICSID 公约在制度设计中明确对缔约国国内的司法监督程序予以排除，不仅通过设立内部的裁决撤销制度以取代国内司法的裁决撤销制度，而且通过赋予 ICSID 仲裁裁决直接的终局效力以排除国内法院在承认和执行环节对裁决的审查。因此，ICSID 公约的缔约国对 ICSID 仲裁裁决没有司法审查的权力。当然，需要指出的是，ICSID 公约对作为争端当事方的东道国以及承认与执行环节的第三国的要求存在一定差别。其中，东道国适用该公约第 53 条第 1 款的规定："裁决对双方具有约束力。不得进行任何上诉或采取除本公约规定外的任何其他补救办法。除依照本公约有关规定予以停止执行的情况外，每一方应遵守和履行裁决的规定。"而承认与执行环节的第三国则适用该公约第 54 条

---

① 对于争议的东道国和投资者母国来说，由于国际投资协定有时会将承认与执行基于协定中的投资仲裁条款作出的仲裁裁决作为条约义务加以规定，故相关裁决的承认与执行应当首先依据投资协定的规定进行判断。

的规定,其第 1 款规定,"每一缔约国应承认依照本公约作出的裁决具有约束力,并在其领土内履行该裁决所加的财政义务,正如该裁决是该国法院的最后判决一样";第 3 款规定,"裁决的执行应受要求在其领土内执行的国家关于执行判决的现行法律的管辖"。对比发现,两者的区别在于:对作为争端方的东道国而言,除非存在 ICSID 公约规定的可予停止执行的情况,否则就应该无条件遵守和履行裁决的规定;但对第三国而言,存在一种可能性,即如果第三国法律对本国最终判决有执行上的例外规定,那么 ICSID 仲裁裁决同样受这种例外情形的约束,这一点在 ICSID 公约的起草过程中就已经被承认。① 对此,英国高院在米库拉斯诉罗马尼亚案(Miculas v. Romania)②的承认执行程序中就采取了此种立场:其在承认该 ICSID 仲裁裁决的最终性并进行承认登记的基础上,裁定该仲裁裁决在英国法下的效力相当于英国高院的最终裁决,仍应受欧盟法的制约,故决定中止执行程序,等待欧盟综合法院(General Court of the European Union)对罗马尼亚撤销欧盟委员会禁止其对投资者履行裁决赔偿义务的决定的申请作出裁决。③ 据此,有学者提出,这相当于给了执行国法院"有限制的间接授权"以审查 ICSID 裁决的实体内容,其授权的"有限制性"表现为执行法院对 ICSID 裁决实体内容的审查范围之大小以其对本国最终判决实体内容的审查范围为限,不能超越后者范围。④ 对此,笔者持否定态度。如同英国高院在米库拉斯诉罗马尼亚案的承认执行程序中所强调的,其在执行 ICSID 裁决过程中不享有类似公共政策等方面的审查权力,其作出中止执行的决定仅是因为受到欧盟法的制约,涉及的是执行的合法性问题。⑤ 换言之,缔约国在执行环节并不能对仲裁裁决的效力本身进行审查,因为缔约国对 ICSID 裁决的承认义务意味着裁决已经是终局的,具有既判力(*res judicata*)。执行的例外仅限于执行豁免、本国特殊的执行限制等,但无关仲裁裁决的效力。

当然,对于非 ICSID 公约的缔约国而言,由于不受 ICSID 公约的约束,其在

---

① See Christoph H. Schreuer, *The ICSID Convention: A Commentary* (second edition), Cambridge University Press, 2009, p. 1142 – 1143.

② Ioan Micula, Viorel Micula, S. C. European Food S. A, S. C. Starmill S. R. L. and S. C. Multipack S. R. L. v. Romania, ICSID Case No. ARB/05/20.

③ Micula & Ors v. Romania & Anor [2017] EWHC 31 (Comm).

④ 参见王海浪:《论国际投资仲裁裁决的承认与执行——以执行法院的审查权为中心》,载《国际经济法学刊》2018 年第 4 期。

⑤ Micula & Ors v. Romania & Anor [2017] EWHC 31 (Comm), para. 133.

承认和执行环节对ICSID仲裁裁决的审查如同非ICSID仲裁裁决一样,见下文的分析。

(二)对非ICSID仲裁裁决的司法审查权力

对于非ICSID仲裁裁决,其通常需要和国际商事仲裁裁决一样受仲裁地国裁决撤销制度,以及承认与执行地国不予承认与执行制度的司法审查制约。不过需要特别说明的是,对于东道国的国内法院来说,如果BIT或者FTA中明确规定了争端方应遵守并执行裁定,那么对东道国法院来说,其无权再对仲裁裁决进行实体审查。当然,对于仲裁庭的程序缺陷,尤其是管辖权缺陷,东道国的国内法院仍有权进行审查,因为在无管辖权状态下仲裁庭作出的裁决并非东道国在协定中同意赋予效力的裁决。

二、国际投资仲裁裁决的司法审查事项

鉴于国内司法对非ICSID仲裁裁决(包括非ICSID公约缔约国对ICSID仲裁)[①]享有司法审查权力,国内司法对国际投资仲裁裁决的具体司法审查事项是进一步需要研究的问题。

从实践来看,国际投资仲裁庭通常会将仲裁地设在争端当事双方所在国之外的第三国,而在东道国未及时履行裁决的情况下,投资者通常也会去投资者母国或者第三国申请承认和执行仲裁裁决,因此,在司法审查环节,仲裁地国和承认执行地国的法院通常来说是相对中立的,而且多是仲裁比较发达或者在国际经贸中具有重要地位的国家或地区。在此背景下,虽然理论上依据本国仲裁立法或者相关国际公约可对国际投资仲裁裁决进行审查的事项很多,既包括程序性质的(如程序严重违法、仲裁庭管辖权瑕疵等),也包括实体性质的(如违反公共政策等),但如学者所言,实践证明这些国家或地区经常对法院的复审权力范围进行自限,因为如果复审权过大,当事人就不愿意选择这些国家或地区作为仲裁地,为防止案源流失,仲裁地法院通常不轻易审查事实和法律问题,只对程序性的有限事项进行复审。[②]

从既有国际投资仲裁裁决的撤销和不予承认、执行的实践来看,仲裁庭的管辖权瑕疵是当事人申请撤销和不予承认、执行裁决时最主要的依据,具体事

---

① 基于论述便利的需要,本部分以下对非ICSID仲裁裁决审查的表述也包括非ICSID公约国对ICSID裁决的审查。

② 参见刘笋:《建立国际投资仲裁的上诉机制问题析评》,载《现代法学》2009年第5期。

由包括缺乏有效的仲裁条款，以及仲裁庭超裁等。以下，将结合典型案例予以具体展开。

（一）缺乏有效的仲裁条款：尤科斯诉俄罗斯案（Yukos v. Russia）

尤科斯诉俄罗斯案①是近几年国际投资仲裁领域最受关注的案件之一，其引发的国际争端解决程序不仅包括尤科斯（Yukos）公司及其股东、投资者通过海牙常设仲裁院、斯德哥尔摩商事仲裁院提起的国际投资仲裁程序，还包括尤科斯公司及其股东通过欧洲人权法院寻求救济的司法程序，②俄罗斯政府申请海牙地方法院、斯德哥尔摩地方法院和上诉法院撤销仲裁裁决的司法程序，以及尤科斯公司及其股东、投资者在法国、英国、比利时、德国、美国和印度等地提起的承认和执行国际投资仲裁裁决的司法程序。可以说，本案涉及的金额之大，程序之复杂以及在国际社会引起的关注和争议之大是少见的。其中，与本部分研究主题相关的是海牙地方法院和斯德哥尔摩地方法院、上诉法院撤销仲裁裁决的程序和裁决。

本案源于俄罗斯政府在2003年7月至2007年11月因认为尤科斯公司通过影子公司逃避纳税义务，以及在出口退税、证券交易等方面存在欺诈行为而对其采取的一系列措施，包括税务稽查、高额税款和罚金、财产冻结、强行破产等。2005年2月，尤科斯公司的3名外国股东分别根据《能源宪章条约》（Energy Charter Treaty, ECT）就同一事实向海牙常设仲裁法院提出仲裁申请，向俄罗斯政府索赔共计1142亿美元。临时仲裁庭组成后3案被合并审理，并以海牙为仲裁地。仲裁庭此后就案件的程序、管辖权、实体等问题进行了长达10年的审理，并最终于2014年7月作出裁决，认定俄罗斯政府对尤科斯公司及其股东采取的措施虽然在表面上不构成征收，但其效果等同于国有化或征收，

---

① See Yukos Universal Limited (Isle of Man) v. The Russian Federation, UNCITRAL, PCA Case No. AA 227.

② 尤科斯公司及其受到刑事制裁的两位股东——霍多尔科夫斯基（Khodorkovskiy）和列别德夫（Lebedev）分别于2004年4月和2005年3月向欧洲人权法院提起诉讼，指控俄罗斯政府的行为违反了《欧洲人权公约》及其《第一议定书》第1条（财产权的保护）的规定。欧洲人权法院在2011年和2013年分别判决俄罗斯针对尤科斯公司采取的措施未在正当目的与措施之间取得平衡，以及要求两位股东承担公司未缴税款的行为不具有合法性，判决俄罗斯对他们承担赔偿责任。但俄罗斯并未履行上述判决，并通过《俄罗斯联邦宪法法院法》的修订，明确俄罗斯联邦宪法法院有权决定是否执行欧洲人权法院的判决。2017年1月19日，俄罗斯联邦宪法法院作出裁决，裁定欧洲人权法院关于向尤科斯公司股东支付18.66亿欧元的裁决违反了《俄罗斯联邦宪法》，因而俄罗斯政府没有义务必须履行该裁决。

且该征收不是出于公共目的，不符合正当程序，也没有提供及时、充分和有效的补偿，违反了《能源宪章条约》第 13 条有关征收的规定，[①]应当向申请人赔偿共计约 500 亿美元。[②] 与之平行的另一个国际投资仲裁程序是卡萨（Quasar）公司等持有尤科斯公司在美国发行的存托凭证（Yukos American Depository Receipts）的西班牙投资者于 2007 年在斯德哥尔摩商事仲裁院依据西班牙和俄罗斯之间的 BIT 提起的仲裁程序。[③] 在该案中，作为投资者，卡萨公司等诉称俄罗斯非法处分尤科斯公司财产的行为侵害了他们的利益，并构成 1990 年西班牙和苏联 BIT 下的征收或国有化。在对案件进行 5 年的审理后，仲裁庭认定俄罗斯采取相关措施的目的不是合法地收取税收，而是征收，[④]进而裁定俄罗斯赔偿 3 位申请人 200 多万美元。[⑤]

对于上述两个仲裁庭的裁决，俄罗斯分别在仲裁地海牙和斯德哥尔摩向法院提出撤销之诉，依据都是仲裁庭缺乏管辖权，并都获得了成功。其中，海牙地方法院认为：《能源宪章条约》第 45 条所规定的临时适用机制[⑥]并不意味着《能源宪章条约》整体可以临时适用，根据第 45 条第 1 款对"临时适用不违反其宪法、法律或法规"的限制条件，《能源宪章条约》下具体条款能否临时适用应进一步考察其与俄罗斯法律的相符性——若其与俄罗斯的宪法、法律或法规不符，则不得对俄罗斯临时适用。基于此，法院否定了仲裁庭对《能源宪章条约》第 45 条的临时适用机制可使《能源宪章条约》整体临时适用而不用再单独考察每个条款是否与俄罗斯法律相符的解释，并在综合考虑俄罗斯《外国投资法》《立法基本原则》《国际仲裁法》的基础上认为俄罗斯的国内立法并未提供投资

① See Yukos Universal Limited (Isle of Man) v. The Russian Federation, UNCITRAL, PCA Case No. AA 227, Final Award, para. 1580 – 1585.

② See Yukos Universal Limited (Isle of Man) v. The Russian Federation, UNCITRAL, PCA Case No. AA 227, Final Award, ANNEXES, A – 6.

③ See Quasar de Valores SICAV S. A., Orgor de Valores SICAV S. A., GBI 9000 SICAV S. A. and ALOS 34 S. L. v. The Russian Federation (SCC Case No. 24/2007).

④ See Quasar de Valores SICAV S. A., Orgor de Valores SICAV S. A., GBI 9000 SICAV S. A. and ALOS 34 S. L. v. The Russian Federation (SCC Case No. 24/2007), Award dated 20 July 2012, para. 128.

⑤ See Quasar de Valores SICAV S. A., Orgor de Valores SICAV S. A., GBI 9000 SICAV S. A. and ALOS 34 S. L. v. The Russian Federation (SCC Case No. 24/2007), Award dated 20 July 2012, para. 218.

⑥ 临时适用机制，是指在缔约国签署条约但根据国内法尚未批准条约时，相关条约在不违反其国内法的前提下可以对缔约国临时适用的机制。

者可就投资争端提起国际仲裁的权利,且国际条约只有在经过批准后才能纳入俄罗斯的法律体系,故《能源宪章条约》第 26 条关于国际仲裁的规定与俄罗斯国内法并不兼容,不能临时适用。由此,俄罗斯政府与投资者之间不存在有效的仲裁协定,海牙常设仲裁法院仲裁庭作出的裁决也就缺乏管辖权基础,应当撤销。[①] 当然,作为败诉方的仲裁申请人已经向海牙上诉法院提起上诉,海牙地方法院的判决并非最终判决。在斯德哥尔摩法院的撤销之诉则经历了两审程序,争议的焦点在于本案是否属于 1990 年西班牙和苏联 BIT 第 10 条规定的可提交国际仲裁的有关"应当支付的赔偿金额和支付方式的争端"。斯德哥尔摩地方法院对该条进行了扩张性的目的解释,认为仲裁庭有权审理俄罗斯的措施是否构成征收,进而驳回了俄罗斯的撤销之诉。[②] 但斯德哥尔摩上诉法院采用了严格的文义解释,认为前述第 10 条的措辞并未赋予仲裁庭对某一措施是否构成征收争议的管辖权,并据此认定仲裁庭对本案无管辖权,撤销了仲裁庭的裁决。[③]

虽然海牙地方法院的撤销判决因被告提起上诉而尚存不确定性,但该判决已经给被告在其他国家的裁决承认与执行程序带来了影响。根据《纽约公约》的规定,裁决被仲裁地撤销是执行地国可以不予承认与执行仲裁裁决的理由,但其措辞仅仅是可以,而非应当。由此,在实践和理论中存在的一个争议是被撤销的仲裁裁决能否在其他国家被承认和执行。[④] 基于这种影响,目前尤科斯公司及其股东已经放弃或者终止在一些法域的裁决执行程序(如印度、德国),但仍在法国和美国继续进行尝试,因为法国是目前承认和执行被撤销裁决最有

---

① See Judgment of Hague District Court, C/09/477160 / HA ZA 15 - 1, C/09/477162 / HA ZA 15 - 2 and C/09/481619 / HA ZA 15 - 112, 20 april 2016, para. 5. 18 - 5. 96, https://www.italaw. com/sites/default/files/case-documents/italaw7258. pdf.

② See Ruling of the Stockholm District Court on Jurisdiction (English, unofficial translation), p. 35, 11 September 2014, https://www. italaw. com/sites/default/files/case-documents/italaw4239. pdf.

③ See Judgment of the Svea Court of Appeal-Svea Hovrätt (English), p. 7 - 10, 18 January 2016, https://www. italaw. com/sites/default/files/case-documents/italaw7714_8. pdf.

④ 根据学者的总结,理论和实践中对这一问题的看法已经形成了传统模式(如德国)、法国模式、克罗马罗依模式(如美国)、地方撤裁标准模式[著名学者简·保尔森(Jan Paulson)教授提出]和礼让模式[著名学者威廉·帕克(William Park)教授提出]。参见张潇剑:《被撤销之国际商事仲裁裁决的承认与执行》,载《中外法学》2006 年第 3 期。

可能的国家,[①]美国也有承认和执行被撤销裁决的先例。[②]

(二)仲裁庭超裁:梅特克莱德公司诉墨西哥案

如前所述,梅特克莱德公司诉墨西哥案的起因是墨西哥的地方市政府出于环境污染以及新生态法令的颁布等理由,拒绝给美国投资者梅特克莱德(Metalclad)公司的污水处理项目颁发许可证的行为。仲裁庭在对案件进行审理后,认为墨西哥的行为违反了 NAFTA 第 1105 条所规定的最低待遇条款(包括公平公正待遇),进而裁定墨西哥政府应当赔偿梅特克莱德公司约 1670 万美元。对于仲裁庭的裁决,墨西哥以仲裁庭的裁决存在明显的不合理错误(patently unreasonable error)为由向仲裁地法院——加拿大不列颠哥伦比亚法院提出了撤销裁决的申请。法院在对案件进行审查后,认为依据加拿大国际仲裁法,明显的不合理错误并不是法院可以撤销仲裁裁决的理由,但在本案中,仲裁庭的裁决却存在超越仲裁庭权限的问题——仲裁庭部分基于墨西哥地方政府在法令颁布方面缺乏透明度的理由判定墨西哥违反公平公正待遇的做法超越了仲裁庭权限,因为从一般国际法的角度出发,透明度义务并非最低待遇或者公平公正待遇项下的义务,因此,违反透明度义务不属于 NAFTA 第 11 章授权的可以提交仲裁的事由(东道国违反的义务)之一。据此,法院判决仲裁庭的裁决应当部分撤销——从墨西哥违反透明度义务之日起算的赔偿利息应当撤销。

三、国际投资仲裁裁决的司法审查标准

国内法院对国际投资仲裁裁决的司法审查,还涉及一个重要的问题,即司法审查标准问题——对属于司法审查范围的事项,法院是进行重新审查(de novo review)还是形式审查。尤其是在仲裁庭的管辖权上,法院在多大程度上遵循仲裁庭作出的管辖权裁决尤为关键,是推定其正确仅进行形式审查,还是对其进行重新审查,将在根本上决定法院的司法审查方式。对此,美国联邦最高法院在审理 BG 公司诉阿根廷案(BG Group Plc. v. Argentina,以下简称 BG

---

① 从 20 世纪 80 年代的 Norsolor 案,到 90 年代的 Hilmarton 案,再到 21 世纪的 Putrabali 案,法国法院一直以来对被仲裁地撤销了的仲裁裁决的承认与执行采取的是一种极为宽容的态度。参见傅攀峰:《未竟的争鸣:被撤销的国际商事仲裁裁决的承认与执行》,载《现代法学》2017 年第 1 期。

② See In re Chromalloy Aeroservices, 939 F. Supp. 907 (D. D. C. 1996).

案)①过程中引发的广泛讨论,值得我们关注。

美国联邦最高法院对 BG 案的审理,源于阿根廷在美国法院提起的撤销依据 1990 年英国和阿根廷 BIT 提起的 BG 公司与阿根廷案(BG Group Plc. v. The Republic of Argentina,以下简称 BG 仲裁案)②仲裁裁决的申请。而 BG 公司之所以对阿根廷提起国际投资仲裁,源于阿根廷在 2002 年因经济危机采取的紧急措施。具体而言,BG 公司是一家英国公司,其于 20 世纪 90 年代早期投资了一家拥有布宜诺斯艾利斯独家天然气销售许可的阿根廷公司(MetroGAS 公司)。在 BG 公司进行投资的时候,阿根廷法律规定天然气的价格根据美元计算,并且设定的价格应当允许经销商获得合理的回报。但在经济危机爆发之后,阿根廷政府于 2002 年通过紧急立法改变了前述做法,使天然气的计价按照 1 美元∶1 比索的方式由美元改为阿根廷比索(当时美元和比索的实际汇率是 1∶3)。这一措施很快导致 MetroGAS 公司由盈利转为亏损,严重地影响了 BG 公司的投资收益。BG 公司认为,阿根廷的上述做法违反了英国和阿根廷 BIT 中有关禁止征收和公平公正待遇的规定,依据该 BIT 第 8 条规定的 ISDS 机制提起仲裁,并在仲裁庭设立后确定仲裁地为美国华盛顿,依据 UNCITRAL 仲裁规则。

对于 BG 公司提起的仲裁,阿根廷首先提出的一项抗辩即仲裁庭的管辖权和诉求的可受理性,其中一个核心的论据即根据英国和阿根廷 BIT 第 8 条第 2 款第 a 项(i)的规定,投资者在将争议提交仲裁之前需要先将争议提交东道国当地法院,并只有东道国法院在 18 个月内仍未作出终审判决或者当事双方仍存在争议时才可以提起仲裁,而 BG 公司未满足上述要求。对于阿根廷的抗辩,BG 公司认为前述要求东道国法院救济的程序没有任何意义,因为在当时的情况下,基于本案的性质,阿根廷法院根本不可能在 18 个月内作出判决。同时,BG 公司还援引最惠国待遇条款,主张适用美国和阿根廷 BIT 中的 ISDS 条款,该条款不要求 18 个月的东道国法院救济前置期。最后,BG 公司还提出依据国际习惯法,用尽当地救济的要求在司法程序过度缓慢或过度昂贵的情况下可以免除。

在于 2007 年 12 月作出的最终裁决中,仲裁庭驳回了阿根廷的管辖权异议。仲裁庭认为,虽然不应适用前述 BG 公司提出的国际习惯法免除 18 个月的当地救济前置期,但该种前置期也不应当是绝对的,在东道国阻止或者阻碍当

① See BG Group Plc. v. The Republic of Argentina, 134 S. Ct. 1198.

② See BG Group Plc. v. The Republic of Argentina, UNCITRAL.

地司法救济的情况下,投资者可以绕过该种前置要求。为此,仲裁庭在考虑当时阿根廷总统颁发的延迟执行法院作出的有关新经济措施的终审裁决180日的法令,以及阿根廷政府制定的“重新谈判方案”禁止对阿根廷提起诉讼的公司参与重新谈判进程等情况后,认为虽然理论上BG公司在阿根廷提起诉讼是可行的,但阿根廷政府对当地救济造成的阻碍已经达到了免除条约要求的当地救济的程度,在此情况下再要求BG公司寻求当地救济将会导致荒唐和不合理的结果。在裁定自己拥有管辖权后,在实体部分,仲裁庭认定阿根廷没有征收BG公司的投资,但违反了“公平公正待遇”义务,应赔偿BG公司1.85亿美元。①

在裁决作出之后,当事人双方分别向作为仲裁地法院的美国哥伦比亚特区联邦地方法院提出了执行仲裁裁决和撤销仲裁裁决的申请。哥伦比亚特区联邦地方法院依据支持仲裁的理念以及对仲裁裁决的审查应当极其有限的思路驳回了阿根廷的请求,确认了仲裁裁决。② 但在随后阿根廷提起的上诉程序中,上诉法院认为,法院可以对BIT中的当地救济条款的解释进行重新审查,而不必遵从仲裁庭的管辖权裁定。同时,上诉法院认为在本案中,当时的情形并未免除BG公司在阿根廷国内法院寻求救济的前置义务,而BG公司未满足该前置义务将使仲裁庭缺乏对争议的管辖权。在此基础上,上诉法院推翻了初审法院的裁决,撤销了该仲裁裁决。③ BG公司对此不服,向美国联邦最高法院申请调卷令(certiorari),美国联邦最高法院基于此案的重要性,同意了该调卷令,并于2014年3月作出裁决。

在最终裁决中,美国联邦最高法院将争议的焦点问题总结为应当由谁来承担解释和适用仲裁协议中的入门性问题(threshold question)——法院抑或仲裁庭?即在司法审查过程中,法院应当重新审查还是遵从仲裁庭作出的解释和适用?作为回答,美国联邦最高法院的思路是,首先对普通合同下的一般规则进行阐释,再分析案涉文件为BIT的事实是否会对一般规则的适用产生实质性的影响。在此思路下,美国联邦最高法院首先总结了普通合同下的一般规则,即首先应当由当事人决定特定事项是由仲裁庭还是由法院来裁定。如果当事人没有约定,则法院将通过推定(presumption)的方式决定:对于涉及“可仲裁性”

---

① See BG Group Plc. v. The Republic of Argentina, UNCITRAL, Final Award 24 December 2007, para. 140 - 157, 458.

② See Republic of Argentina v. BG Group, PLC, 715 F. Supp. 2d 108 (D. C. 2010).

③ See Republic of Argentina v. BG Group, PLC, 665 F. 3d 1363 (2012).

的问题,如“当事人是否受仲裁条款的约束”“某一仲裁条款是否适用于特定类型的争议”,将推定当事人希望由法院决定;对于涉及仲裁程序性条件的含义和适应问题,如“对可仲裁性的放弃、延误、抗辩”“期限、通知、疏忽、禁反言以及其他仲裁义务的前置条件”,将推定由仲裁庭裁定。对于本案中所涉的当地法院救济这一前置条件而言,美国联邦最高法院认为,其属于后者中的程序性仲裁前置条件,它决定的是何时可以仲裁而非是否可以仲裁。在此基础上,美国联邦最高法院接下来分析了前述基于普通合同得出的结论是否因案涉文件为主权国家缔结的 BIT 的事实而有所改变。美国联邦最高法院认为前述结论不必作出改变。根据其判决,条约也是合同,只不过其合同主体为国家。对条约的解释也和一般合同一样,主要也是对当事方意图的确定,二者并没有实质性不同。在本案中,案件所涉 BIT 第 8 条对当地法院救济这一前置条件的文本和措辞都明确表明其为仲裁的程序性前提条件,且该 BIT 中也没有相应的规定表明当地法院救济的要求是仲裁合意达成的实质性前提条件,或其重要性已经达到了需要由法院裁定的地步。此外,案件所涉 BIT 本身确定的仲裁机构和仲裁规则也都赋予了仲裁庭解释相关条款的权力。据此,美国联邦最高法院的多数意见认为本案中当地法院救济条款的解释和适用应该由仲裁庭决定,法院不应进行重新审查,裁定推翻上诉法院的裁决,重新确认了该仲裁裁决的效力。

不过,美国联邦最高法院裁决的终局性并不能掩盖案涉问题的争议性:在本案的审理过程中,美国政府、厄瓜多尔政府以及一些知名律师、教授等都提交了法庭之友意见,支持阿根廷的主张,美国国际商务委员会、美国仲裁协会以及另一些知名学者和律师的法庭之友意见,则支持 BG 公司的主张。[①] 审理本案的两位法官也发表了少数意见。其中,支持阿根廷政府,认为应当将国际投资仲裁裁决的司法监督区别于一般国际商事仲裁裁决的理由主要在于,国际投资条约与普通的商事仲裁协议之间存在显著的区别。对此,美国政府的观点具有代表性:国际投资条约是主权国家间的协定,其文本结构以及当事方的主权性质和国家实践,都可能影响仲裁前置条件的性质以及当事方在订立条约时的意图;而且国际协定兼顾国际社会的考虑,这也与一般的商事仲裁协议存在不同。[②] 持

① 相关法庭之友文件可参见以下网站:https://www.italaw.com/cases/143。

② See BG Group Plc. v. The Republic of Argentina, On Writ of Certiorari to the United States Court of Appeals for the District of Columbia Circuit, Brief for the United States as Amicus Curiae, p. 21 – 22, https://www.italaw.com/sites/default/files/case-documents/italaw1413.pdf.

少数意见的法官则认为,持多数意见的法官从私人合同的角度分析本案存在路径错误,这导致了最终结果的错误。他们认为,国际投资协定是由主权国家签订的,投资者并不是国际投资协定的签订主体,因此国际投资协定本身并不是投资者与东道国之间的仲裁协议,他们之间仲裁协议的达成需要有其他条件的发生:在本案中,英国和阿根廷 BIT 第 8 条第 2 款第 a 项明确表明促成这一仲裁协议达成的其他条件为:投资者必须向东道国法院提交争议。因此,上述东道国法院救济是仲裁协议成立的条件,而非简单地履行已有协议的一种方式:第 8 条第 2 款第 a 项构成一个单边的仲裁要约,投资者对相关条件的遵守构成对要约的承诺,如此仲裁协议才能达成。①

因此,虽然美国联邦最高法院通过该案的裁决确立了美国法院在国际投资仲裁裁决司法审查标准上的态度,但对该问题的讨论显然仍有继续的必要。从其他国家的实践来看,持相反审查标准的也不在少数——包括英国、新加坡、荷兰等国在内的国内法院,都对国际投资仲裁庭的管辖权采取了重新审查的标准。例如,在世能诉老挝案(Sanum v. Laos)②的撤销程序中,新加坡上诉法院就明确重申了重新审查的标准,即不需要遵从此前仲裁庭的任何裁决。③ 一旦采取重新审查的标准,意味着法院在投资者的资格认定、条约的适用范围等关乎仲裁庭管辖权的众多问题上将重新认定相关证据的证明力,并从法院的视角对相关法律问题重新进行考虑。在此基础上,由仲裁庭还是法院解释仲裁协议中的入门性问题将在很大程度上决定法院对国际投资仲裁的干涉程度,关系法院对国际投资仲裁司法监督的"司法化"程度:如果由仲裁庭解释和决定,则法院将丧失对国际投资仲裁裁决最主要的一项司法监督事由,因为相比于管辖权争议,其他严重的程序或实体问题(如未给予恰当的通知致使未能参与答辩、仲裁庭组成不当或者裁决违反公共政策等)出现的概率并不高;如果由法院解释和决定,则意味着仲裁庭作出的管辖权裁决将面临法院的重新审查,法院可以对许多实质性问题作出不同于仲裁庭的判断。

当然应当承认,上述司法审查立场的选择并不是一件容易的事情,正反两

---

① See BG Group Plc. v. The Republic of Argentina, Dissenting Opinion of Chief Justice Roberts and Justice Kennedy, https://www.italaw.com/sites/default/files/case-documents/italaw3117.pdf.

② See Sanum Investments Limited v. Lao People's Democratic Republic, UNCITRAL, PCA Case No. 2013 – 13.

③ See Sanum Investments Limited v. the Government of the Lao People's Democratic Republic, [2016] SGCA 57, para. 40 – 44.

方面的因素都有其合理性：一方面，如支持BG公司的观点所强调的，国际投资仲裁的作用和优势就是将投资争端解决“去政治化”和“商事化”，这不仅为投资者提供了更有力的保护，而且使政府从为私人投资者提供外交保护的复杂局面中解脱出来，所以为国际投资仲裁裁决提供相对宽松的司法监督环境符合设立该机制的初衷，有利于促进国际投资和快速高效地解决国际投资争端。[①] 同时，在当前促进仲裁发展的整体政策下，必须考虑的是，如果法院对仲裁的司法监督和干预较多，将不可避免地对该国被仲裁庭选为仲裁地造成影响，这一点，美国仲裁协会在就本案向美国联邦最高法院提交的法庭之友文件中作了明确的阐述，相关例证包括前文述及的加拿大法院部分撤销梅特克莱德公司诉墨西哥案仲裁裁决所带来的负面后果。[②] 但另一方面，正如学者所指出的，美国法院对仲裁裁决的过分遵从属于变相放弃审查，势必助长仲裁庭的管辖权扩张偏好。[③] 而且通过同意国际投资仲裁，一个主权国家允许私人裁判者（仲裁员）对其国内可能关涉公共利益的问题进行审查，甚至撤销其国内立法、行政、司法机关行使职权的行为，这对于主权国家来说影响重大。因此，相关前提条件的设置实际上给主权国家提供了对自己的行为是否符合其承担的国际法义务进行初步审查和改正的机会，不宜轻易剥夺。而且不同于一般的国际商事仲裁，过于保护投资者而忽视东道国的利益从长远来看也不利于国际投资仲裁机制的发展，因为这可能引发主权国家对国际投资仲裁的信任危机，导致主权国家在后续的投资协定中对相关问题进行改革，甚至放弃投资仲裁机制。[④]

---

① See BG Group Plc. v. The Republic of Argentina, On Writ of Certiorari to the United States Court of Appeals for the District of Columbia Circuit, Brief of Amici Curiae Professors and Practitioners of Arbitration Law in Support of Reversal, https://www. italaw. com/sites/default/files/case-documents/italaw3018. pdf.

② See BG Group Plc. v. The Republic of Argentina, On Writ of Certiorari to the United States Court of Appeals for the District of Columbia Circuit, Brief of Amicus Curiae The American Arbitration Association in Support of Petitioner, p. 23 – 24, https://www. italaw. com/sites/default/files/case-documents/italaw3021. pdf.

③ See Anthea Roberts & Christina Trahanas, *Judicial Review of Investment Treaty Awards: BG Group v. Argentina*, 108 American Journal of International Law 750, 760 (2014).

④ 参见肖芳：《国际投资仲裁裁决司法审查的“商事化”及反思——以美国联邦最高法院“BG公司诉阿根廷”案裁决为例》，载《法学评论》2018年第3期。

四、欧盟国际投资仲裁司法审查的特别实践

伴随欧盟新一代自由贸易协定的签订，欧盟对 ISDS 机制的改革成为晚近该领域的研究热点。不过，条约实践仅是欧盟 ISDS 机制改革的一部分，欧盟法院在欧盟 ISDS 机制改革中的角色和作用丝毫不亚于条约文本：不仅欧盟法院过往认定相关国际协定创设的国际争端解决机制与欧盟法不兼容的先例是欧盟在 ISDS 新机制设计中必须考虑的因素，而且欧盟法院在斯洛伐克诉阿赫米亚案（Slovak v. Achmea，以下简称阿赫米亚案）①和 CETA 咨询意见中对相关 ISDS 机制与欧盟法的兼容性作出的澄清更是直接对欧盟 ISDS 机制的改革起到了至关重要的推动作用。

鉴于阿赫米亚案在本质上属于仲裁地国对仲裁裁决的司法审查，但又因欧盟内部的司法体制安排而具有一定的特殊性，加之其在实践中产生的重要影响，本部分对其进行特别论述。

（一）ISDS 机制与欧盟法的兼容性：由来已久的争论及阿赫米亚案的澄清

1. 由来已久的争论：成员国 ISDS 机制与欧盟法的兼容性

在欧盟内部，欧盟成员国签订的 BIT，尤其是各欧盟成员国间 BIT（intra-EU BIT）中的 ISDS 机制是否与欧盟法兼容是一个由来已久的争论。

由于《欧盟运行条约》（Treaty on the Functioning of the European Union，TFEU）第 344 条规定，欧盟成员国有义务不将涉及 TFEU 解释或适用的争议提交欧盟法院之外的其他争端解决机制解决，所以随着欧盟成员国在国际投仲裁机制下成为被申请人的实践日益增多，欧盟成员国签订的 BIT 中的投资仲裁条款以及相应的 ISDS 机制是否因与欧盟法不兼容而无效便成为一个被不断提起的问题。基于统一行使外国直接投资（Foreign Direct Investment，FDI）专属缔约权能，②促使成员国投资保护协定欧洲化的考虑，欧盟对上述问题一直持否定态度。为此，欧盟委员会不仅在东糖公司诉捷克案（Eastern Sugar v. Czech）③、查拉内诉西班牙案（Charanne v. Spain）④等案件中通过提交法庭之友文件的方式

---

① See Slovak Republic v. Achmea B. V. (Case C－284/16).

② TFEU 第 207 条将 FDI 作为共同商业政策（common commercial policy）的一项列为欧盟的专属权能，继而使欧盟拥有谈判和缔结有关 FDI 条约的专属权能。

③ See Eastern Sugar B. V. (Netherlands) v. The Czech Republic, SCC Case No. 088/2004.

④ See Charanne and Construction Investments v. Spain, SCC Case No. V 062/2012.

对相关BIT中投资仲裁条款的效力及仲裁庭的管辖权提出挑战，还通过启动对成员国的违法程序（infringement procedure）[①]迫使欧盟成员国终止intra-EU BIT及其ISDS机制的实践。[②] 不过，在阿赫米亚案之前，上述问题一直存在争论，多数仲裁庭对欧盟委员会提出的管辖权异议也都未予采纳。

阿赫米亚案涉及的核心问题正是上述争议。阿赫米亚案源于德国联邦法院提起的先行裁决请求，而德国联邦法院提起先行裁决请求，则源于斯洛伐克向其提起的撤销阿赫米亚诉斯洛伐克案（Achmea v. Slovak，以下简称阿赫米亚仲裁案）[③]仲裁裁决的申请。阿赫米亚仲裁案的起因是斯洛伐克政府于2006年之后在医疗保险领域采取的一系列立法措施。荷兰投资者阿赫米亚（Achmea）公司认为，斯洛伐克政府的立法措施（尤其是不允许对私人医疗保险活动所产生的利润进行分配的措施）使其在斯洛伐克的投资失去价值，这构成案涉BIT第5条规定的不合法间接征收，且违反了该BIT第3条和第4条规定的公平与公正待遇、充分保护和保障以及自由转移利润和分红的投资保障，并据此依据该BIT第8条的投资仲裁条款提起仲裁。仲裁适用UNCITRAL仲裁规则，仲裁地为德国法兰克福。

对于阿赫米亚公司的主张，斯洛伐克在否认其行为构成间接征收，对投资者的主体身份、损失等提出反驳之外，还根据《维也纳条约法公约》第59条关于"条约因缔结后订条约而默示终止或停止施行"以及第30条关于"同一事项先后所订条约之适用"的规定，抗辩其加入欧盟和欧盟相关条约的事实使案涉BIT及其投资仲裁条款因与欧盟法不兼容而终止或无法适用，从而提出仲裁庭不具有管辖权的异议。对此，仲裁庭于2010年作出关于管辖权的中间裁决，驳

---

① 违法程序是保障欧盟法律在欧盟成员国间得到切实实施的重要机制。根据《欧盟运行条约》第258条的规定，如果欧盟委员会收到有关成员国违反欧盟法行为的投诉和信息，其可以启动违法程序，要求成员国提供相关信息。在对相关信息进行评估后，欧盟委员会有权作出附理由的意见要求成员国限期纠正其违反欧盟法律的行为。如果成员国在限期内仍不纠正，那么欧盟委员会有权向欧盟法院就成员国的违法行为起诉。

② 例如2015年6月，欧盟对5个成员国（奥地利、荷兰、罗马尼亚、斯洛伐克和瑞典）启动违法程序，要求它们终止相互间的BIT。See European Commission, *Commission Asks Member States to Terminate Their intra-EU Bilateral Investment Treaties*, 18 June 2015, http://europa.eu/rapid/press-release_IP-15-5198_en.htm.

③ See Achmea B. V. v. The Slovak Republic, UNCITRAL, PCA Case No. 2008-13 (formerly Eureko B. V. v. The Slovak Republic).

回了斯洛伐克的异议,其裁决说理可梳理如下。①

首先,就案涉 BIT 规定的投资仲裁条款而言,其赋予投资者提交 UNCITRAL 仲裁的权利并不能与欧盟成员国法院提供的法律程序简单等同,因而,案涉 BIT 的投资仲裁条款并未被欧盟法律取代,《维也纳条约法公约》第 59 条的规定也就无法适用。

其次,对于斯洛伐克提出的根据《维也纳条约法公约》第 30 条第 3 款的规定,案涉 BIT 仲裁条款因与欧盟法律不兼容而无法适用的抗辩,仲裁庭同样认为不成立。在仲裁庭看来,即使案涉 BIT 的条款与欧盟法存在不兼容的问题,也只可能在作为实体法的欧盟法的适用过程中产生,仲裁条款以及仲裁庭的管辖权本身并不存在与欧盟法不兼容的问题。事实上,欧盟法律中并没有任何规定禁止投资仲裁,而且跨国仲裁(包括投资仲裁、商事仲裁)在欧盟内部是非常普遍的,不可能认定所有涉及欧盟法的仲裁都与欧盟法不兼容。

最后,在本案涉及欧盟法适用和解释的情况下,对于斯洛伐克提出的只有欧盟法院可以解释欧盟法律,进而仲裁庭将因此失去管辖权的抗辩,仲裁庭同样认为没有依据:欧盟法院对欧盟法解释的专属权力并不导致仲裁庭不能考虑和适用欧盟法。欧盟法院享有的专属权力是对欧盟法的最终和权威解释,但这并不意味着欧盟法院对所有涉及欧盟法律的案件都具有专属管辖权,也并不意味着仲裁庭不能解释欧盟法。事实上,整个欧盟成员国的法院和仲裁庭都在不断适用和解释欧盟法。

在该中间裁决的基础上,仲裁庭于 2012 年 12 月作出最终裁决,裁定斯洛伐克政府的行为违反案涉 BIT 第 3 条和第 4 条有关公平公正待遇和自由转移投资收益的规定,应向阿赫米亚公司支付约 2210 万欧元的赔偿。②

2. 阿赫米亚案裁决:欧盟法院对争议的澄清

对于仲裁庭的裁决,斯洛伐克随后向仲裁地法院——德国法兰克福地方法院提起撤销之诉。法兰克福地方法院一审驳回了撤销请求,但斯洛伐克随即上诉至德国联邦法院。德国联邦法院虽然倾向于认为案涉投资仲裁条款并不违

---

① See Achmea B. V. v. The Slovak Republic, UNCITRAL, PCA Case No. 2008 - 13 (formerly Eureko B. V. v. The Slovak Republic), Award on Jurisdiction, Arbitrability and Suspension, para. 217 - 292.

② See Achmea B. V. v. The Slovak Republic, UNCITRAL, PCA Case No. 2008 - 13 (formerly Eureko B. V. v. The Slovak Republic), Award, Para. 352.

反欧盟法,但考虑到相关问题影响重大,决定中止上诉程序,并将类似案涉 BIT 中的投资仲裁条款是否与欧盟法兼容的问题提交欧盟法院先行裁决。

对于德国联邦法院提交的先行裁决申请,欧盟法院在裁决中首先重申了欧盟法律体系的自治性以及欧盟法的直接效力原则(direct effect)和优先原则(primacy),强调根据 TFEU 第 344 条的规定,欧盟成员国有义务不将涉及 TFEU 适用和解释的争端提交 TFEU 规定之外的其他争端解决方式,且有义务适用和遵从欧盟法;而 TFEU 第 267 条所确立的先行裁决制度,是促进欧盟法院和成员国法院和法庭之间对话、合作,保障对欧盟法统一解释的关键。紧接着,欧盟法院认为,根据案涉 BIT 关于法律适用的规定,欧盟法将必然被适用,这导致仲裁庭需要对欧盟法进行适用和解释。在此基础上,欧盟法院认为,接下来需要界定的问题是本案所涉仲裁庭是不是 TFEU 第 267 条规定的可以申请先行裁决的成员国法院或法庭,其重要性在于:如果是,则其有权就欧盟法的解释问题提交欧盟法院先行裁决,进而可以保障欧盟法院对欧盟法的统一解释权。经分析,欧盟法院认为,案涉仲裁庭与欧盟成员国的司法体系没有任何关联,继而不属于 TFEU 第 267 条规定的成员国法院或法庭。最后,欧盟法院还考虑了案涉仲裁裁决的司法审查问题,其重要性在于:如果负责司法审查的国内法院有权对裁决涉及的欧盟法适用和解释问题进行审查,则在司法审查阶段国内法院将相关问题提交欧盟法院先行裁决,欧盟法院仍有机会保障欧盟法的统一解释。在先前的判例中,欧盟法院曾判决,只要成员国法院能够对欧盟法律的基础条款进行审查并在必要情况下提交欧盟法院进行先行裁决,则出于效率的考虑对商事仲裁裁决进行有限审查就不会影响其与欧盟法的兼容性。① 但在本案中,欧盟法院认为本案所涉仲裁不同于一般商事仲裁,后者是基于当事人的合意,而本案所涉仲裁则源自缔约国通过国际协定对缔约国法院争端管辖权的转移,两者之间的差别意味着先前对一般商事仲裁的裁判规则不能适用于投资仲裁。因而,鉴于成员国法院对本案裁决只能进行极为有限的审查的事实(与一般商事仲裁裁决的审查一样,通常无法审查仲裁中的法律适用与解释),欧盟法院认为其对欧盟法的解释权无法得到有效保障。同时,虽然欧盟法院在先前的案例中也曾判决欧盟通过国际条约的形式创设法院或仲裁庭在原则上并不与欧盟法不兼容,只要其不损害欧盟法律的自治性,②但本案的仲裁机制并非由欧盟而

---

① See Eco Swiss, C-126/97, EU:C:1999:269.

② See Opinion 1/91 (EEA Agreement—I) of 14 December 1991, EU:C:1991:490.

是由欧盟成员国设立,其将对欧盟成员国间的信任和欧盟法律的自治性特征带来影响。

基于上述理由,欧盟法院最终得出结论:TFEU 第 344 条和第 267 条的规定排除了类似案涉 BIT 中的仲裁条款。[①]

(二)ISDS 新机制与欧盟法的兼容性:欧盟法院在 CETA 咨询意见中的再澄清

阿赫米亚案裁决一经作出,便被认为将给欧盟的 ISDS 机制带来重大变革,但随之产生的一种顾虑却是阿赫米亚案裁决对欧盟法律自治性的强调是否会成为欧盟试图建立的 ISDS 新机制的障碍:新机制与欧盟法的兼容性引发了新一轮的论争。

1. 欧盟 ISDS 新机制的背景与方案设计

传统上,欧洲国家是 BIT 及其 ISDS 机制的受益国和推行者,但随着晚近越来越多的欧洲国家成为投资仲裁案件的被申请人,它们对 ISDS 机制可能对其产生的不利和制约越发不满。尤其在欧盟于 2013 年启动与美国的 TTIP 谈判之后,其中可能包含的 ISDS 机制引起了广泛争论——以德国为首的部分欧盟成员国对在相关投资协定中纳入 ISDS 机制表达了强烈的反对意见。这导致欧盟在 2014 年通过公众咨询等方式对未来欧盟的 ISDS 机制方案进行重新考量。2015 年 9 月,欧盟在其公布的 TTIP 投资章节草案中明确提出了投资法院机制的设想,对包括初审法庭和上诉法庭的投资法院方案作出了较为系统的设计。上述草案的精神在后续欧盟与越南、加拿大以及新加坡签订的自由贸易协定中都得到了全面反映。在多边层面,欧盟也积极推进多边投资法院的设立进程,并认为 UNCITRAL 是开展此种多边谈判进程的有效平台。

显然,欧盟对 ISDS 机制的改革正沿着两条路径加以推进:首先在双边的自由贸易协定层面通过双边 ISDS 机制的改革积累制度经验和伙伴共识;其次在多边层面致力于构建一个多边的投资法院,并以此替换先前双边层面的 ISDS 机制。归纳体现于上述欧盟政策文件、自由贸易协定以及 TTIP 草案的 ISDS 新机制,欧盟主张的改革措施主要包括以下几个方面:第一,变革现行的临时仲裁机制,设立常设的投资法院(仲裁庭),由固定任命的司法人员审理投资者与东道国之间的投资争端,这些司法人员在双边机制下由缔约双方和第三国的国民

---

① See Judgment of the Court (Grand Chamber) of 6 March 2018, Slowakische Republik v. Achmea BV (Case C-284/16).

担任。同时,为保证司法人员的独立性和专业性,相关改革方案对候选人的任职资格、职业道德或行为准则进行了规定,并通过固定任期、薪水制、随机的案件分配机制等进一步切断当事方与仲裁庭之间可能的利益联系。第二,为增加裁决的一致性,引入上诉机构,其审查范围包括仲裁庭解释、适用法律的错误,认定事实的错误,以及 ICSID 第 52 条第 1 款规定的情况①。当然,为尽量避免上诉机制的设立带来的程序冗长等弊端,相关改革方案中也设定了提起上诉和作出上诉裁决的时限。第三,参照 UNCITRAL 于 2013 年通过的《透明度规则》,对争端解决程序的信息、文件公开,以及第三方参与等进行明确规定,从而保障必要程度的公众参与,缓解公众对 ISDS 机制的合法性质疑。第四,设立贸易委员会对相关协定文本进行联合解释,并规定其作出的解释对初审法庭和上诉法庭都具有约束力,进一步增强裁决的一致性和可预见性。第五,通过设置投资者提出诉求的时限、对明显不当诉求的先予驳回制度、败诉者承担争端解决费用、要求上诉方缴纳保证金等措施控制当事人(尤其是投资者)滥用 ISDS 程序的可能。

2. 阿赫米亚案视角下新机制与欧盟法的不兼容争议

虽然欧盟在近年来展现了改革现行 ISDS 机制的坚定决心,并进行了富有针对性的制度设计和路径规划,但其设想的新机制必须以与欧盟法兼容为前提。在欧盟法院的过往裁决中,认定相关国际协定创设的国际争端解决机制与欧盟法不兼容的先例并不鲜见。例如,在《欧洲经济区协定》(European Economic Area Agreement, EEA)的意见咨询案②中,欧盟法院前身——欧共体法院认定 EEA 草案意图设立的旨在处理成员国或者个人就违反协定条款提起的诉讼的欧洲经济区法院与欧盟法不兼容。法院认为,由于 EEA 的缔约方包括欧盟和欧盟成员国,欧洲经济区法院在确定作为被告的缔约方时需要对欧盟和欧盟成员的权能和职责分配作出裁决,而这是《欧共体条约》赋予欧盟法院的专属管辖权。而且根据《欧共体条约》第 228 条的规定,欧共体加入的国际协定将成为欧共体法的一部分得到遵守,这就意味着依其成立的法院对条款作出的解释将对欧共体法院解释欧共体法产生约束力,进而产生解释欧共体法的效

---

① 这些情况包括:(1)仲裁庭的组成不适当;(2)仲裁庭显然超越其权力;(3)仲裁庭的成员有受贿行为;(4)有严重的背离基本程序规则的情况;(5)裁决未陈述其所依据的理由。

② See CJEU, Opinion 1/91, 14 December 1991.

果,对欧共体法律的自治性造成负面影响。再如,在《欧洲人权公约》咨询案①中,虽然TFEU明确规定欧盟应当加入《欧洲人权公约》,②但欧盟法院仍认定《欧盟加入〈欧洲人权公约〉协定》的最终草案与欧盟法不兼容。其中,欧洲人权法院与欧盟法的不兼容是重要因素之一。欧盟法院认为欧盟加入《欧洲人权公约》将会使其成为欧盟法的一部分,会导致包括欧盟法院在内的欧盟机构受到欧洲人权法院判决的约束,而欧盟法院的判决反过来却无法约束欧洲人权法院,这将有损欧盟法院对欧盟法的专属解释权。同时,欧洲人权法院在确定欧盟或其成员国被告身份和责任承担时同样会触及二者的权能分配。

以上述案例为镜鉴,欧盟在对ISDS新机制进行制度设计时实际已经注意到了与欧盟法的兼容性问题。例如,为规避因认定欧盟和成员国的被告地位而涉嫌对二者的责任和权能进行划分的质疑,相关新机制将确定被告的任务转移给了欧盟,规定申请人在提起程序时应当通知欧盟要求其确定应诉方,欧盟应在收到通知后的一定期间内(60日或90日)作出决定并通知申请人,欧盟的决定对法庭和当事人都具有约束力,当事人不得再以应诉方错误为由对法庭的管辖权或裁决效力提出异议。③ 再如,为避免对欧盟法院的欧盟法专属解释权以及欧盟法律的自治性造成负面影响,相关新机制明确排除缔约方的国内法作为可适用的法律而视其为事实问题,规定法庭无权依据缔约方国内法判断缔约方措施的合法性,且法庭不仅应当遵守该缔约方国内法院或其他权威机构对国内法作出的一般解释,而且其对国内法含义的裁定不得对缔约方法院及机关产生约束力。④

然而,在阿赫米亚案之后,上述措施是否足以保障新机制与欧盟法的兼容性却引发了质疑。

首先,虽然过去对TFEU第344条是否适用于ISDS机制处理的争端存在争议,但在阿赫米亚案中,欧盟法院显然已经明确此种争端为第344条所涵盖的争端范围。同时,虽然TFEU第344条只约束欧盟成员国而不约束欧盟,但鉴于目前欧盟推进的投资协定都涵盖于综合性的自由贸易协定中,后者在欧盟法

---

① See CJEU, Opinion 2/13, 18 December 2014.

② See Paragraph 6 of Article 218 of TFEU.

③ See Article 5 of Sub-section 3 of Commission draft text TTIP-investment, article 8.21 of CETA.

④ See Article 13 of Sub-section 5 of Commission draft text TTIP-investment, article 8.31 of CETA.

下属于混合条约（mixed agreement），为欧盟成员国与欧盟分享的缔约权能，须由欧盟成员国与欧盟共同缔结，因此，在欧盟成员国也是缔约方的情况下，相关 ISDS 机制仍受 TFEU 第 344 条的制约。

其次，虽然欧盟在相关协定方案中试图通过将缔约方的国内法作为事实对待，遵守缔约方国内法院或其他权威机构对缔约方国内法的解释，以及限制其裁决对缔约方国内法院及机关的约束力来规避对欧盟法自治性的影响，但如学者对过往投资仲裁庭的总结，它们在解释和适用投资条约时是高度自主的，①有时很难区别它们是在解释国内法还是仅把它当作一个事实加以适用。② 新机制下法庭或仲裁庭对欧盟法作出的“事实认定”，很可能被欧盟法院认定为构成对欧盟法的解释，进而被视为有损欧盟法院对欧盟法的专属解释权以及欧盟法的自治性。

最后，依据该案裁决，新机制下的法庭或仲裁庭显然也不属于 TFEU 第 267 条规定的成员国法院或法庭，无权就欧盟法的解释和适用问题提请欧盟法院先行裁决。③ 同时，在新机制方案下，法庭或上诉庭作出的最终裁决对当事人具有约束性，缔约方不得对其进行上诉、撤销或其他救济，应当像国内法院的最终判决那样执行，④这使欧盟成员国的国内法院无法对裁决，尤其是裁决涉及的法律适用和法律解释问题进行司法审查。这将进一步导致成员国法院无法在裁决的司法审查过程中通过先行裁决制度将涉及欧盟法适用和解释的问题提交给欧盟法院。上述两个层面先行裁决沟通机制的受限，很可能使欧盟法院认为其对欧盟法的专属解释权和欧盟法的自治性无法得到充分保障，进而否定新机制与欧盟法的兼容性。

3. 欧盟法院在 CETA 咨询意见中的再澄清

针对阿赫米亚案带来的上述争议，2017 年 9 月，比利时在批准 CETA 的过程中向欧盟法院提出申请，要求就 CETA 中的 ISDS 机制是否与欧盟法兼容的

---

① See Stephan W Schill, *Deference in Investment Treaty Arbitration: Re-Conceptualizing the Standard of Review*, 3 Journal of International Dispute Settlement 557, 591 (2012).

② See Szilárd Gáspár-Szilágyi, *A Standing Investment Court under TTIP from the Perspective of the CJEU*, p. 2, https://www.duo.uio.no/bitstream/handle/10852/54641/Gaspar-Szilagyi-TTIP-Investment-preprint.pdf?sequence=5&isAllowed=y，最后访问时间：2021 年 10 月 20 日。

③ 事实上，作为谈判相对方的第三国也很难接受相关争端的法律解释需要受欧盟法院裁决的约束。

④ See Article 30 of Commission draft text TTIP.

问题发表意见。欧盟法院于 2019 年 4 月 30 日发布正式的咨询意见，认为 CETA 中的 ISDS 机制与欧盟法兼容。

首先，在该正式意见中，欧盟法院再次重申了欧盟法在原则上不禁止欧盟及其成员国签订包含争端解决机制的国际协定，但这些机构不能是欧盟的法院或法庭，而且必须满足与欧盟法兼容、符合平等待遇的一般原则和有效性要求，以及与获得独立法庭（access to an independent tribunal）的权利相符三个条件。具体就 CETA 中的 ISDS 机制而言，基于前述在法律适用、仲裁庭裁决对欧盟机构约束力上的特殊设计以及 CETA 中包含的不能限制缔约方为公共安全、公共道德、公共秩序或为保护人类、动物和植物的生命和健康而采取必要措施的一般例外条款，欧盟法院首先判定 CETA 中的 ISDS 机制不会对欧盟法律的自治性造成负面影响，并认为 CETA 不同于 intra-EU BIT，在阿赫米亚案中至关重要的成员国间相互信任的原则不适用于欧盟与其他国家之间。其次，欧盟法院认为，CETA 中 ISDS 机制不会造成外国投资者与欧盟投资者之间的不公平待遇，因为在欧盟的加拿大投资者，只能与在加拿大的欧盟成员国的投资者比较，而不能与在欧盟的欧盟成员国的投资者相比较。最后，根据 CETA 下为保证法庭公正性和独立性作出的制度设计以及 CETA 有关委员会将采取适当的措施（共同）资助中小型企业在法庭提起诉讼的规定，欧盟法院认为 CETA 中的 ISDS 机制符合《欧盟基本权利宪章》第 47 条第 2 款规定的，在依法设立的、独立公正的法庭获得救济权利的要求。①

（三）欧盟法院对欧盟 ISDS 机制革新的推动：效果与遗留问题

1. 欧盟法院裁决对欧盟 ISDS 机制改革的推动机理与效果

欧盟法院的上述裁决和咨询意见，无疑将极大地推动欧盟 ISDS 机制的革新。欧盟法院之所以能够对欧盟 ISDS 机制的改革起到推动效果，其机理在于欧盟法院阿赫米亚案裁决对欧盟成员国法院的约束力使相关 BIT 中的投资仲裁条款变得不具有可执行性（尤其在欧盟）。

先行裁决程序是欧盟法院和成员国法院间的一种合作机制：成员国法院或法庭将涉及欧盟法解释的问题提交欧盟法院作出解释，欧盟法院对这些问题作出统一解释以指导成员国法院或法庭审理案件。② 就法律性质而言，先行裁决

---

① See CJEU, Opinion 1/17, 30 April 2019.

② See René Barents, *Directory of EU Case Law on the Preliminary Ruling Procedure*, Kluwer Law International, 2009, p. 17.

程序是成员国法院或法庭审理的主案(引起先行裁决的案件)的一个中间程序,而非上诉程序,成员国法院或法庭对主案程序仍享有完全的管辖权。不过,根据欧盟法院前身欧共体法院在众多案件中的判决,先行裁决对主案具有约束力,提出先行裁决申请的国内法院有义务遵循。[①] 与此同时,欧盟法院在先行裁决中确立的裁判规则也同样对其他欧盟成员国的法院或法庭具有法律上的约束力。[②] 当然,按照阿赫米亚案的裁决,对于依据 BIT 成立的仲裁庭,因其并非欧盟成员国的法院或法庭,故而欧盟法院的先行裁决对这些仲裁庭不具有直接的约束力。

虽然不具有直接的约束力,但是阿赫米亚案裁决仍将通过成员国法院对国际投资仲裁庭及其裁决产生制约。具体而言,对依据类似阿赫米亚案中投资仲裁条款设立的仲裁庭来说,如果案件的仲裁地位于欧盟成员国境内,考虑到仲裁地法的适用以及后续仲裁撤销程序的限制,仲裁庭将不得不因阿赫米亚案而否定自身的管辖权。对此,德国联邦最高法院于 2018 年 10 月 31 日作出的撤销阿赫米亚仲裁案仲裁裁决的裁定已经提供了充分的参照:德国联邦最高法院遵循欧盟法院的裁决,认定相关仲裁条款与欧盟法的不兼容导致斯洛伐克在 BIT 中作出的单边仲裁要约不再有效,继而后续阿赫米亚公司提起仲裁的行为也就无法构成承诺——双方之间不存在有效的仲裁协议,仲裁裁决应当被撤销。而仲裁裁决被仲裁地法院撤销,意味着该裁决也难以再得到其他国家法院的承认和执行。[③] 尤其在欧盟境内,即使个别国家存在承认与执行被撤销裁决的实践,[④]但考虑到欧盟法院先行裁决对其他欧盟成员国法院同样具有约束力,其他成员国法院同样会基于仲裁协议无效而不予承认和执行仲裁裁决。同时,即使仲裁地不在欧盟境内,阿赫米亚案仍会对类似仲裁裁决在欧盟成员国的承认与执行带来影响,并可能通过法律适用条款,在欧盟成员国法或者欧盟法作为可

---

① See Case 52/76 Benedetti v. Munari [1977] ECR 163, para. 26; Order in Case 69/85 Wünsche Handelsgesellschaft [1986] ECR 947, para. 13; Case 446/98, Fazenda Pública v. Camara Municipal do Porto [2000] ECR I-11435, para. 49.

② 参见张彤主编:《欧盟法概论》,中国人民大学出版社 2011 年版,第 150 ~ 151 页。

③ 根据《承认及执行外国仲裁裁决公约》(《纽约公约》)第 5 条的规定,裁决被仲裁地法院撤销是被承认和执行国法院可以拒绝承认与执行仲裁裁决的理由之一。

④ 例如,法国法院一直以来对被仲裁地撤销了的仲裁裁决的承认与执行采取一种极为宽容的态度。参见傅攀峰:《未竟的争鸣:被撤销的国际商事仲裁裁决的承认与执行》,载《现代法学》2017 年第 1 期。

适用的法律的情况下对仲裁庭的管辖权产生直接影响。①

鉴于其对裁决撤销以及裁决承认与执行环节的制约力，阿赫米亚案使类似该案中的投资仲裁条款不再具有可执行性，由此驱动欧盟成员国作出相应的改革：2019 年 1 月 15 日，22 个欧盟成员国更是共同发布宣言，承诺将尽一切努力在 2019 年 12 月 6 日前终止相互间的 BIT，通知相关仲裁庭依据 intra-EU BIT 和《能源宪章条约》提起的案件具有不可仲裁性，告知相关投资者不应依据上述条约提起新的投资仲裁程序，并寻求此类案件裁决的撤销或不予执行。②

同时，可以预见，随着欧盟法院在 CETA 咨询意见中对欧盟 ISDS 新机制与欧盟法兼容性问题的澄清，欧盟新一代自由贸易协定在欧盟成员国的批准程序将得到极大的推进，欧盟在更大范围内推动投资仲裁机制革新的计划也将省去后顾之忧。

2. 欧盟法院裁决的遗留问题：阿赫米亚案的适用范围

虽然欧盟法院裁决对欧盟成员国 ISDS 机制改革的推动效果已经充分显现，但阿赫米亚案的适用范围——阿赫米亚案对依据 intra-EU BIT 提起的 ICSID 仲裁案件，以及依据欧盟成员国与非欧盟成员国间 BIT 和 ECT 提起的投资仲裁案件是否适用仍有争议，成为欧盟法院裁决的遗留问题。

（1）对依据 intra-EU BIT 提起的 ICSID 仲裁案件的适用性

虽然当前欧盟成员国正在采取的废除 intra-EU BIT 的行动将一并取缔成员国间适用 ICSID 公约仲裁的可能，但从理论上来讲，由于欧盟法院阿赫米亚案裁决针对的是非 ICSID 仲裁案件，其能否适用于 ICSID 仲裁案件并不明确。ICSID 仲裁与一般的 BIT 仲裁最大的不同之一就在于其去当地化的制度设计（delocalized nature）。为排除国内司法监督给仲裁裁决带来的不确定，ICSID 公约在制度设计中对国内的司法监督程序明确予以排除：一方面，ICSID 公约通过设立内部的裁决撤销制度取代了缔约国国内司法的撤销制度；另一方面，ICSID 公约通过赋予仲裁裁决直接的终局效力排除了国内法院在承认和执行环节对裁决的任何审查。这种特殊的制度设计将使阿赫米亚案对 ICSID 仲裁

---

① 当然，这涉及欧盟法院裁决是否构成欧盟法的法律渊源问题。目前有不少观点认为欧盟法院的裁决构成欧盟法的法律渊源。

② See Directorate-General for Financial Stability, *Declaration of the Member States of* 15 *January* 2019 *on the Legal Consequences of the Achmea Judgment and on Investment Protection*, European Commission (January 17, 2019), https://ec. europa. eu/info/publications/190117 – bilateral-investment-treaties_en.

庭的约束力受到很大的限制:不仅仲裁地法对仲裁庭的影响将在很大程度上被隔绝,而且仲裁庭不用受制于外部的裁决撤销制度,其排除阿赫米亚案适用,进而作出对欧盟成员国不利裁决的可能性显著大于非ICSID仲裁庭。

这可能对正在进行中的以及未来过渡期间的欧盟的投资仲裁实践带来不确定性。实践中,已有ICSID仲裁庭在裁决中否定阿赫米亚案对ICSID仲裁庭的约束力。在UP和CD国际控股公司诉匈牙利案(The UP and C. D. v. Hungary)[①]中,仲裁庭基于ICSID仲裁的去当地化特征,认为ICSID仲裁是在国际公法语境而非国家或地区语境下进行的,其与阿赫米亚案依据BIT提起的事实存在根本区别,故阿赫米亚案对其不适用,并在实体裁决中作出对东道国的不利裁决。

当然,对于非案件当事方的其他欧盟成员国法院来说,根据ICSID公约的规定,即使ICSID仲裁庭未理会阿赫米亚案的影响,其仍可以基于阿赫米亚案的影响而不执行相应的ICSID仲裁裁决。根据ICSID公约第54条的规定,公约对非争端当事方的缔约国的要求是要将ICSID裁决视为本国法院的最终判决一样,但如果国内法规定了不能执行最终判决的例外情形,那么ICSID裁决在此例外情形下同样无法执行,这在ICSID公约的起草过程中就已经被承认。[②]基于此,欧盟成员国法院可以将阿赫米亚案作为ICSID公约允许的执行例外,继而承认但不执行裁决。[③] 英国高院在前述米库拉斯诉罗马尼亚案的承认执行程序中就采取了此种做法:其在承认该ICSID仲裁裁决的最终性并进行承认登记的基础上裁定该仲裁裁决在英国法下的效力相当于英国高院的最终裁决,仍应受欧盟法的制约,故决定中止执行程序,等待欧盟综合法院对罗马尼亚撤销欧盟委员会禁止其履行裁决赔偿义务的决定的申请作出裁决。值得进一步说明的是,有学者认为此种例外机制构成ICSID公约对缔约方ICSID裁决审查权的间接授权。[④] 对此,笔者持否定态度。如同英国高院在上述案件的承认执行程序中所强调的,其在执行ICSID裁决过程中不享有类似公共政策等方面的审

---

① See UP and C. D Holding Internationale v. Hungary, ICSID Case No. ARB/13/35.

② See Christoph H. Schreuer, *The ICSID Convention: A Commentary* (second editon), Cambridge University Press, 2009, p. 1142 – 1143.

③ 在国际投资仲裁下,仲裁裁决的承认与执行是不同的环节。根据ICSID公约的规定,缔约国对ICSID裁决的承认是无条件的。

④ 参见王海浪:《论国际投资仲裁裁决的承认与执行——以执行法院的审查权为中心》,载《国际经济法学刊》2018年第4期。

查权力，其作出中止执行的决定仅是因为受到欧盟法的制约，涉及的是执行的合法性问题。① 换言之，缔约国在执行环节并不能对仲裁裁决的效力本身进行审查，因为缔约国对 ICSID 裁决的承认义务没有例外，这意味着裁决已经是终局的，具有既判力（*res judicata*）。执行的例外仅限于执行豁免、本国特殊的执行限制等，但无关仲裁裁决的效力。

不过，对作为案件当事人的欧盟成员国来说，在 ICSID 仲裁下得到不利裁决可能使其陷入两难的境地：一方面，需要履行 ICSID 公约的义务，无条件地履行 ICSID 仲裁裁决；另一方面，也要受欧盟法院阿赫米亚案的约束，面临欧盟法律不允许其履行仲裁裁决的障碍。这种两难的境地在实践中已现实上演——罗马尼亚在前述提及的米库拉斯诉罗马尼亚案中的遭遇便是最好的例证。在该案中，罗马尼亚依裁决需要向投资者支付约 25 亿美元的赔偿。在罗马尼亚支付部分赔偿之后，欧盟委员会作出一项决定，表示如果罗马尼亚履行该裁决，将违反欧盟竞争法。② 这导致罗马尼亚无法继续支付剩余部分的裁决赔偿，处于或违反 ICSID 公约，或违反欧盟法的两难境地。③

综上，阿赫米亚案对欧盟成员国间 ICSID 仲裁的影响虽然也存在（主要体现于执行环节），但总体要小于非 ICSID 仲裁，并可能涉及 ICSID 公约和欧盟法的效力何者优先以及如何协调的问题。目前，实践中对这一问题也还没有定论，在最新的联合公用事业（塔林）公司等诉爱沙尼亚案（United Utilities v. Estonia）中，仲裁庭认为阿赫米亚案对仲裁庭的管辖权具有根本性的影响，允许欧盟委员会参与 ICSID 仲裁程序，并提供有关阿赫米亚案对仲裁庭管辖权影响的法庭之友意见。④

（2）对欧盟成员国与非欧盟成员国间投资仲裁案件的适用性

虽然阿赫米亚案针对的是 intra-EU BIT，欧盟目前也无意立即废除欧盟与

---

① See Micula & Ors v. Romania & Anor [2017] EWHC 31 (Comm), para. 133.

② See Commission Decision (EU) 2015/1470 of 30 March 2015 on State aid SA. 38517 (2014/C) (ex 2014/NN) implemented by Romania— Arbitral award Micula v. Romania of 11 December 2013.

③ See Christian Tietje & Clemens Wackernagel, *Enforcement of Intra-EU ICSID Awards: Multilevel Governance, Investment Tribunals and the Lost Opportunity of the Micula Arbitration*, 16 The Journal of World Investment & Trade 205 (2015).

④ See United Utilities (Tallinn) B. V. and Aktsiaselts Tallinna Vesi v. Republic of Estonia, ICSID Case No. ARB/14/24, Decision on the Application for Leave to Intervene as a Non-Disputing Party Submitted by the European Commission.

非欧盟成员国间的BIT及其ISDS机制，但阿赫米亚案是否会波及欧盟成员国与非欧盟成员国间BIT中的投资仲裁条款却是一个实践中无法回避的问题。总体来看，考虑到依据欧盟成员国与非欧盟成员国间BIT提起的投资仲裁可能同样涉及欧盟法的适用和解释，而且类似的仲裁庭也不可能被认定为成员国法院或法庭，无法适用先行裁决制度，阿赫米亚案裁决的裁判逻辑和裁判结果应当具有高度的可适用性。①当然，区别也存在，即欧盟成员国之间有相互信任和紧密合作的内部义务，但与非欧盟成员国之间却无此内部义务，继而是否能够适用先行裁决这一旨在促进欧盟成员国间司法互信的制度的重要性就会相对下降。这一点实际上也在欧盟法院的CETA咨询意见中被特别提及，可能成为欧盟成员国与非欧盟成员国间投资仲裁机制未来能继续保持其有效性的突破口。此外，欧盟法院在阿赫米亚案中作出的BIT仲裁条款与欧盟法不兼容的裁决以相应的仲裁案件可能适用欧盟法为前提——如果欧盟与非欧盟成员国的BIT中的法律适用条款未将成员国法和欧盟法列为可适用的法律，那么阿赫米亚案并不当然适用。

从目前来看，这一问题未来还需通过实践明确。对与欧盟成员国发生投资争端的我国投资者而言，当前谨慎起见的做法是尽量依据ICSID公约提起仲裁，或者在无法依据ICSID公约的情况下退而求其次地将仲裁地设在欧盟境外，以尽可能地规避阿赫米亚案的影响。

（3）对ECT投资仲裁案件的适用性

阿赫米亚案对依据ECT提起的投资仲裁案件能否适用也在实践中引发了广泛争议。在2019年，有15个投资仲裁案件涉及阿赫米亚案是否适用于ECT的争议，在这些争议中，被诉的欧盟成员国基于阿赫米亚案的影响，对仲裁庭的管辖权提出异议。但对于这些异议，所有的仲裁庭都予以了驳回，不少仲裁庭都明确提出阿赫米亚案只针对intra-EU BIT，而ECT不同于一般的intra-EU BIT（为多边条约，且欧盟也是缔约方），故阿赫米亚案不能适用于依据ECT提起的投资仲裁。②

总体而言，虽然对部分投资协定的适用仍存在一定的争议，但欧盟法院在

---

① See Hannes Lenk, *Investment Arbitration under EU Investment Agreements*: *Is There a Role for an Autonomous EU Legal Order*?, 28 European Business Law Review 135 (2017).

② See UNCTAD, Review of ISDS Decisions in 2019: Selected IIA Reform Issues, January 2021, p. 24 –27.

阿赫米亚案和CETA咨询意见中表明的立场以及由此带来的影响和导向与此前欧盟在BIT和ISDS机制领域推行的变革政策是高度契合的。在此基础上，以CETA中的ISDS机制为蓝本，欧盟未来ISDS机制的框架已经基本成形。同时，欧盟法院在此过程中展现的对欧盟ISDS机制的影响能力显示了国内（区域）司法在国际投资治理中可以扮演重要角色。

第二节　国际投资仲裁程序的司法介入

国内司法对国际投资仲裁的制约，除了前述仲裁裁决的司法审查，还体现于特定情形下国内司法对国际投资仲裁程序的介入。尤其是随着国际投资仲裁实践中平行程序的出现，一些国家法院基于维护自身管辖权或东道国正当诉求的需求，采取了签发禁仲裁令（anti-arbitration injunction）的方式以阻止投资者继续推进相应国际投资仲裁程序的实践。同时，基于国际商事仲裁领域的经验，法院强制合并仲裁也是应对平行程序的一种潜在手段。虽然当前国内法院对国际投资仲裁签发禁仲裁令和强制合并仲裁的做法并不普遍，但仍有必要对这些介入和制约国际投资仲裁程序的潜在手段进行研究，分析其产生的背景以及可能带来的影响，进而总结其是否应当被作为一种值得肯定和推广的措施。

一、国际投资仲裁中的平行程序及其困扰

在国际投资争端解决体制中，平行程序主要分为两类：一是指国内争端解决程序与国际争端解决程序之间的平行；二是指不同国际争端解决程序之间的平行。① 即同一投资争端或者若干密切相关的投资争端被同时提交国内法院和国际投资仲裁庭，或者被同时提交至多个国际投资仲裁庭。

对于前述第一类平行程序，其出现主要源于东道国国内救济途径与国际投资仲裁途径的并存：一方面，基于东道国国内法的规定或者投资者与东道国政府或其机构签订的投资合同，投资者与东道国之间的投资争端应当由东道国法院管辖；另一方面，基于投资者母国与东道国签订的国际投资协定中包含的投资仲裁条款，投资者可将相关投资争端提交国际仲裁。而且随着实践中大量国际投资协定不再强调当地救济作为提起国际投资仲裁的前置条件，投资者在很

---

① 参见朱明新：《“已决原则”和“未决原则”与国际投资平行诉讼预防》，载《东方法学》2013年第1期。

多情况下可以无须穷尽东道国的当地救济而直接提起国际投资仲裁。尤其是在“保护伞条款”经常被仲裁庭扩张适用于源于国内法与合同中的义务,以及最惠国待遇条款扩张适用于争端解决条款的情况下,东道国国内救济程序与国际投资仲裁程序并存的可能性进一步提高,继而带来平行程序的可能。例如,在维旺迪环球有限公司诉阿根廷案(Vivendi Universal S. A. v. Argentina)[①]中,虽然法国投资者与阿根廷土库曼省(Tucumán)签订的特许经营合同第16条第4款明确约定与合同有关的争端,包括合同的解释和法律适用都应排他性地提交土库曼省行政法院管辖,但由于法国和阿根廷 BIT 第8条规定当投资者与东道国之间的投资争端在6个月内仍无法通过协商解决时,投资者可以选择将其诉诸缔约国国内,或者提交 ICSID 或根据 UNCITRAL 仲裁规则设立的临时仲裁庭解决,仲裁庭最终认定特许经营合同中的争端解决条款并不构成申请人对 BIT 中赋予其向阿根廷政府提起国际仲裁权利的放弃,因为根据 BIT 向阿根廷政府提起的索赔与根据特许经营合同应当由土库曼省行政法院管辖的合同争议是独立的,前者是依据 BIT 下的诉因提起的。[②] 仲裁庭有关管辖权的认定在此后阿根廷提起的裁决撤销程序中被再次确认,特设委员会同样认为特许经营合同中将相关合同争端提交土库曼省行政法院的约定并不影响仲裁庭依据 BIT 所享有的管辖权,特许经营合同第16条第4款的规定并未明确排除仲裁庭的管辖权。其进一步援引兰科国际公司诉阿根廷案(Lanco v. Argentina)[③]的判决,认为在 BIT 以及阿根廷国内法没有规定用尽当地救济要求的情况下,即可视为缔约国没有关于争端解决的相反约定,特许经营合同中的争端解决条款不会影响条约规定的效力。[④] 也就是说,该案仲裁庭和特设委员会都将依据 BIT 成立的国际投资仲裁庭的管辖权和依据投资合同成立的国内法院的管辖权进行了区分,两者相互独立,属于根据不同法律依据和不同诉因的纠纷,可以共存。另外,前述通用公证行诉菲律宾案仲裁庭的裁决也印证了这一观点。在该案中,通用公证行与菲律宾签订的综合进口检验服务协议第12条规定:“本

---

① See Compañiá de Aguas del Aconquija S. A. and Vivendi Universal S. A. v. Argentine Republic, ICSID Case No. ARB/97/3.

② See Compañiá de Aguas del Aconquija S. A. and Vivendi Universal S. A. v. Argentine Republic, ICSID Case No. ARB/97/3, award, para. 53.

③ See Lanco International Inc. v. The Argentine Republic, ICSID Case No. ARB/97/6.

④ See Compañiá de Aguas del Aconquija S. A. and Vivendi Universal S. A. v. Argentine Republic, ICSID Case No. ARB/97/3, Decision on Annulment, para. 76 – 80.

协议所有的条款都应当依据菲律宾法律解释,所有与本协议有关的涉及合同双方义务的争议都应当由马卡迪(Makati)或马尼拉(Manila)的地区法院管辖。"在菲律宾未按约定支付合同报酬的情况下,通用公证行将这一违约纠纷作为一项违反1997年菲律宾与瑞士BIT的投资争端提交ICSID仲裁,认为菲律宾违背了BIT第10条第2款有关遵守承诺的规定和第4条有关公正公平待遇的规定。对此,菲律宾自然提出管辖权异议,认为该案的争议是一项纯粹的合同纠纷,其受前述服务协议中的法律适用和争端解决条款制约,应由菲律宾法院管辖;菲律宾与瑞士BIT中规定的争端解决程序(包括ICSID仲裁)只适用于国际法下的索赔,而不适用于纯粹的合同纠纷;而且该案争议的标的是跨境服务合同,不属于ICSID公约所调整的投资。对于菲律宾的异议,仲裁庭并不认可,其认为通用公证行在菲律宾进行了菲律宾与瑞士BIT第2条界定的投资,且案涉争议直接源于该种直接投资;BIT所赋予的仲裁权也不会因为合同的争端解决条款而被放弃,仲裁庭对案涉纠纷具有管辖权。① 当然,该案中不同的一点是,仲裁庭认为案涉协议第12条有关争端解决方式的约定使案件暂时不具有可受理性(inadmissible)——在菲律宾国内法院对被申请人支付义务的范围和程度进行明确前,仲裁庭对该案作出裁决的时机并不成熟,故其裁定中止仲裁程序,等待当事人在菲律宾国内法院解决应付款项金额的争议,同时命令当事人每6个月向仲裁庭报告国内程序的进展。②

至于后一类型的平行程序,其产生主要源于当前碎片化的投资条约体系。一个东道国与众多国家签订有双边或多边投资协定,这些投资协定所保护的投资者和投资范围各不相同,其中不免存在重叠之处,这使某些投资者可以通过直接或间接的投资关系分别依据不同的投资协定就相同的案件事实对东道国提起不同的仲裁程序。特别是在当前国际投资模式日益复杂的情形下,投资者、投资关系互相交错的情况更为普遍,平行程序发生的可能性也随之增大。此外,实践中仲裁庭基于扩张自身管辖权的目的对投资者和投资范围进行扩张解释的做法进一步造就了更多适格的投资者和投资形式,从而导致相关投资协定中争端解决条款的管辖范围发生扩张,增加了平行程序产生的可能。此类平

---

① See SGS Société Générale de Surveillance S. A. v. Republic of the Philippines, ICSID Case No. ARB/02/6, Decision of the Tribunal on Objections to Jurisdiction, para. 154.

② See SGS Société Générale de Surveillance S. A. v. Republic of the Philippines, ICSID Case No. ARB/02/6, Decision of the Tribunal on Objections to Jurisdiction, para. 155, 175 – 176.

行程序中典型的例证即前文已经提及的劳德诉捷克案和 CME 公司诉捷克案——两个具有本质相同投资利益的申请人(劳德是 CME 公司的背后投资者和控制者),分别依据不同的条约对东道国的同一行为提出相似的诉请,形成两个平行的 UNCITRAL 仲裁程序。事实上,在国际投资仲裁实践中,股东可以以自己的名义就其股东权利或者子公司的权利提起国际索赔请求似乎已成为国际投资领域的惯常做法。① 这意味着类似劳德诉捷克案和 CME 公司诉捷克案的平行程序并非个例。

总结来看,国际投资争端领域平行程序的出现,在根本上源于投资争端解决方式的多样化,尤其是大量 BIT 赋予投资者直接向东道国提起国际仲裁的权利,交错的国际投资协定使投资者有了不再是唯一的争端解决选择以及不再是唯一的国际投资争端解决依据。应当认为,赋予投资者多样化的争端解决途径的初衷是好的,其有利于增强投资者的信心,推进国际投资的深入发展。同时,投资者面对多样化的救济渠道选择最有利于实现自身诉求的争端解决策略(包括提起平行的争端解决程序)本身也无可厚非。实践中,挑选条约也是绝大多数跨国公司在对外投资前都必须做的一项调研内容,即未来的投资东道国是否签订了对自己更加有利的国际投资条约。② 目前普遍承认的规则是,一个谨慎的投资者可以在进行投资时对法人结构(国籍)进行专门设计,以便使自己在多样化的投资协定下获得最大的保护;相应地,这也增加了其在国际机构提出诉求的机会。③

不过,在承认投资者有权做出自身利益保护最大化选择的同时,国际投资争端解决中的平行程序同样会带来以下三个方面的困扰:一是冲突裁决的产生,进而影响国际社会对国际投资仲裁机制合法性的评价;二是平行程序对国内司法管辖权的冲击会增加国内司法与国际投资仲裁的冲突,甚至是对抗风险;三是平行程序对东道国诉累的不当增加会造成对东道国的实质不公平,影

---

① 参见黄世席:《国际投资仲裁中的挑选条约问题》,载《法学》2014 年第 1 期。

② 参见黄世席:《国际投资仲裁中的挑选条约问题》,载《法学》2014 年第 1 期。

③ See Emmanuel Gaillard, *Abuse of Process in International Arbitration*, 29 ICSID Review 627, 632 (2014). 当然,需要注意区分的是合理的国籍筹划与滥用程序之间的区别。关于合法的国籍策划与滥用程序的区别,关键是要看什么时候可以合理预见一项争端有高度的可能性即将发生,而不仅是一项可能的冲突。一般而言,至少应在争端发生前或政府实施干预行为之前完成在第三国的公司注册或将资产转让给第三国公司,完成投资者的国籍转换。参见刘勇:《"一带一路"投资风险及其法律应对——以"尤科斯诉俄罗斯案"为视角》,载《环球法律评论》2018 年第 1 期。

响东道国对国际投资仲裁机制正当性的评估。因此,如同国内司法规制平行诉讼一样,国际投资仲裁领域也有必要对平行程序进行限制,否则可能导致司法资源的浪费,法律标准的不统一,以及“正义迟到”等现象,带来“案息事不了”的法律虚无主义、国际法虚无主义等一系列理论和实践问题。① 这将在长远上不利于国际投资仲裁机制的健康发展。

二、规避平行程序的路径及其局限性

基于上述认识,对平行程序的预防和规避不仅已经成为各国在签订国际投资条约过程中的现实考虑,而且相关投资仲裁规则在制定和修改过程中也已关注这一问题。具体分析如下。

对于第一类平行程序,当地救济条款、“岔路口条款”、弃权条款②是缔约国常用的防止该类平行程序的手段:它们试图通过将当地救济作为提起国际投资仲裁的前置条件,或明确当地救济与国际投资仲裁的择一性和相斥性来避免案件被同时或重复提交国内法院和国际投资仲裁。从理论上来讲,上述条款都应当是预防国内法院与国际投资仲裁间平行程序的有效手段,但如本书第一章中所述,实践中,仲裁庭经常通过对当地救济条款的弱化解释以及“岔路口条款”的架空解释来扩张自身的管辖权,使通过上述条款防止产生平行程序的目的经常无法实现。此外,礼让原则对于避免此类平行程序也有一定的价值。在 SPP 公司诉埃及案(SPP v. Egypt)③中,仲裁庭即基于礼让原则决定中止自己的仲裁程序,等待法国法院对与该案相关的,相同当事人之间就同一争议提起的国际商会(International Chamber of Commerce, ICC)仲裁裁决的撤销案作出裁决(涉及仲裁协议的有效性问题)。④ 仲裁庭认为:“在两个不相关联和相互独立的法庭的管辖权涉及同一争端时,没有任何国际法规则妨碍任一法庭行使其管

---

① 参见刘梦非:《国际投资争端解决平行程序的诱因——读〈国际投资仲裁〉有感》,载《政法论坛》2018 年第 4 期。

② 所谓弃权条款又被称为“不得回转”或者“禁止掉头”(no u-turn)条款,其内容主要规定投资者在提请国际投资仲裁前,必须书面做出承诺,放弃启动或者继续针对东道国被指控措施启动的国内法院或其他争端解决程序。

③ See Southern Pacific Properties (Middle East) Limited v. Arab Republic of Egypt, ICSID Case No. ARB/84/3.

④ 一旦法国法院判决支持国际商会仲裁院作出的 SPP 公司胜诉的仲裁裁决,则 SPP 的损失将得到补偿,无须再通过国际投资仲裁的方式进行保护。

辖权。但是,为国际司法秩序之利益,任一法庭可以在其自由裁量范围内并作为礼让决定中止管辖权的行使,等待另一法庭之裁决。”①最终,仲裁庭在法国法院判决 ICC 仲裁案涉仲裁协议缺乏合意,撤销了 ICC 仲裁裁决之后才重新恢复仲裁程序。不过,同样值得注意的是,该案仲裁庭面临的国内法院的诉讼程序并不涉及对其管辖权的正面冲击,只是会对当事人的诉请是否需要在国际投资仲裁程序中再次进行保护产生影响,因此其典型性并不充分。

对于第二类平行程序问题的预防和解决,投资仲裁规则中合并仲裁(consolidation of proceedings)规则的设计被寄予厚望。合并仲裁,是指为解决多方当事人之间争议的需要,将两个或者两个以上相互关联的仲裁程序合并在一起,在同一个仲裁程序中一并解决争议的做法或过程。② 虽然对于合并仲裁是否有违反当事人意思自治(尤其在强制合并仲裁的情况下)、仲裁的保密性原则以及正当程序等嫌疑仍有争议,但普遍认为,合并仲裁在促进仲裁的高效性、经济性,避免不一致裁决等方面具有积极价值。③ 从实践的角度来看,虽然目前实践中适用最多的投资仲裁规则——ICSID 仲裁规则和 UNCITRAL 仲裁规则都未对合并仲裁制度作出规定,但 NAFTA 早在 1994 年便在其第 1126 条中对合并仲裁规则作出了规定。该条规定:依据该条设立的仲裁庭认为提交仲裁的申请依据相同的法律和事实时,仲裁庭可以本着高效快速解决争端的目的,在听取当事方的意见后,指定一个仲裁庭,使其部分或全部合并仲裁,并作出裁决。而在欧盟和美国的晚近国际投资协定安排中,包括 USMCA、CETA、EUVFTA、EUSFTA 等在内的一系列国际投资协定都将合并仲裁规则明确纳入 ISDS 机制部分。同时,新近颁布的一些投资仲裁规则也开始关注合并仲裁的实践需求,如《中国国际经济贸易仲裁委员会国际投资争端仲裁规则(试行)》第 31 条即明确规定了两种情形下的合并仲裁规则:其一,当根据本规则进行的两个或两个以上仲裁案件涉及共同的法律或事实问题,并且源于同一事件或情况时,任何一方当事人均可以提出将上述案件合并仲裁的请求,除非合并仲裁

---

① SPP v. Egypt, Decision on Jurisdiction I, 27 November 1985, 3 ICSID Reports 112, 129. 转引自肖军:《规制冲突裁决的国际投资仲裁改革研究——以管辖权问题为核心》,中国社会科学出版社 2017 年版,第 45 页。

② 参见李广辉、薛胜利:《合并仲裁法律制度探究——兼论中国合并仲裁制度之构建》,载《河北法学》2006 年第 6 期。

③ 参见范瑞:《合并仲裁现有理论之若干反思——兼论合并仲裁制度之程序构建》,载陈福勇主编:《北京仲裁》2017 年第 4 辑,中国法制出版社 2018 年版。

涉及的所有当事人另有约定;其二,如果仲裁庭认为两个或两个以上仲裁案件的仲裁请求涉及共同的法律或事实问题,并源于同一事件或情况,为保证仲裁程序公正高效进行,在征询当事人的意见后,仲裁庭可以决定合并审理并对所有或部分仲裁请求作出裁决,并有权要求被合并案件的原仲裁庭中止其仲裁程序。此外,ICSID 在当前最新一轮的规则修改中也将合并仲裁规则作为考虑的问题之一,ICSID 仲裁规则修订草案的第 38 条分 3 款对合并仲裁问题作了尝试。该条规定,中心管理的两个或两个以上仲裁案件的当事人可以同意合并或者协调这些仲裁程序;为此,当事人应当向中心秘书长提供书面的协议,列明其同意的合并或者协调的条款;如果合并或协调仲裁程序能够促进争端的公正、高效解决,秘书长应当采取必要的行政措施来执行当事人的协议。因此总体来说,合并仲裁规则的补充和完善是未来国际投资协定和国际投资仲裁规则发展的普遍趋势。不过,从已有的仲裁规则和相关修改草案来看,仲裁程序的合并仍受到两方面的限制:第一,多数仲裁规则要求仲裁程序的合并需征得当事人的同意,赋予仲裁庭单独决定权的只是少数,这固然是对仲裁当事人意思自治的尊重,但也使合并仲裁的现实可操作性受到极大的限制,因为“纠纷发生之后进入实质的仲裁审理之前,当事人往往会对自己的程序和实体利益进行预判,利益的对立总会使部分当事人倾向于合并仲裁,而另一部分当事人则对此采取反对的立场”①。第二,当前国际投资仲裁多以临时仲裁的方式进行,这意味着各个仲裁庭之间的独立性更高,相互之间缺乏仲裁机构的居中协调,而且实践中多个平行仲裁程序很可能是基于不同的 BIT 依据不同的仲裁规则进行的,不同仲裁规则对合并仲裁规定的不一致将进一步加剧合并仲裁的操作难度。当然,实践中也有仲裁庭通过对投资者权利滥用的认定否定投资者就同一投资争端提起第二类平行程序的实践。在奥拉斯科姆诉阿尔及利亚案(Orascom v. Algeria)②中,仲裁庭就裁定,投资者通过其控制的多家垂直公司链(vertical chain of companies)就同一损失依据不同条约提起多重投资仲裁的,构成对投资保护体系的权利滥用。仲裁庭认为:投资协定保护投资者的目的在投资者通过垂直公司链中的某一公司行使权利时已经得到满足,允许同一投资者通过其

---

① 杜焕芳、陈娜:《论多方当事人合并仲裁的合意与技术》,载《西北大学学报(哲学社会科学版)》2013 年第 6 期。

② See Orascom TMT Investments S. à r. l. v. People's Democratic Republic of Algeria, ICSID Case No. ARB/12/35.

控制的垂直公司链中的其他公司就同一损失寻求救济不仅不是对投资者的保护，反而会增加重复赔偿和冲突裁决的风险，并因多重程序而造成资源浪费，这将与投资协定的目的相左。在此基础上，仲裁庭认定投资者的权利滥用构成仲裁庭判断案件不具有可受理性进而拒绝行使管辖权的理由之一。① 不过，类似该案这样认为投资者构成权利滥用而否定自身管辖权的仲裁庭在实践中并不多见。

此外，理论上未决原则和已决原则也是处理上述两类平行程序问题的重要依据。未决原则和已决原则是国内法中常用的规制平行诉讼的规则，前者针对两个同时进行的程序，后者适用于两个先后进行的程序。② 在国际法领域，无论是作为习惯国际法还是一般法律原则，它们通常也被视为广泛接受的国际法原则，具有国际法上的约束力。③ 在国际投资仲裁实践中，未决原则和已决原则也有得到适用的。在奥贝泰克控股公司诉美国案（Apotex Holdings v. USA）④中，仲裁庭就通过争点禁反言（issue estoppel）规则裁定与该案具有密切关联的奥贝泰克公司诉美国案（Apotex Inc. v. USA）⑤的仲裁庭对相关问题的裁决对该案具有既判力。不过，整体来看，类似上述仲裁庭的做法并不多见，因为传统上未决原则与已决原则的适用需要满足当事人一致、诉因一致以及请求一致的“三重因素一致”（triple identity）标准，而在国际投资仲裁的平行程序中，很难出现两个平行案件在上述三方面完全一致的情形——当事人可以通过对投资关系、诉讼请求以及诉因的包装、拆分等使“三重因素一致”的标准难以达到：不同的股东及其所控制的公司在形式上是不同的主体，依据不同投资协定以及分别依据投资协定和投资合同提起的诉讼请求严格来说也属于不同的诉讼请求，具有不同的诉因。因此，即使像劳德诉捷克案和 CME 公司诉捷克案这样通常认为

① See Orascom TMT Investments S. à r. l. v. People's Democratic Republic of Algeria, ICSID Case No. ARB/12/35, final award, para. 543 - 545.

② 参见肖军：《规制冲突裁决的国际投资仲裁改革研究——以管辖权问题为核心》，中国社会科学出版社 2017 年版，第 42 页。

③ See August Reinisch, *The Issues Raised by Parallel Proceedings and Possible Solutions*, in Michael Waibel, et al. eds., The Backlash against Investment Arbitration, Kluwer Law International, 2010, p. 121.

④ See Apotex Holdings Inc. and Apotex Inc. v. United States of America, ICSID Case No. ARB (AF)/12/1.

⑤ See Apotex Inc. v. The Government of the United States of America, ICSID Case No. UNCT/10/2.

属于平行程序的案件,如果适用传统形式主义的“三重因素一致”标准来判断,仍然无法适用未决原则与已决原则。

综上所述,虽然国际投资协定和仲裁在实践和理论中都有不少的方式规避或者化解可能有损投资争端解决效率和公平的平行程序,但其现实效果仍有很大的局限性,这导致平行程序在实践中仍然无法得到真正有效的规制。

三、国内司法介入国际投资仲裁程序的理论与实践

国际投资协定以及国际投资仲裁层面相关措施的局限性使国内司法的介入成为当事人规避平行程序的另一种选择。从已有的实践来看,国内司法对投资仲裁程序的介入主要通过签发禁仲裁令(anti-arbitration injunction)的方式实现。

禁仲裁令在英美法系下并不是一个新的概念和实践。早在 1873 年的基茨诉摩尔案(Kitts v. Moore)①中,争议的焦点即法院是否有权基于仲裁协议无效或可撤销的原因通过禁令的方式限制被告启动仲裁程序。在该案中,一审法院裁决禁止被告在法院对争议焦点作出判决前启动进一步的仲裁程序。该裁决为二审法院所确认。与禁诉令(anti-suit injunction)②相似,禁仲裁令主要是针对当事人签发的,③并以蔑视法庭的相关处罚为强制力保障。在国际商事仲裁领域,虽然原则上法院仍享有签发禁仲裁令的自由裁量权,但是在支持仲裁理念和仲裁庭自裁管辖权原则的不断渗透下,法院对于通过签发禁仲裁令对仲裁程序进行干预的做法是非常谨慎的:只有当仲裁程序的提起或继续被认为是无理取闹(vexatious)或难以忍受的(oppressive)时,法院才会签发禁仲裁令。当然,对国际投资仲裁案件来说,考虑到其政治敏感性,东道国的法院总会面临对其政府的同情或者政府的行政干预的诱惑。④ 实践中,被提起仲裁的东道国政府向本国法院申请禁仲裁令以阻止国际投资仲裁程序的案例时有发生,东道国法院也确有签发禁仲裁令的实践。

---

① See [1895] 1 Q. B. 253.

② 禁诉令是对当事人签发的、阻止他在外国法院提起或者继续诉讼的对人的限制性命令。See Ho Look Chan, *Anti-Suit Injunctions in Cross-Border Insolvency: A Restatement*, 52 International and Comparative Law Quarterly 697, 701 (2003).

③ 在早期,也有法院向仲裁员签发禁仲裁令的实践,但这种情形在当下已经很少出现。

④ See Hakeem Seriki, *Injunctive Relief and International Arbitration*, Informa Law from Routledge, 2015, p. 131.

国内法院向国际投资仲裁中的投资者签发禁诉令的典型案例是前文已经提及的通用公证行诉巴基斯坦案。该案源自双方就巴基斯坦政府单方解除其与瑞士通用公证行签署的《装船前检验协议》(PSI 协议)产生的争议,瑞士通用公证行认为巴基斯坦政府的单方解约行为既违反了 PSI 协议,也违反了瑞士与巴基斯坦的 BIT。为此,通用公证行于 1998 年 1 月向瑞士日内瓦地方法院提起诉讼,要求巴基斯坦赔偿单方解约对其造成的损失。巴基斯坦则抗辩 PSI 协议中已经订有在巴基斯坦进行仲裁的条款,①该仲裁条款排除了法院的诉讼管辖权。同时,国家主权豁免原则也使其可以豁免在瑞士法院的法律程序。基于上述两个原因,在 1999 年 6 月 24 日、2000 年 6 月 23 日以及 2000 年 11 月 23 日,瑞士三级法院都驳回了通用公证行的诉求或上诉。与此同时,巴基斯坦于 2000 年 9 月在伊斯兰堡启动仲裁程序(伊斯兰堡仲裁)。通用公证行则在 2001 年 4 月向伊斯兰堡仲裁庭提出抗辩和反请求后,于 2001 年 10 月依据瑞士与巴基斯坦 BIT 向 ICSID 提出仲裁申请,并于 2002 年 1 月以其有权提起 ICSID 仲裁为由,向伊斯兰堡法院申请中止伊斯兰堡仲裁程序。但伊斯兰堡法院以及后续的上诉法院都驳回了通用公证行的申请和上诉。通用公证行于 2002 年 3 月 5 日继续向巴基斯坦最高法院申请上诉,但巴基斯坦政府同时申请法院发布禁令,请求法院禁止通用公证行继续就该争端进行 ICSID 仲裁。巴基斯坦最高法院同意受理双方的申请,并同时下令双方中止各自在巴基斯坦以及 ICSID 的仲裁,直至法院对申请作出裁决。最终,巴基斯坦最高法院于 2002 年 7 月作出裁决,驳回了通用公证行的上诉,认定案涉纠纷应在巴基斯坦国内仲裁解决,并批准了禁止通用公证行继续参与 ICSID 仲裁的禁令。②

除巴基斯坦法院外,印度尼西亚法院在国际投资仲裁案件中也曾签发禁令,禁止当事人进一步推进仲裁程序,并下令违反禁令的当事方将被处以 1 日 100 万美元的罚款。③ 此外,埃塞俄比亚法院在萨利尼公司诉埃塞俄比亚

① PSI 协议第 11 条规定,任何因本协议引发的或与此有关的争端或纠纷,或与协议的违反或终止有关的争端或纠纷,应尽可能由当事方友好协商解决。若无法协商解决的,则应依据现行生效的《巴基斯坦仲裁法》通过仲裁解决。仲裁地为巴基斯坦伊斯兰堡,仲裁语言为英文。

② See SGS Société Générale de Surveillance S. A. v. Islamic Republic of Pakistan, ICSID Case No. ARB/01/13, Decision of the Tribunal on Objections to Jurisdiction, para. 1 – 34.

③ See Hakeem Seriki, *Injunctive Relief and International Arbitration*, Informa Law from Routledge, 2015, p. 132.

(Salini Costruttori S. p. A. v. Ethiopia)案①中也曾对申请人签发禁仲裁令。最近发生的,具有较大影响的则是印度德里高等法院签发的禁止英国沃达丰公司继续依照印度与英国 BIT 提起投资仲裁程序的禁令。该案起因于沃达丰公司荷兰子公司(Vodafone International Holdings B. V,以下简称 VIHBV)在 2007 年 5 月收购哈金森(Hutchinson)通信公司印度子公司哈金森艾萨有限公司(Hutchinson Essar Limited)的股权时所产生的税收争议。印度税务机关认为哈金森通信公司在该股权交易中有股权收益,故要求 VIHBV 源泉缴税,②而 VIHBV 则以此项交易在海外进行,无须向印度政府缴税为由拒绝纳税。该税收争议此后在印度法院经历了多次反复,最终印度最高法院在 2012 年 1 月作出最终裁决,认定案涉股权交易所得发生于印度境外,印度当局无征税权。但争议并未就此终止。作为应对,印度于 2012 年 5 月修订了《1961 年所得税法案》,明确规定对跨境兼并交易行为,即便交易方为税务登记及经营注册地在印度境外的企业或经济实体,只要其所持有的资产或资本直接或间接源于印度,且其资产或资本属于股息红利性质,那么该项资产或资本就应被视作源于印度的收入,应按照印度新所得税法的规定缴税。同时,该修订案将其法律效力追溯至 1961 年该法案生效之时,试图以此推翻印度最高法院的前述裁决。对于印度政府通过修改立法的征税行为,VIHBV 于 2014 年 4 月正式依据印度与荷兰 BIT 中的仲裁条款向印度政府送达仲裁通知。③ 在该仲裁程序的进行过程中,沃达丰英国公司(Vodafone Group Plc,以下简称 VGP)又于 2017 年 1 月基于同一争端依据英国与印度的 BIT 向印度政府送达仲裁通知。④ 针对后一仲裁程序,印度政府援引前述奥拉斯科姆诉阿尔及利亚案仲裁庭的裁决,认为 VGP 提起的新仲裁构成滥用法律(abuse of law),并依此向德里高等法院申请签发禁仲裁令。德里高等法院在对案件进行审理后,于 2017 年 8 月 22 日作出裁决,认为根据其此前在其他案件中所承认的同一经济实体(single economic entity)原则

---

① See Salini Costruttori S. P. A. v. The Federal Democratic Republic of Ethiopia, Addis Ababa Water and Sewerage Authority, ICC Arbitration Case No. 10623/AER/ACS.

② 印度《1961 年所得税法案》第 195 条规定,如果向非居民支付的款项需要在印度缴税,那么支付人(无论任何人)有代扣代缴的义务。

③ See Vodafone International Holdings BV v. Government of India [I], PCA Case No. 2016 - 35.

④ See Vodafone Group Plc and Vodafone Consolidated Holdings Limited v. Government of India [Ⅱ], UNCITRAL (UK BIT Claim).

以及前后两个仲裁案件的当事人情况与诉求，可以初步判断 VGP 与 VIHBV 构成同一经济实体，并初步认为同时由两个仲裁庭平行审理该案所涉纠纷可能导致不一致的裁决结果，如果允许 VGP 继续进行后一仲裁程序将有违公平、正义，故签发单边临时禁令（ex-parte interim order），禁止 VGP 的工作人员、代理人、律师、受托人继续向印度政府发送纠纷通知、仲裁通知，也不得依据英国与印度的 BIT 提起或继续投资仲裁程序。①

国内法院签发的禁仲裁令在其司法管辖范围内具有当然的效力，并且通常有蔑视法庭等民事或刑事处罚机制作为强制力保障。不过，在实践中，禁仲裁令也不一定能够完全实现其目的：当事人、仲裁庭并不一定会对禁仲裁令采取合作的态度。例如，在通用公证行诉巴基斯坦案中，通用公证行对巴基斯坦最高法院的禁仲裁令不服，于是向 ICSID 仲裁庭申请签发临时措施，要求仲裁庭命令巴基斯坦撤回或者中止在巴基斯坦提起的所有诉讼和仲裁程序（包括未来可能的申请法院判决通用公证行蔑视法庭罪的程序）。ICSID 仲裁庭认为虽然巴基斯坦最高法院的裁决在其国内法层面是最终裁决，但在国际法层面却无法约束 ICSID 仲裁庭。ICSID 公约赋予了仲裁庭自裁管辖权的权力，而且初步证据表明通用公证行确实拥有提起 ICSID 仲裁的权利。在巴基斯坦是 ICSID 公约成员方的情况下，仲裁庭应当保护 ICSID 公约赋予当事人的权利，因此建议巴基斯坦政府不在国内启动蔑视法庭的程序，并强调仲裁庭在自行裁定管辖权上的坚定立场。同时，基于节约诉讼资源等方面的考虑，ICSID 仲裁庭还建议巴基斯坦的国内仲裁庭中止其程序，直到 ICSID 仲裁庭作出否定自身管辖权的裁决（如果如此裁决的话）。②此外，对于国内法院来说，其通过禁仲裁令介入国际投资仲裁程序还面临以下两个方面的理论和实践障碍：第一，如同通用公证行诉巴基斯坦案仲裁庭阐述的，国际投资仲裁与国内司法程序之间相互独立而不具有从属性或者依附性，因此国际投资仲裁庭并无“遵从”国内法院禁仲裁令的义务。特别是对 ICSID 仲裁而言，在东道国加入 ICSID 公约的情况下，国内法院作为主权国家的权力机关，负有遵守和执行 ICSID 公约第 42 条“仲裁庭应是其本身权限的决定人”之规定的国际法义务，而通过禁仲裁令介入 ICSID 仲

① See Union of India v. Vodafone Group PLC United Kingdom & Anr, Judgment of the High Court of Delhi Restraining the Claimant from Proceeding with Its Arbitration Claim, CS(OS) 383/2017.

② See SGS Société Générale de Surveillance S. A. v. Islamic Republic of Pakistan, ICSID Case No. ARB/01/13, Procedural Order No. 2.

裁程序的做法有违背上述义务的嫌疑。第二,随着近现代支持仲裁理念的不断深化与发展,禁仲裁令本身的适用空间正在不断被压缩,这种趋势不仅体现于国际商事仲裁中,在国际投资仲裁中也应如此。对此,印度德里高等法院在印度诉沃达丰英国公司等案(Union of India v. Vodafone Group PLC United Kingdom & Anr)的后续程序——印度政府申请将前述单边临时禁令转化为永久禁令(permanent injunction)的程序中表达的立场和观点堪称典型:虽然其对依据BIT提起的投资者与东道国之间的国际投资争端具有管辖权,也有权力对国际投资仲裁庭签发禁仲裁令,但出于遵守国际法义务、赋予国际法效力的考虑,BIT下的仲裁协议更宜由国际法而非国内法调整,国内法院应当采取不干涉主义(non-interventionist)。同时,德里高等法院进一步认定依据不同的BIT提起平行仲裁程序尚未达到滥用程序所要求的难以忍受、无理取闹以及极其不公正的程度,法院在此情形下不应通过禁仲裁令的方式剥夺当事人救济的权利。① 不过值得注意的是,虽然德里高等法院在该案中最终并未签发永久禁令,但印度政府在国内法院提起的禁仲裁令程序仍然起到了一定的作用:作为说服德里高等法院无须签发禁仲裁令的"筹码",沃达丰公司通过在两个仲裁程序中任命相同的仲裁员,并同意合并两个仲裁程序的方式表明其无滥用程序的意图。也就是说,虽然印度政府在国内司法程序中的诉请并未得到正面的支持,但却通过另一种方式得到了部分实现。从这个意义上来讲,在投资者仍有财产或者关联公司在东道国的情况下,迫于国内司法程序的压力,投资者往往需要做出某种程度的妥协和让步——国内司法也在此过程中形成了对国际投资仲裁程序的渗透和干预。

当然,除了签发禁诉令,理论上,法院还可能通过强制合并仲裁的方式实现对国际投资仲裁程序的介入。所谓法院强制合并仲裁,是指在提交仲裁的多项争议满足特定条件的情况下(各国家或地区对这些条件的规定不同,但大多要求仲裁所涉争议在事实、当事人诉求、适用法律方面存在关联性甚至相同),法院可以忽略当事人的意思表示而命令仲裁庭对这些争议进行合并仲裁。② 包括荷兰、美国部分地区在内的一些国家或地区都有授权法院在满足特定情形下强

① See Union of India v. Vodafone Group PLC United Kingdom & Anr, Judgment of the High Court of Delhi Vacating Order of 22 August 2017.

② 参见池漫郊:《从"效率至上"到"契约自由"——基于合并仲裁评当代仲裁价值取向之变迁》,载《仲裁研究》2008年第4期。

制合并商事仲裁的立法或者判例。例如,《荷兰仲裁法》第 1046 条即规定:在荷兰境内就两个相互有联系的争议在不同的仲裁庭分别进行仲裁的,任一当事人均可以向阿姆斯特丹地方法院院长提出判令将该两个仲裁程序进行合并的请求,除非当事人另有约定。不过,整体来看,法院强制合并仲裁的实践在当前强调司法支持仲裁的大趋势下已经比较罕见。在国际投资仲裁领域,就笔者所查阅和接触的资料,尚未出现国内法院强制要求合并平行国际投资仲裁程序的案例,这一方面,是由于各国仲裁法或者诉讼程序法中关于法院强制合并仲裁程序(尤其是国际投资仲裁程序)的立法本身就比较少,而国际投资仲裁对国内法院而言又尚属相对的新生事物,相关实践也自然较少;另一方面,前述禁仲裁令面临的理论和实践障碍也同样存在于强制合并仲裁制度下,这使它的应用可能性进一步降低。

第四章　国际投资仲裁司法化的原因、挑战与评价

国际投资仲裁在制度改革以及国内司法制约两个维度所呈现的司法化是其晚近发展的重要内容，相关改革措施和司法行为将对国际投资仲裁机制带来深刻的变化和影响。司法化现象的产生并非偶然，也不无争议，其是多种因素综合作用的结果，将对国际投资仲裁机制带来多重冲击和挑战。为此，本章在前两章有关国际投资仲裁司法化现象的观察之上，对该种现象的产生及带来的挑战进行解释、分析、预测和评价，在整体上思考司法化现象从何处来，将向何处去的问题。

第一节　国际投资仲裁司法化的原因

从国际关系理论的角度来看，国际投资仲裁是典型的国际合作的制度安排形式，而任何国际合作的制度安排，其形式、特征、内容、构造、动力、变迁等，都不能仅仅从法律本身得到充分的解释，而必须追问其中的国家间权力分配、利益分配、观念认知，也必须追问各国国内的权力分配、利益分配、制度形式，才能更好地理解和解释其生成、存续、绩效、变迁等问题。[①] 因此，对国际投资

① 参见王彦志：《新自由主义国际投资法律机制：兴起、构造和变迁》，法律出版社2016年版，第9页。

仲裁司法化的原因探析,也应从国际投资法变迁的宏观背景、国际投资仲裁机制下的利益博弈与利益平衡以及仲裁机制本身在制度竞争和多元化发展中的变迁等多个层面综合考察。

一、新自由主义国际投资法转向的宏观背景

作为国际投资争端解决机制的重要组成部分,国际投资仲裁当然属于国际投资法的一部分,因此其发展演进也必然融于国际投资法变迁的宏观背景中。

(一)晚近国际投资法与国际投资仲裁的新自由主义范式

如本书第一章所述,国际投资法的发展相对滞后于国际贸易法的发展,而且由于早期(18~19世纪)国际投资的保护机制多是通过政治、经济、军事实力的压制开展的,独立的国际投资法体系因其需求的不足而未获得充分的发展。[①]到20世纪70年代末,只有65个国家签订了170余个BIT,而且多局限于发达国家之间。[②] 这种现象一直持续到20世纪80年代,并随着新自由主义在国际经济政策上扮演日益重要的角色而得到改观。

新自由主义,是在古典自由主义思想的基础上建立起来的理论体系,其伴随凯恩斯主义的衰落而兴起,在撒切尔和里根政府的执政时期得到了全面的贯彻。作为一个强调以市场为导向,主张自由市场、自由贸易和不受限制的资本流动的理论体系,新自由主义的主要观点可以概括为:在经济方面,大力宣扬"三化",即自由化、私有化和市场化;在政治方面,坚持三个"否定",即否定公有制、否定社会主义、否定国家干预;在战略和政策方面,着力强调推行以超级大国为主导的全球经济、政治、文化一体化,即全球资本主义化。具体到国际投资领域,新自由主义范式的确立源自发展中国家和发达国家在外资领域态度的双向转变。一方面,跨国公司给类似新加坡这样的国家带来经济发展的实例在新兴独立国家和发展中国家引发讨论,意识形态和经济民族主义开始让步于实用主义,更为开放的外资政策得以制定,并在国际层面与发达国家缔结和参加双边乃至多边投资条约。另一方面,发达国家也更加注重对外国投资的保护,在保护机制和保护范式上推陈出新,不仅创设投资保证条约、ICSID公约,而且专门制定综合的促进和保护投资条约,在这些条约中除继续强调国民待遇、最

---

① See M. Sornarajah, *The International Law on Foreign Investment*(third edition), Cambridge University Press, 2010, p.19-20.

② 参见刘志云:《新自由制度主义与国际经济法的发展》,载《现代国际关系》2003年第10期。

惠国待遇、公平公正待遇、征收及其补偿要求、资本自由汇兑转移、投资者与缔约方投资条约争端解决程序等体现自由主义投资保护的规定外，还更加强调外资准入条件的自由化、透明度以及其他投资便利条款，大大限制东道国的国内监管权。[①] 发达国家和发展中国家的上述双向转变促成了新自由主义范式在国际投资法领域主导地位的形成。随着 20 世纪 90 年代以新自由主义范式为导向的 BIT 在全球范围内的迅速扩张，[②]一个新自由主义的国际投资机制随之构建。

国际投资仲裁机制恰恰是新自由主义范式在国际投资领域得以确立的标志性内容之一。如前所述，自由化、私有化、市场化以及否定国家干预是新自由主义的重要内容，而传统的国际投资争端解决机制，无论是东道国的司法救济还是母国的外交保护，都难以脱离国家的控制，这与新自由主义的主张显然存在不匹配之处。因此，在国际投资领域，新自由主义目标的实现必须依赖于脱离政府控制的争端解决机制，而国际投资仲裁机制恰恰满足这一诉求，即通过赋予私人投资者直接向东道国提起国际投资仲裁的权利完成争端解决机制的私人化。在国际投资仲裁机制下，东道国与投资者处于平等的程序地位之下，投资者与东道国一样拥有任命仲裁员的权利，而且由于提起仲裁的权利掌握在投资者自己手中，投资者在投资争端请求的发起、推进以及和解等方面享有高度的自主性，东道国对国际投资争端解决机制的控制被大大削弱。正如学者所描述的，国际投资仲裁实际上是对国际请求的"个人化"，[③]是对国际公法的"私人化"——它通过对主权国家私人诉权的创设，将国际公法权利的执行转移到作为私主体的个人和公司手中。[④] 显然，国际投资仲裁的"个人化"和"私人化"特质与新自由主义自由化、私有化、市场化以及排除国家干预的主张高度契合。国际投资仲裁在后续实践中的快速发展也印证了其与新自由主义国际投资范

---

① 参见漆彤、余茜：《从新自由主义到嵌入式自由主义——论晚近国际投资法的范式转移》，载刘志云主编：《国际关系与国际法学刊》2014 年第 4 卷，厦门大学出版社 2014 年版。

② 根据 UNCTAD 的数据统计，1989 年年底全球 BIT 的数量为 385 个，而到了 1999 年年底，这一数量已经达到 1857 个。See UNCTAD, *Bilateral Investment Treaties 1959 - 1999*, https://unctad.org/en/Docs/poiteiiad2.en.pdf，最后访问时间：2022 年 12 月 20 日。

③ See Gus van Harten, *Investment Treaty Arbitration and Public Law*, Oxford University Press, 2007, p. 96 - 99.

④ See Susan D. Franck, *Legitimacy Crisis in Investment Treaty Arbitration: Privatizing Public International Law Trough Inconsistent Decisions*, 73 Fordham Law Review 1521, 1538 (2005).

式的契合性,国际投资仲裁为投资者提供的有力保护不仅促进了国际投资的发展,而且成为国际投资尽可能按照新自由主义预设的方向发展的有力保障。

当然,国际投资争端解决的“私人化”和“个人化”有其内在合理性,因为投资者不仅是东道国违反投资条约信息的直接发现者和廉价获得者,还是东道国违反投资条约的直接受害者,他们不仅在发现违约作弊的成本和方便性程度方面具有天然的优势,而且具有最直接和最迫切的利益激励来指出、控诉和证明东道国的违约行为。因此,相比于投资者母国,由投资者作为条约实施的监督者在理论上应当是最为有效的。[①]

(二)新自由主义的转向及其在国际投资争端解决机制中的体现

虽然新自由主义范式下的国际投资法进程对于促进国际投资的发展发挥了重要的作用,但新自由主义对投资自由化和投资保护的片面强调同样存在先天缺陷:对东道国公共利益保护的漠视使投资自由和投资保护与环境保护、公共健康、经济安全等目标之间呈现不平衡的态势,东道国政府在上述领域的公共权力受到投资者的钳制和挑战。尤其是在一些涉及东道国环境管制、经济安全维护、公众人权保护等方面措施的国际投资仲裁案件中,仲裁庭无视东道国在上述领域的公共利益维护诉求,而从 BIT 保护和促进国际投资的宗旨出发对东道国作出巨额赔偿的不利裁决,引起了国际社会的普遍担忧和反思。同时,发达国家在国际投资领域的身份转换(国际投资东道国的身份日益显著)以及成为国际投资仲裁被申请人情形的日益增多使发达国家与发展中国家在维护东道国公共利益的基本诉求上具有共同性,这进一步坚定了国际社会改革和完善相关制度的决心。

自 20 世纪 90 年代末开始,在美国和欧洲国家的带动下,单一追求投资自由化及投资保护的价值取向逐渐开始得到纠正,平衡东道国公共利益的诉求得到重视,包括:第一,宣示性公共利益保护条款的订入,即在国际投资协定的序言中订入保护环境、劳工权益、可持续发展等非投资经济价值的宣示性条款。这些条款虽然一般没有具体权利义务的规定,不具有实质性的法律约束力,但在一定程度上体现了条约的宗旨、突出了立约目标,甚至在一定程度上可以作为解释条约条款的依据,[②]它表明了缔约国政府不愿将对投资的保护凌驾于本

---

① 参见王彦志:《新自由主义国际投资法律机制:兴起、构造和变迁》,法律出版社 2016 年版,第 199 ~ 203 页。

② 参见张光:《国际投资法制中的公共利益保护问题研究》,法律出版社 2016 年版,第 39 页。

国其他重大公共政策目标之上的信号。[①] 第二,缔约国公共管制权力的明确,即在实体规则中增加重大安全例外条款、金融审慎例外条款、劳工保障条款、环境保护条款等具体例外规定以及类似《关税及贸易总协定》第20条的一般例外条款。上述具体和一般例外条款对缔约国相关公共管制权力的保留,缓解了高标准外资待遇对缔约国政府在相关领域的束缚,使东道国可以在一定情形下背离条约义务,外资保护目标从属于缔约国必须维护的一些关键性政策目标。

因此,在晚近国际投资法的发展中,新自由主义的国际投资法范式出现了明显的转向,一种体现内嵌自由主义的国际投资法范式逐渐形成。在内嵌自由主义范式下,其对新自由主义的核心妥协在于,在国际货物、人员、服务、资本的国际自由开放与经济、社会、生态、政治的国内稳定保障之间保持必要的张力和审慎的平衡。[②] 正如欧盟在TTIP的谈判授权中明确提到的,投资协定的相关条款不应妨碍欧盟及其成员国在权限范围内采取或执行非歧视的、追求正当公共政策目标的任何必要措施,如环境保护、金融系统的稳定、公共健康和安全;协定应尊重欧盟和成员国促进和保护文化多样性的政策。[③] 上述立场就是对国际投资法领域内嵌自由主义的具体诠释,并自2008年全球经济危机以来日益成为国际社会的共性认识。

国际投资法向内嵌自由主义的转向对于解决新自由主义范式下外资保护与东道国公共政策目标之间的不平衡起到了重要作用,而这种转向显然也对国际投资争端解决机制产生了深刻影响,即缔约国通过增强对国际投资争端解决机制的控制,减弱其"个人化"和"私人化"特征。相关的控制措施包括以下几个。

首先,对国际投资仲裁的提起设置强制的前置程序。这种强制程序,可以是要求争议双方在提交仲裁前必须经过一定的友好争端解决程序(包括谈判、磋商、调解等),如美国2004年的《双边投资协定范本》就在B部分第23条中增加了"磋商与谈判"条款,规定在投资争议发生后,双方应当通过磋商与谈判解

---

① See UNCTAD, *Bilateral Investment Treaties 1995 - 2006: Trends in Rulemaking*, 2007, p. 142. https://unctad.org/en/Docs/iteiia20065_en.pdf,最后访问时间:2021年12月20日。

② 参见王彦志:《新自由主义国际投资法律机制:兴起、构造和变迁》,法律出版社2016年版,第71页。

③ See Council of European Union, *Directives for the Negotiation on the Transatlantic Trade and Investment Partnership between the European Union and the United States of America*, p. 9, 9 October 2014, http://data.consilium.europa.eu/doc/document/ST-11103-2013-DCL-1/en/pdf.

决争端;也可以是缔约国主管机构对特定事项的联合审查程序,如中国与哥伦比亚 BIT 第 14 条即规定有关征收和补偿的税收争议,投资者在提交国际仲裁之前,应将相关税收措施是否与征收有关的情况提交东道国的税收主管机关,再由缔约双方的主管机关进行磋商。投资者仅在双方主管机关在 6 个月内没能举行磋商或没有一致认为该项税收措施不构成征收后,方可启动国际仲裁。通过强制前置程序的设置,缔约国可以避免投资争端直接进入国际投资仲裁程序,从而在争端解决机制中拥有更多的回旋空间。

其次,细化国际投资条约中有关国际投资仲裁机制的规定。为避免仲裁庭拥有过大的自由裁量权,晚近国际投资协定中有关国际投资机制的规定呈现明显的细化趋势——缔约国对于仲裁程序的提起、管辖权、仲裁程序、法律适用、透明度、裁决等内容尽可能作出详尽的规定。缔约国对投资争端解决方式的细化规定可以使仲裁程序尽量按照缔约国的设计进行,体现了缔约国对仲裁程序规则的控制以及对仲裁庭自由裁量权的限制,避免了仲裁程序过于私人化和个人化。

再次,重视缔约国解释在国际投资条约及其实践中的作用。从 NAFTA 第 1131 条有关缔约国条约解释对仲裁庭具有约束力以及第 1128 条有关缔约各方可以就条约的解释问题向仲裁庭提交意见的规定开始,缔约国解释条款在国际投资协定中成为常见条款,缔约方通过第三方参与或者联合解释等方式向仲裁庭提交对条约条款解释的权力得到普遍确认。更有甚者,一些国际投资协定还规定仲裁庭就特定问题必须寻求缔约国的解释,如中国与古巴 BIT 第 10 条第 7 款规定,有关受到损害的投资与投资者是否合格、争议缔约方的措施是否违反 BIT 条款等事项,依争议缔约方的请求,仲裁庭应当询问另一缔约方的解释。后者应当向仲裁庭提交书面回复,仲裁庭应当在收到争议缔约方请求后 60 日内作出回应。同时,缔约方还可以通过公开谈判时的文件以及嗣后协定等多种方式对投资协定的内容进行澄清和完善。缔约方解释的强化能够限制仲裁庭的自由裁量权,避免仲裁庭对条约的解释脱离原有的轨道,使仲裁庭作出更加均衡的考虑。①

最后,也是本书所研究的,国际投资仲裁机制的司法化改造和影响。无论是透明度规则的确立、上诉机制的尝试、仲裁员任命机制的改革,还是东道国对

① 参见张生:《国际投资法制框架下的缔约国解释研究》,载《现代法学》2015 年第 6 期。

仲裁裁决的审查以及仲裁程序的干预，背后体现的都是缔约国对国际投资仲裁机制施加更多控制和影响，避免其过于私人化的思路。

因此，国际投资仲裁的司法化是国际投资法由新自由主义向内嵌自由主义演进的一个部分，是这一宏观趋势在国际投资仲裁领域的体现。

二、国际投资仲裁机制的利益失衡与再平衡

如果说国际投资法从新自由主义向内嵌自由主义的演进是国际投资仲裁司法化现象的宏观背景，那么国际投资仲裁机制下投资利益的失衡与再平衡是国际投资仲裁司法化的内在动因。

（一）国际投资仲裁机制的利益关系

法律作为社会关系的调节器，其本身就是社会利益冲突的产物，其产生的目的就是消解利益的冲突，使相冲突的利益达到衡平，实现社会的稳定有序。① 虽然在生成和作用机制上与国内法存在诸多不同，但国际法毫无疑问是国际社会消解国际利益冲突、实现国际社会秩序稳定的重要工具。作为国际投资法的重要组成部分，国际投资仲裁机制同样承载着上述功能：作为一种利益救济和利益干预机制，国际投资仲裁通过对国际投资利益调整规则的解释以及具体国际投资争议的是非判断，在普遍规则和具体个案两个层面实现对国际投资利益的确认和再分配。故而，国际投资仲裁机制在处理国际投资利益冲突的同时，其本身也是国际投资利益分配机制的一部分，具有不可忽视的利益分配效应。

1. 国际投仲裁机制中的各方利益

作为一种利益分配机制，国际投资仲裁机制直接关涉投资者、东道国以及投资者母国的国际投资利益。

首先，作为仲裁的一方当事人，投资者显然是国际投资仲裁机制下的利益相关方。甚至从某种程度上来说，国际投资仲裁机制的构建就是为更好地保护投资者的投资利益而专门打造的：国际投资仲裁机制能在多大程度上为投资者提供便利、及时的利益救济渠道，事关投资者投资利益救济实现的可能性和难度，关乎投资者的切身利益。当然，国际投资仲裁一般仅涉及投资者的财产利益。

其次，作为仲裁的另一方当事人，东道国自然也是国际投资仲裁机制下的

---

① 参见夏民、张蓉：《法律的利益调整功能与和谐社会的构建》，载《苏州大学学报（哲学社会科学版）》2008 年第 4 期。

利益相关方。东道国利益在国际投资仲裁机制下的利益仔细区分又包括两个方面：国家利益和社会公共利益。具体而言，所谓国家利益，在国际政治范畴中，是指一个国家民族的利益，与集团利益、国际利益相对；在国内政治意义上，则是指政府利益或政府所代表的全国性利益。[①] 而社会公共利益，则是指由不特定的多数人所共同享有的，具有公共性、整体性、相对性和发展性的重大利益。通常而言，上升到国家整体或者全体公民层面的，代表全体公民合法利益的、正当化的国家利益都应当属于公共利益范畴。从这个角度来讲，国家利益属于社会公共利益的一种。[②] 但同时，并不是所有的社会公共利益都能上升到国家层面，而且即使上升为国家利益，在不同时期，不同的社会公共利益在国家利益的位阶序位上也存在先后。例如，对于19世纪90年代的发展中国家而言，环境保护这一公共利益并未获得国家的足够重视，在经济发展和环境保护之间，经济发展利益显然被置于环境保护之前。因此，国家利益和社会公共利益可能是共通的，也可能存在差异和冲突。就国际投资仲裁机制而言，国家在该机制下的基本利益包括国家安全、经济发展、金融稳定、税收主权等，其对东道国国家利益的直接影响体现在不利裁决可能给东道国带来巨额赔偿责任和随之而来的财政负担，并可能对东道国在立法、行政和司法等领域行使主权权力形成牵制效果。东道国的社会公共利益在国际投资仲裁中的关切通常体现在环境与可持续发展、劳工保护、公共福利、公共健康等方面，国际投资仲裁的进程和裁决结果可能影响东道国民众的上述利益。当然，国家利益和社会公共利益在国际投资仲裁机制下同样是动态的，可能在一段时期因对其他国家利益的追求而忽视部分社会公共利益，也可能在另一段时期重新重视原来被忽视的部分社会公共利益，并转化为对国际投资仲裁机制的变革需求。

最后，虽然不是国际投资仲裁案件中的当事人，但投资者母国基于对本国投资者的保护责任和对本国海外投资利益的整体保护义务，也是国际投资仲裁机制的利益相关方。而且作为国际投资协定的缔约方，投资者母国是本国投资者和本国海外投资利益在协定谈判中的利益代表，国际投资仲裁机制也恰恰是在主要作为投资者母国和投资输出国的发达国家的推动下得以建立和推广的：发达国家利用发展中国家为发展国民经济推行外资鼓励政策的契机，推动签订

---

① 参见阎学通：《中国国家利益分析》，人民出版社1997年版，第4页。

② 参见毛婵婵：《国际投资条约仲裁中公共利益保护问题研究》，武汉大学2013年博士学位论文，第18、21页。

了大量以保障资本自由流通和投资者权益为导向的 BIT,并凭借在 BIT 谈判中的强势地位将国际投资仲裁机制作为 BIT 的组成部分之一加以捆绑。

2. 国际投资仲裁机制下各方利益的共同性与对立性

国际投资仲裁机制下的各方利益之间呈现共同性与对立性并存的关系。

首先,投资者与东道国之间处于一种既相互合作又相互提防的微妙关系:投资者一方面希望与东道国建立合作关系以得到优惠的投资待遇,保障投资利益最大化;但另一方面又担心其投资会因东道国政策和法律的变化遭受损失;而东道国同样既希望吸引外资以促进本国经济发展,但又担心外资对本国的经济体系和公共利益造成负面影响。这种关系延续到国际投资仲裁机制下则表现为投资者将国际投资仲裁视为东道国投资环境的组成部分之一,并希望东道国能够尽可能开放地接受国际投资仲裁机制,允许投资者就投资争端提交国际仲裁。而东道国一方面愿意通过接受国际投资仲裁机制以释放对外资的友好态度,达到吸引外国投资的目标;另一方面却又忌惮国际投资仲裁庭对其管理外资造成过多的钳制。因此,投资者与东道国在国际投资仲裁下的利益共通性表现为双方都希望该机制能够作为促进国际投资发展的良好工具,而利益对立性则表现为双方对国际投资仲裁机制的控制权之争:投资者会以最有利于自己的方式运用国际投资仲裁机制,实现其投资利益保护和救济的最大化;而东道国则希望将国际投资仲裁机制的运用控制在一定限度内,其不应当成为投资者攻击东道国管制权的工具。

其次,投资者母国与投资者和东道国之间的利益关系则视投资者母国的国际投资利益格局而存在较大差异。如果投资者母国属于资本输出国,且不存在投资输出国与投资输入国身份混同的情况,则其与投资者之间的利益是基本一致的,投资者母国会在国际投资协定的谈判中致力于争取最有利于本国投资者的国际投资仲裁制度安排。相反,如果投资者母国属于资本输入国,则其在国际投资协定的谈判中会更多地考虑自己作为东道国的立场而与本国投资者的立场相异,对国际投资仲裁机制有所保留。当然,上述仅是在理论推演下的情况分析。实践中,一方面,如前所述,投资东道国在特定历史时期和特定经济发展阶段可能基于特定目标的实现而忽视自身国际投资利益与国际投资仲裁机制之间的立场关系,如 19 世纪 90 年代发展中国家与发达国家之间签订的包含宽泛国际投资仲裁机制的 BIT 即属于这种情况;另一方面,国际投资仲裁机制只是作为“一揽子”国际投资协定或者 FTA 的一个组成部分,或者在更宏观的视角下,只是本国国际政治、经济、外交关系的一部分,投资者母国或者东道国可能基于整体考虑而部分放弃其在国际投资仲裁机制下的理论立场。此外，就晚近国际投资格局的发展而言，投资者母国与投资东道国身份混同的现象日益普遍，投资者母国与东道国的利益交织在一起，使投资者母国和东道国与投资者的利益关系也不再是简单的对等或者对立关系，投资者母国需要兼顾保护本国海外投资者以及维护自身规制权的双重诉求，探求两者之间的平衡点。

（二）国际投资仲裁机制下利益分配的失衡与再平衡

"从上世纪50年代后期发展的BIT，起初主要是作为资本输出国的发达国家用来保护本国投资者的工具。"[①]这直接决定了作为BIT组成部分的国际投资仲裁机制在制度构建中也存在明显的利益偏向，表现为对投资者以及投资输出国的系统性有利，以及与之相对应的，对东道国（投资输入国）的系统性不利。

具体而言，国际投资仲裁机制对投资者的利益偏向表现在以下几个方面：第一，国际投资仲裁机制赋予投资者单方独立提起仲裁程序的权利，这使投资者可以将国际投资仲裁程序作为对抗甚至是威胁东道国的武器，东道国有可能迫于应对仲裁的压力而对外国投资者采取不同于国内投资者的应对方式，进而使外国投资者在事实上获得超过国内投资者的"超国民待遇"。第二，国际投资仲裁机制对国际商事仲裁员任命机制的引入使投资者可以挑选自己心仪的仲裁员，对仲裁员进行背景筛选，这意味着大量符合投资者立场的仲裁员进入国际投资仲裁员的队伍中，使"私人利益至上"的观念在国际投资仲裁实践中得以盛行。第三，国际投资仲裁机制对国际商事仲裁机制的全面借鉴使原本属于公法范畴的国际投资争端完全私人化，最大化地排除了政治因素的干扰，不仅投资者和东道国这两个原来并不平等的主体在仲裁程序中处于平等的地位，而且国际投资仲裁机制对当事人意思自治的贯彻也使投资者对仲裁程序拥有直接的控制能力。第四，国际投资协定以及ICSID公约等赋予了国际投资仲裁裁决可观的可执行性，使投资者的仲裁利益具有现实的可实现性。

与之相对，东道国在国际投资仲裁机制的商事化格局下被等同视为普通的商事主体，其作为主权国家的身份特殊性并未得到足够的重视。首先，对国际投资仲裁机制过于宽泛的授权使仲裁庭可以对东道国基于本国国家利益需要而采取的立法、行政和司法行为进行评判，进而影响东道国对外资的必要规制

---

① 余劲松：《国际投资条约仲裁中投资者与东道国权益保护平衡问题研究》，载《中国法学》2011年第2期。

权。在某种程度上,投资仲裁庭承担着跨国行政法院的角色,协调乃至统一缔约国对投资事项的监管标准、程序和理念。① 而这显然不是缔约国希望赋予仲裁庭的。其次,虽然国际投资仲裁机制处理的是具有强烈公法性质的争端,但根据学者对1995～2009年ICSID仲裁员指定情况的统计,私法和学术领域工作背景的国际投资仲裁员在整体上多于政府工作背景的仲裁员,这与WTO争端解决机制下政府工作背景的专家组成员占据绝对多数的情况存在显著差异。② 仲裁员的知识结构和工作背景可能对仲裁员处理案件的视角、方式和结果带来潜移默化的影响,这也在一定程度上造成和解释了国际投资仲裁庭是"投资者友好型"国际争端解决机构的认知。③ 再次,如第二章所述,国际投资仲裁机制对仲裁秘密性的延续显然没有考虑到东道国身份的特殊性,仲裁秘密性原则不仅阻碍了东道国相关社会公共利益关系方了解案情、表达利益诉求,而且与政府活动需要遵守的透明度要求存在根本冲突,会给东道国带来公共治理上的困境。最后,仲裁庭在国际投资协定,甚至是缔约国国内法解释上的自由裁量权超过了缔约国的预期,加之缔约国在解释和修订国际投资协定上的欠缺和难度,仲裁庭的"造法"不仅在事实上行使了本属于缔约国的权力,而且其对相关问题的创造性解释可能偏离、违反缔约国的本意,构成对缔约国权力和意志的侵蚀、违背,进而引发对其合法性和正当性的质疑。

基于上述利益失衡状况,欧盟委员会在2014年对TTIP进行网上公开意见征集时,大部分公众(包括大部分的贸易组织、非政府组织、政府组织等)都对TTIP下的ISDS机制表示反对,认为其是对民主以及公共财政、公正政策的一种威胁。在收集的意见中,很多意见表示仲裁庭对东道国政府作出的巨额不利裁决将导致东道国政府在实施管制方面的寒蝉效应(chilling effect),并对仲裁员的独立性和公正性表示不信任。而与之相反,绝大部分的企业却强烈支持TTIP下的ISDS机制,它们认为其作为投资保护机制可以更好地支持国际投资

---

① 参见王鹏:《中立、责任与参与:国际投资仲裁的多边改革与中国对策》,载《国际政治研究》2018年第2期。

② See Jose Augusto Fontoura Costa, *Comparing WTO Panelists and ICSID Arbitrators: The Creation of International Legal Fields*, Oñati Socio-Legal Series, Vol. 1, p.17 (2011).

③ 参见张光:《论国际投资仲裁中投资者利益与公共利益的平衡》,载《法律科学(西北政法大学学报)》2011年第1期。

的发展。[①] 而法的最高任务是利益平衡，上述利益失衡的存在意味着国际投资仲裁机制并未很好地完成本应起到的利益平衡作用，并伴随以下两方面的实践发展而越发引起非议：一方面，以阿根廷金融危机期间国际投资仲裁机制给阿根廷政府带来的仲裁危机为代表，发展中国家在国际投资仲裁中可能陷入的困境引发关注。根据 UNCTAD 2015 年的数据统计，虽然晚近发达国家成为国际投资仲裁案件被申请人的次数和比例明显提高，[②]但从历史数据来看，不发达国家、发展中国家或者经济转型国家作为被申请人的情形仍占据绝对多数，发达国家只占 28％。同时，来自发达国家的投资者则是主要的申请人，发展中国家在国际投资仲裁实践中遭遇的挑战和困境使它们开始反思自身在国际投资仲裁机制中的立场和风险，继而表达对国际投资仲裁机制的不满和改革态度。另一方面，国际投资不再像以前那样单向流动，西方发达国家也经常以投资输入国的身份出现，投资输入国与投资输出国之间的利益失衡也开始对发达国家造成负面影响。例如，美国在 NAFTA 下已经有大量作为被申请人的案件，虽然未曾败诉，但这些仲裁程序仍然耗费了美国政府大量的精力和财政，对美国政府的行政管理措施构成挑战。同样，作为传统投资仲裁受益者的德国之所以在近几年对投资仲裁持强烈的反对态度，主要是因为晚近瑞典投资者大瀑布电力公司（Vattenfall）对德国政府提起的两个投资仲裁案件[③]引起了德国民众对投资仲裁机制的不满，认为投资仲裁影响了政府出于公共利益目的的合理规制权。

在此背景下，对国际投资仲裁机制下失衡的利益分配效应进行再平衡就成为必要，而国际投资仲裁的司法化恰是利益再平衡措施中的一部分。其中，仲裁机制的司法化改革是仲裁机制本身为适应时代变化和利益再平衡需求而进行的制度调适；透明度改革是对东道国社会公众知情权和参与权的保障；上诉机制的设置和仲裁员任命机制的改革则是对仲裁庭权力的制约和缔约国控制

---

① See European Commission, *Online Public Consultation on Investment Protection and Investor-to-state Dispute Settlement (ISDS) in the Transatlantic Trade and Investment Partnership Agreement*, p. 13 – 14, European Commission (January 13, 2015), http://trade.ec.europa.eu/doclib/docs/2015/january/tradoc_153044.pdf.

② 主要源于 NAFTA 下美国和加拿大作为申请人的案件，以及欧盟成员国国民与欧盟成员国间的国际投资仲裁案件。

③ 两个案件分别是：Vattenfall AB, Vattenfall Europe AG, Vattenfall Europe Generation AG v. Federal Republic of Germany, ICSID Case No. ARB/09/6; Vattenfall AB and others v. Federal Republic of Germany, ICSID Case No. ARB/12/12。

权的加强，旨在纠正国际投资仲裁机制对投资者的系统性利益偏向，提高自身的合法性。而国内司法的监督和干预（尤其是东道国的国内司法干预）则是对国际投资仲裁机制利益失衡的外部纠正和外部对抗。

三、争端解决机制竞争中的制度融合与仲裁多元化发展中的制度分化

除新自由主义国际投资法的转向以及国际投资仲裁机制的利益失衡与再平衡外，国际投资仲裁的司法化（尤其是仲裁制度的司法化改革），也归因于仲裁机制在制度竞争中因吸收司法机制的优点而产生的制度融合现象以及仲裁制度本身在不同领域的多元化发展中，因适应不同争端特性而形成的必要分化。

（一）争端解决机制竞争中的制度融合

仲裁并非国际投资争端解决的唯一可选机制，包括调解、司法等在内的其他争端解决机制也是潜在的选择。而且从晚近国际投资争端解决机制的发展进程来看，调解机制的受重视程度呈现明显的上升之势，而欧盟投资法院模式的设想以及部分国家退出 ICSID 公约，重返国内司法机制的实践也表明司法机制在国际投资争端解决领域仍有市场。因此，国际投资仲裁虽是当前国际投资争端解决领域最倚重的争端解决机制，但其同样面临其他争端解决机制的竞争压力，而且不同的仲裁机构和组织之间也存在相互间的业务竞争压力。

有竞争就有动力。为了保持仲裁机制在国际投资仲裁领域的制度优势，国际投资仲裁机制也需要不断完善。作为有能力直接推动国际投资仲裁机制完善的缔约国和仲裁机构（组织）来说，它们也确有动力：对于缔约国来说，在找到其他更好的替代选择前，对国际投资仲裁机制进行改良是最现实可行的选择，这也是大多数国家在晚近国际投资协定实践中致力于实现的；而对于仲裁机构和组织来说，出于案源竞争的考虑，它们也有动力通过仲裁规则的制定和修改来呼应当事人的需求，进而争取更多的当事人适用其仲裁规则，选择其仲裁服务。事实上，晚近众多仲裁机构和组织都将国际投资仲裁作为其业务发展和机构影响力扩展的重要方面，包括 ICSID、UNCITRAL、SIAC、CIETAC 在内的众多机构或组织都在一直跟踪国际投资仲裁的实践需求，并通过规则的修订和制定增加其制度竞争力。国际投资仲裁机制的司法化正是为解决国际社会对国际投资仲裁过于商事化的顾虑而采取的措施，通过对司法机制下合理规则的吸收和引入，实现自身制度和规则吸引力和竞争力的提高。尤其是考虑到东道国在

国际投资协定中拥有是否继续沿用国际投资仲裁机制,以及选用哪一仲裁规则和仲裁服务的决定权,相关仲裁机构、组织借鉴东道国更为熟悉的司法机制,通过司法化改革赋予东道国更多控制权以吸引缔约国就更加顺理成章。

因此,无论是缔约国通过国际投资协定完善国际投资仲裁机制的司法化实践,还是不同的仲裁机构和组织完善自身仲裁规则的司法化努力,其出发点都是通过对司法机制优势的效仿,提高国际仲裁机制在国际投资争端解决领域的合法性和竞争力,使其尽可能地符合国际投资争端的案件特性。故而,国际投资仲裁机制的司法化也可总结为是一种在制度竞争中因制度借鉴而产生的制度融合现象。当然,这种现象并不仅体现于国际投资仲裁领域,在国际商事仲裁领域也是如此。例如,就上诉制度而言,在“一裁终局”的大原则下,不同国家或者仲裁机构引入上诉机制或者允许对仲裁裁决中的实体法律问题进行上诉的做法并非罕见:比如,英国1996年《仲裁法》第69条即规定了特定条件下当事人对仲裁裁决中的法律问题向法院提起上诉的权利。再如,就仲裁的秘密性而言,不仅秘密原则的例外情形在大多数国家得以确立,[①]而且包括美国、澳大利亚等国在内的司法实践否定了仲裁中默示保密义务的存在,认为其只有在当事人明确约定的情况下才会存在。[②] 同时,一些国际商事仲裁规则也加入了关于裁决公开等方面的内容,如基于提高国际仲裁领域教育水平的目的,美国仲裁协会于2014年新修订的《国际仲裁规则》第30条第3款就规定:除当事人另有约定外,可以在编辑隐去当事人姓名和其他有关身份识别的细节后,通过出版或其他方式向社会公众提供某些裁决、命令、决定等。

此外,除了国际商事仲裁,在整个争端解决领域,出于制度竞争的需要,不同争端解决机制之间的融合化发展也是晚近相关领域的普遍趋势。例如,就诉讼机制而言,以新加坡国际商事法院(Singapore International Commercial Court)、迪拜国际金融中心法院(Dubai International Financial Centre Courts)、英格兰及威尔士商事与财产法院(Business and Property Courts of England and Wales)、卡塔尔国际法院(Qatar International Court)、中国国际商事法庭为代表的国际商事法院(庭)的兴起在很大程度上就是司法机制和仲裁机制融合的产

① 通常包括当事人同意、法院命令或许可、公共利益需要等。

② 参见于湛旻:《国际商事仲裁司法化问题研究》,法律出版社2017年版,第131~133页。

物。此类司法机构将诉讼仲裁化,通过法官构成、[①]审判语言、[②]证据规则、[③]公开审理、[④]上诉程序的协议放弃、[⑤]判决的执行[⑥]等方面的制度突破实现对仲裁等机制优势的吸收。因此,国际商事法庭在制度设计中实际上糅合了诉讼与仲裁的做法,既有仲裁的灵活自主性,也有司法的权威性、公开性和外部监督。这种兼顾诉讼和仲裁优势的制度正是国际商事法院(庭)的核心创新要素。[⑦]

因此,如学者所总结的,融合化的趋势不仅体现在诉讼程序学习借鉴仲裁的优势上,仲裁也在学习借鉴诉讼的优势,仲裁机制也呈现了一定的"诉讼化"趋势。[⑧] 而国际投资仲裁机制的司法化正是该种趋势的印证。

(二)仲裁多元化发展中的制度分化

仲裁制度虽然源于民商事纠纷解决领域,并以此作为其适用的主要领域,但随着仲裁的制度优势不断得到认可,仲裁制度的触角也在不断扩展:一方面,各国国内立法对于可仲裁的事项呈现不断扩大的趋势,包括知识产权争议、反垄断争议、证券争议以及破产争议在内的诸多传统上认为不宜由仲裁方式解决的争端逐渐有了被纳入可仲裁事项的实践,可仲裁性对仲裁的限制呈现弱化的趋势;[⑨]另一方面,仲裁机制在国际争端解决领域的运用也呈现明显的扩张态势,在国际商事仲裁之外,仲裁机制在国家间争端以及特定专业领域的争端解决中也得到了广泛的应用,如《联合国海洋法公约》就将仲裁作为解决缔约国间有关该公约的解释或适用争端的方式之一,并将附件 7 仲裁设定为默认的争端

---

① 例如,新加坡国际商事法院、卡塔尔国际法院、阿布扎比全球市场法院、迪拜国际金融中心法院等都吸收了外国的国际法官。

② 例如,德国和荷兰将英语作为国际商事法院的庭审语言。

③ 例如,新加坡国际商事法院允许当事人协议不适用新加坡法律中的证据规则或适用外国法中的证据规则。

④ 例如,新加坡国际商事法院有权依据一方当事人的申请而采用非公开的方式审理案件;同时有权禁止任何人发布与案件相关的信息或文件,由法庭封存案件的相关文件。

⑤ 例如,新加坡国际商事法院允许当事人通过合同约定取消或限制上诉权。

⑥ 例如,迪拜国际金融中心法院允许经双方当事人同意而将该法院判决转化为仲裁裁决,从而得以利用《纽约公约》,以更方便地在其他国家执行。

⑦ 参见蔡伟:《国际商事法庭:制度比较、规则冲突与构建路径》,载《环球法律评论》2018 年第 5 期。

⑧ 参见单文华:《国际商事争端解决的中国方案》,载最高人民法院商事法庭网 2018 年 11 月 13 日,https://cicc.court.gov.cn/html/1/218/149/156/1117.html? form = groupmessage。

⑨ See Loukas A. Mistelis & Stavros L. Brekoulakis eds., *Arbitrability: International & Comparative Perspectives*, Wolters Kluwer Law & Business, 2009, p. 47.

解决机制。[①] 因此,晚近仲裁机制的适用领域已经不限于传统平等主体之间的民商事纠纷,其在不同领域的多元化发展使其处理的相关纠纷在涉及的主体和争端的性质等方面都存在比较大的差异。

每涉猎一种新的纠纷类型,都会产生传统仲裁事项下没有遭遇的新问题,都会对已有的国际商事仲裁制度形成挑战,为了解决这些纠纷,国际商事仲裁需要不断改善和健全其制度体系,如针对新的争议类型制定更加有针对性的仲裁程序规则,以更好地满足当事人的需求。[②] 由此,仲裁机制在不同争端解决领域多元化发展中根据所涉纠纷的特性进行适度的制度改造就成为必要,继而带来的不可避免的制度分化,包括多个细分仲裁领域的司法化现象。

例如,在体育仲裁领域,国际体育仲裁院的管辖权就呈现如同国内司法机关的强制性:一方面,越来越多的国际单项体育联合会在其内部条例或章程中规定由国际体育仲裁院管辖联合会与其成员之间争议的仲裁条款;另一方面,根据《奥林匹克宪章》第 74 条的规定,“在奥运会期间发生的或与奥运会有关的任何争议都应提交国际体育仲裁院,由其依据《体育仲裁规则》行使专属管辖权”。也就是说,在体育仲裁领域,运动员在很多情况下并无是否接受注册协议或报名表中仲裁条款的选择权,相关仲裁条款的强制性要远远高于其合意性。此外,对于发生于奥运会期间的体育争议,考虑到奥运会周期的短暂性,为了节省时间以及减少当事人要求仲裁员回避的风险,《奥运会仲裁规则》并未赋予当事人如同国际商事仲裁机制下的仲裁员任命权,而是采取了类似司法机制下的任命制度:在接到当事人的申请并考虑当事人的身份与国籍之后,奥运会特别仲裁分院的主席应当任命 3 名仲裁员组成仲裁庭并指定首席仲裁员,或在适当情形下指定独任仲裁员审理纠纷。[③]

再如,在反垄断、证券等晚近可仲裁的新领域,由于相关纠纷广泛牵涉公众利益或公共政策,国家在尊重当事人仲裁自由的同时,通常会采取有悖于一般国际商事仲裁下缩小司法审查范围、限制公共政策适用的做法,通过对法律适用等问题的审查确保相关法律得以正确适用,公共政策利益得到切实维护。[④]

---

① 在争端各方未接受同一争端解决方式时,附件 7 仲裁即强制适用。

② 参见于湛旻:《国际商事仲裁司法化问题研究》,法律出版社 2017 年版,第 30 页。

③ 参见肖永平主编:《体育争端解决模式研究》,高等教育出版社 2015 年版,第 170 ~ 171 页。

④ 参见于湛旻:《国际商事仲裁司法化问题研究》,法律出版社 2017 年版,第 60 ~ 61 页。

这被称为公法诉求被纳入仲裁范围的代价。[①] 对此，美国联邦最高法院在三菱汽车公司诉索勒克莱斯勒－普利茅斯公司（Mitsubishi Motors Corp. v. Soler Chrysler-Plymouth, Inc.）案中就明确指出：虽然法院出于国际礼让、对外国和国际仲裁庭能力的尊重，以及当事人对争议解决可预测性的迫切需求，承认产生于国际商事交易的反垄断争议具有可仲裁性，但美国法院可以在裁决的承认执行阶段对反垄断纠纷裁决是否违背公共政策加以审查，以确保美国的反垄断法得到有效的实施。[②] 相似地，欧盟法院在瑞士生态中国时代有限公司诉贝纳通国际公司案（Eco Swiss China Time Ltd v. Benetton International NV.）中也认为，《欧共体条约》第85条有关禁止限制性协议的规定对欧洲共同市场非常重要，构成《纽约公约》规定的公共政策，成员国法院需要对仲裁庭适用共同体公共政策的情况进行审查，并在发现仲裁裁决违反上述规定时撤销仲裁裁决。[③]

综上所述，仲裁机制在不同领域的多元化发展中因适应不同争端特性而发生的，包括司法化现象在内的制度分化是一种正常现象。在此基础上，国际投资仲裁的司法化现象也就不难理解，因为与一般国际商事纠纷下当事人不太在乎本案的裁决是否会影响其他案外人的权利不同，国际投资活动深深嵌入东道国当地的治理体系中，投资纠纷不仅涉及私人投资者的权利，还可能涉及当地社群的利益，乃至东道国监管的权限问题。从某种程度上来说，投资者的权利认定从相反的方面界定了东道国政府的监管权限，不仅关乎个案投资者权利的保护，更涉及东道国政府监管权限、国内投资者和未来投资者的利益的界定。[④] 因此，如学者所总结的，国际投资仲裁审理的诸如外国投资者的国民待遇、最惠国待遇、公平公正待遇、禁止性业绩要求、征收和补偿等具有公法性质的争议，更接近于WTO审理的案件，国际投资仲裁逐步脱离国际商事仲裁独立发展有其合理性和必要性。[⑤]

---

① See William W. Park, *National Law and Commercial Justice: Safeguarding Procedural Integrity in International Arbitration*, 63 Tulane Law Review 647, 669 (1988－1989).

② See Mitsubishi Motors Corp. v. Soler Chrysler-Plymouth, Inc., 473 U.S. 614 (1985), p.636－637.

③ See Eco Swiss China Time Ltd v. Benetton International NV, Case C－126/97, para. 36－37.

④ 参见王鹏、郭剑萍：《论国际投资仲裁上诉机制的设计——以TTIP谈判为例》，载《国际经贸探索》2015年第5期。

⑤ 参见张利民：《论国内法院对国际投资仲裁的司法审查制度》，载《海关与经贸研究》2017年第4期。

第二节　国际投资仲裁司法化的挑战

国际投资仲裁的司法化是对国际商事仲裁机制适用于国际投资争端解决领域后产生的不足和负面效应的一种反思和应对，体现的是如同国际商事仲裁的司法化那样仲裁的契约性与司法性之间此消彼长的动态过程。[①] 应当认为，基于国际投资争端不同于一般国际商事纠纷的特殊性以及国际投资格局和法制的变化发展，国际投资仲裁的司法化有其内在合理性和价值。不过凡事皆有两面性，国际投资仲裁的司法化在回应合法性危机的质疑的同时，也会对国际投资仲裁机制以及国际投资争端的解决带来新的挑战。

一、司法化对国际投资仲裁效率价值的影响[②]

国际投资仲裁的司法化带来的首要挑战，即其对国际投资仲裁效率价值的负面影响。

(一)国际投资仲裁机制的效率价值追求

一项法律制度所承载和追求的价值反映了人们希望通过该项法律制度实现的需求。对国际投资仲裁来说，作为晚近国际投资法的重要组成部分，其毫无疑问肩负着国际投资法治的终极使命，如保障国际投资秩序和环境的稳定，实现东道国和投资者之间的公平正义，促进国际投资的自由化和便利化等。同时，作为一种争端解决机制，国际投资仲裁同样有其作为争端解决机制的特别价值追求，如公平、正义、效率、灵活、经济等。而且与其他争端解决机制一样，国际投资仲裁同样是一个多元、复杂的价值诉求承载体——前述多种价值追求在其机制构建中都有体现，并共同构成推动国际投资仲裁机制产生和发展的动力。

当然，从制度特征来看，基于国际投资仲裁机制对国际商事仲裁机制的直接继承，对效率价值的追求显然处于显著的位置。众所周知，虽然追求公正是国际商事仲裁机制不能背离的公理，仲裁员中立原则、当事人地位平等原则、当事人程序参与原则以及司法对仲裁的监督机制等都构成公正价值追求在国际

---

① 参见于湛旻：《国际商事仲裁司法化问题研究》，法律出版社2017年版，第222页。

② 本部分相关论述，亦可参见拙作《国际投资仲裁效率的追求、反思与平衡》(《江西社会科学》2021年第4期)。

商事仲裁机制下的体现,但国际商事仲裁得以盛行的原因在于对传统封闭的公正观念的扬弃,而向效率价值目标靠拢。[①] 国际商事仲裁机制向效率价值目标的靠拢体现在多个层面:首先,与诉讼机制下为保证判决的公正而增加审级、保持透明度不同,仲裁推行一审终局以及秘密性原则以降低司法成本、提高效率、减少不必要的外来介入,同时为保证裁决效力、维护仲裁效率,当前各国在仲裁司法监督的范围上多限于程序方面,而不针对实体问题,并赋予仲裁庭自裁管辖权的权力;其次,国际商事仲裁在证据制度的设计上更多考虑突出其效率价值,赋予仲裁当事人和仲裁员最大的自主性及自由裁量权,在证据规则的合法性上,仅需满足自然法上维系最低限度程序公正要求的某些内容即可,[②]即使是实践中相对具体的IBA《国际仲裁取证规则》,也只是提供一个基本的制度框架以尽可能保证程序的灵活性和高效性;最后,在仲裁各个环节赋予当事人广泛的意思自治,由理性的当事人在追求个人利益最大化的过程中选择最适当的仲裁员、最合适的仲裁规则,这同样体现了对效率的追求,避免了国家权力在无当事人授权的情况下进入自治领域引起的低效益。[③] 因此,虽然效率价值的位阶也不应当被过度夸大——根据伦敦大学玛丽皇后学院发布的2018年仲裁调查报告,在业界对国际仲裁最具价值的特点的认可中,效率仅排在第八位(12%),排在裁决的可执行性(64%)、不受制于国内法院或特定法律体系(60%)、灵活性(40%)、当事人可选择仲裁员(39%)、保密性和私密性(36%)、中立性(25%)以及终局性(16%)之后,[④]但对效率的追求仍应在制度设计上被贯彻——“仲裁制度只能以比诉讼更低的成本才能在社会冲突救助机制中获取一席之地,维系其生存和发展,由此决定了在仲裁的价值取向上必须定位为效率本位”[⑤]。

同时,在国际投资仲裁规则的修改完善过程中,仲裁效率的提高也始终是

---

① 参见张春良:《论国际商事仲裁价值》,载《河北法学》2006年第6期。

② 参见刘晓红:《从国际商事仲裁证据制度的一般特质看我国涉外仲裁证据制度的完善》,载《政治与法律》2009年第5期。

③ 参见宋朝武、张晓霞:《论仲裁制度中的意思自治原则》,载《仲裁研究》2005年第1期。

④ See Queen Mary University of London, *2018 International Arbitration Survey: The Evolution of International Arbitration*, p.7, http://www.arbitration.qmul.ac.uk/research/2018/,最后访问时间:2022年12月20日。

⑤ 汪祖兴:《效率本位与本位回归——论我国仲裁法的效率之维》,载《中国法学》2005年第4期。

相关仲裁机构和组织工作的重点。例如,在 ICSID 新一轮的仲裁规则修订草案中,就出于提高仲裁程序效率的考虑采取以下改进措施:(1)强化仲裁期限的强制性,规定一方在期限届满后所采取的措施将不予考虑,除非逾期方确有特殊情况并证明延误是正当的。延长期限的请求必须附理由,并且只有在期限届满前提出才能予以批准。(2)规定当事人和仲裁庭应迅速并节约成本地采取行动,以及当事人需配合执行仲裁庭决定的一般义务。(3)鼓励仲裁庭举行案件管理会议,确定无争议的事实,并随案件进展缩小并解决程序或实体问题,授权仲裁庭自始至终积极处理案件。(4)为保证裁决和决定的及时作出,规定仲裁庭必须在最后一份意见提交后立即审议并作出决定。(5)明确仲裁员的回避申请应在回避事由出现的 20 日内提出,并规定回避申请的答复应在 7 日内提交,仲裁员意见应在此后 5 日内提出,双方应在 7 日内同时提交最终意见,仲裁庭应在 30 日内作出决定。(6)规定仲裁庭第一次会议必须在 60 日内进行,鼓励仲裁庭将程序日程安排到尽可能远的未来以保证时间可行。仲裁庭第一次会议产生的程序令必须在会议后 15 日内作出。(7)明确裁决必须在最后一次提交明显缺乏法律依据申请后的 60 日内、最后一次提交初步异议意见后的 180 日内、最后一次提交所有其他事项意见后的 240 日内作出,仲裁庭尽最大努力按期完成,否则应告知当事人修改后的预期日期。(8)引入可供选择的快速仲裁制度,规定在双方明确选择快速程序的情况下,首次开庭必须在 30 日内进行,申请书和答辩书都应在 60 日内提交,不得超过 200 页;辩驳书和对辩驳书的答辩在 40 日内提交,且不得超过 100 页,庭审将在最后一次书面意见提交后 60 日内进行。①

当然,效率价值取向在国际投资仲裁下是否得到了实现是另一个问题。从目前披露的现状来看,国际投资仲裁的效率价值追求并未全然实现,其中最主要的掣肘因素在于仲裁程序的冗长、耗时。根据 UNCITRAL 的工作报告,当前国际投资仲裁案件的延续时间平均为 3 ~ 4 年,冗长的程序使人们对国际投资仲裁作为解决投资者与东道国之间一种快速的争端解决机制产生

---

① 参见国际投资争端解决中心秘书处:《国际投资争端解决中心规则的修订草案——主要变更概要》,https://icsid.worldbank.org/en/Documents/Synopsis_Chinese.pdf,最后访问时间:2021 年 12 月 20 日。

了质疑。[①]

(二)司法化对效率价值的负面影响

国际投资仲裁司法化给仲裁效率价值的实现带来诸多负面影响。

首先,国际投资仲裁的透明度改革在增强程序公开性,迎合公众知情权和参与权的同时,也给仲裁程序的效率带来负面作用。尤其是法庭之友的介入,对仲裁程序的影响更大:法庭之友的介入将打断原有的仲裁程序,仲裁庭和当事方需要花费时间阅读、评估并在必要时对其发表意见,包括:仲裁员需要决定是否允许法庭之友提交文件,并审阅、分析其提交的文件是否与案件有关;当事方需要对是否能够提交法庭之友文件作出评价,并在仲裁庭允许提交的情况下对文件作出应对。这些都将对当事人造成额外的负担,因为他们需要付出额外的精力阐释其中涉及的法律和事实问题。[②] 意识到法庭之友制度给仲裁效力带来的负面影响,实践中已有仲裁庭开始限制法庭之友参与的程度。例如,对于欧盟委员会在涉及欧盟成员国的仲裁案件中提交的法庭之友意见,已有仲裁庭限定其提交法庭之友意见的期限和篇幅:在联合公用事业(塔林)公司等诉爱沙

① 作为应对,UNCITRAL 认为可以考虑以下措施。第一,为小额索赔制定快速程序和(或)简化程序。第二,实施更严格的时间安排,以解决延续时间冗长问题,具体包括:(1)为当事人和仲裁庭推出具体的时间表和实施更严格的时限,以简化程序;(2)改进仲裁庭的成立方式,如要求申请人在初始申请通知中提名仲裁员;(3)提出不合格动议的时间期限为 20 日;(4)管辖权反对意见和仲裁庭早期判决的时间期限;(5)当事人在期限届满后所采取的步骤,除非当事人证实有特殊情况证明延误是有理由的,延长时间期限的请求必须是合理的,并且该请求必须在期限届满之前提出;(6)仲裁庭尽最大努力满足下达命令、裁定和裁决的时限,如果做不到这一点,有责任通知当事人并说明仲裁庭预计什么时候满足时间期限;(7)仲裁庭在第一次开庭期间与当事人解决文件制备问题,列出在对文件制备中产生的争议作出决定时的相关考虑;(8)在就明显缺乏法律依据的申请最后一次提交材料后 60 日内,在就初步反对意见最后一次提交材料后 180 日内,以及在就所有其他事项最后一次提交材料后 240 日内,下达裁决。第三,改进程序的管理,包括:(1)仲裁庭与当事人就程序的组织进行磋商,包括早期案件管理会议;(2)使用程序时间表;(3)要求提交极其详细的陈述、备忘录;(4)使用分步仲裁,具体包括提供相关规则;(5)使用现代技术(如庭审期间使用多媒体演示和电子文本、视频会议、基于云的文档存储、数据分析和技术辅助文件审查);(6)仲裁庭在快要进行庭审时举行磋商,在庭审之后立即进行面对面审议;(7)对仲裁员进行案件管理培训。参见联合国国际贸易法委员会第三工作组:《投资人与国家间争议解决制度的可能改革——费用和延续时间》,(A/CN. 9/WG. Ⅲ/WP. 15),载联合国国际贸易法委员会官网 2018 年 8 月 31 日,https://undocs. org/zh/A/CN. 9/WG. Ⅲ/WP. 153。

② See Fernando Dias Simões, *A Guardian and a Friend? The European Commission's Participation in Investment Arbitration*, 25 Michigan State International Law Review 233, 294 – 295 (2017).

尼亚案中，仲裁庭在允许欧盟委员会提交法庭之友意见的同时，限定其意见应当在仲裁庭作出允许其提交意见的决定之日起10日内提交，而且对相关法律问题的意见不能超过15页的篇幅。[①] 因此，法庭之友制度的设计必须解决以下关切：(1)如何确保法庭之友的介入被控制在合理程度而不对争议双方造成不必要的损害；(2)透明度程序如何保证公众参与以及文件公开的程序在合理时间内进行，不至于减损仲裁的效率优势；(3)如何确保文件的公开程序以合理的成本进行，不至于增加争议双方的负担。[②] 质言之，法庭之友介入带来的益处，不应当对程序带来过重的负担。[③]

其次，国际投资仲裁上诉机制的设立也给仲裁效率价值的实现带来不可避免的负面影响。一裁终局是仲裁追求高效率的集中表现，体现了仲裁制度效率本位的价值取向，其通过对法院诉讼那样两审终审甚至再审等复杂程序的摒弃，在纠纷解决过程中减少当事人在仲裁程序上耗费的时间和精力，使当事人能够尽快从纠纷中解脱出来，快速地恢复正常的生产和经营秩序。[④] 而上诉机制的设立显然会背离上述目标：对裁决进行上诉可能因为投资者和东道国的内部问责机制(internal accountability)而成为一个必经的程序，[⑤]这可能使案件上诉成为普遍化的趋势，进而导致争端解决过程的延长和当事方争端解决成本的上升。“迟到的正义非正义”，尤其对于投资者而言，如果长期陷于国际投资仲裁程序而无法明确其权利义务，将极大不利于其正常投资经营活动的开展。特别是在当前国际投资仲裁程序的冗长已经遭受众多诟病的情况下，上述担忧的合理性必须引起足够的重视。因此，上诉机制的构建必须平衡好其与仲裁效率之间的关系，使上诉机制控制在合理的时间以及成本范围内而不过分减损商事

---

① See Decision on the Application for Leave to Intervene as a Non-Disputing Party Submitted by the European Commission, 2 October 2018.

② 参见赵骏、刘芸：《国际投资仲裁透明度改革及我国的应对》，载《浙江大学学报(人文社会科学版)》2014年第3期。

③ See Brigitte Stern, *The Future of International Investment Law: A Balance Between the Protection of Investors and the States' Capacity to Regulate*, In Jose E. Alvarez & Karl P. Sauvant, The Evolving International Investment Regime: Expectations, Realities, Options, Oxford Press, 2011, p. 188 – 189.

④ 参见刘晓红主编：《仲裁“一裁终局”制度之困境及本位回归》，法律出版社2016年版，第32页。

⑤ See Gabrielle Kaufmann-Kohler, *In Search of Transparency and Consistency: ICSID Reform Proposal*, 2 Transnational Dispute Management 4, 6 (2005).

仲裁的高效性,不过分增加当事人的负担。

最后,国内司法程序对国际投资仲裁效率价值的实现也构成现实的挑战。无论是国内司法对国际投资仲裁程序的干预,还是对仲裁裁决的司法审查,都会在不同程度上起到拖延仲裁程序或仲裁裁决实现的效果。其一,对于类似国内法院签发禁仲裁令的程序干预,虽然仲裁庭可以置之不理,但其仍需对当事人提出的相关抗辩进行审理和分析,并就其不受国内法院司法程序影响的理由进行论证、作出裁决,这必然导致仲裁庭工作量的增加和仲裁程序的延长。同时,禁诉令也会使禁诉令针对的当事人出于对国内法院制裁的忌惮而影响其推进仲裁程序的意愿和决心,使仲裁程序因等待当事人处理国内司法程序的需要而被迫中止。其二,对于国内法院对仲裁裁决的司法审查而言,其对仲裁裁决的效力以及可执行性的判断在事实上决定着仲裁裁决的命运,因而在某种程度上构成仲裁程序的"延续"。在此基础上,国内法院对国际投资仲裁裁决的司法审查程序很可能成为当事人的另一战场,尤其当仲裁庭的管辖权存在争议时,国内司法审查环节在很大程度上将成为仲裁裁决的"上诉程序"。因此,国内司法程序对仲裁效率的影响不容忽视,如何将司法介入和司法审查控制在合理的范围内就成为必须考虑的问题,特别是在未来国际投资仲裁机制本身可能引入上诉机制的情况下,需要考虑上诉机构的裁决是否仍需接受国内法院的审查?如果需要,相关程序对仲裁效率价值的实现将带来多重的挑战。

同时,国际投资仲裁的司法化也会影响与仲裁效率密切相关的另一价值追求——灵活性。灵活性是仲裁相对于司法的另一核心优势——当事人在仲裁庭组成上的意思自治,对司法等级的摒弃以及构建简单、高效的仲裁程序,使争端的解决更富弹性,更能符合当事人的需求。特别是在仲裁员的任命机制上,考虑到当前国际投资法以 BIT 为主的现状,临时仲裁员的多元性带来的灵活性更加适合 BIT 的多样性。① 国际投资仲裁的司法化,尤其在仲裁员的任命机制上的司法化,无疑将破坏原有机制的此种灵活性:一方面,带来缔约国争端解决机制构建和维护成本上的增加;另一方面,也会使当事人在争端解决过程中失去很多自主性,减损原有制度灵活性带来的效益。

基于上述影响,司法化对国际投资仲裁效率价值的实现产生负面影响几乎

① See Payam Akhavan, *The Contribution of Investment Arbitration to the Rule of Law*, in Andrea Menaker ed., International Arbitration and the Rule of Law: Contribution and Conformity, ICCA Congress Series, Volume 19, Kluwer Law International, 2017, p. 77.

是难以避免的。虽然效率价值的减损在一定程度上可以视为应对国际投资仲裁合法性危机而付出的必要代价，但同样重要的是，效率价值的减损必须控制在一定的限度内，否则僵硬、冗长的仲裁程序会成为国际投资仲裁机制的沉重负担，使其逐渐丧失作为争端解决机制的应有效用，甚至被投资者逐渐抛弃。

二、国际投资争端解决的复政治化风险

国际投资仲裁司法化带来的另一大挑战是，在司法化过程中政治因素对国际投资争端解决机制的重新介入，使国际投资仲裁着力塑造的去政治化格局面临复政治化的风险。

（一）国际投资仲裁的去政治化价值

虽然如学者所言，晚近国际投资争端的性质从以往的"政治性争端"①，转变为现在的"管理性争端"，②这大大降低了国际投资争端的政治性，因为东道国采取相关措施目的在于维护社会公共利益，且自身没有直接从中获得财产收入，③但这依然无法否定国际投资争端政治性的存在：不仅投资者的索赔常常直接针对东道国的公法行为，争议所涉的领域也常常具有政治敏感性，如能源供应、自然资源分配、环境规制、污水处理、税收、金融管制、政府采购、政府腐败、当地法院的公正性、运输服务、文化遗产保护、平权行动、医药以及烟草控制等，而且引发国际投资争端的政府行为通常也伴随东道国政治当局的变更，政策突变以及政治、经济或社会领域的剧变。④

国际投资仲裁机制最主要的贡献之一，就是将国际投资争端从政治化的语境中分离出来：一方面，从传统的国家间充满政治色彩的外交保护模式走向法律化的仲裁机制，国际投资仲裁避免了国家间由于外交保护可能引发的政治对抗；⑤另一方面，国际投资仲裁使投资者与东道国能够平等选择符合条件的仲裁

---

① 因发展中国家对外资实行大规模的国有化以及单方面撤销或修改与外国投资者订立的特许协议而产生。

② 因东道国在采取经济社会管理措施的过程中产生损害外国投资者权利的"外部性"而产生。

③ 参见徐崇利：《晚近国际投资争端解决实践之评判："全球治理"理论的引入》，载《法学家》2010 年第 3 期。

④ See Charles H. Brower, *Politics, Reason, and the Trajectory of Investor-State Dispute Settlement*, 49 Loyola University Chicago Law Journal 272, 279 (2015).

⑤ 参见朱明新：《投资者—国家争端解决机制的革新与国家的"回归"》，载《国际法研究》2018 年第 4 期。

员组成仲裁庭,依据约定或者法定的程序规则和实体规则,在规则而非权力的基础上,独立、公正地解决国际投资争端,提供了规则导向而非权力导向的法律化的、去政治化的争端解决机制。[①] 基于这种去政治化的制度安排,国际投资仲裁机制赋予了投资者在国际层面不受政治因素干扰的独立诉权。这种程序法上的创新与实体法的扩充一起,促使国际投资保护走上"去政治化"道路,成为推动国际投资法发展的强大动力。[②]

(二)司法化带来的复政治化风险

基于对国际商事仲裁的借鉴,政治因素在国际投资仲裁中被尽可能地排除。不过,国际投资仲裁的司法化将对去政治化的努力和成果构成冲击。例如,透明度改革在关照东道国治理需求的同时,将不可避免地把东道国对内治理的政治诉求带入仲裁程序,尤其是法庭之友制度,将直接使原本不属于国际投资争端的外部影响和诉求引入仲裁程序,而这些,本质上属于东道国的政治负担。再如,对仲裁员任命机制的改革也将使原来私人化的仲裁机制变得政治化:一方面,由于缔约国将掌控仲裁员的选任权,这一仲裁员的选任过程本身就可能变得政治化,就像 WTO 上诉机制正面临的困境以及长期以来对国际法院法官在任命上易受政治干扰、缺乏透明性的批评一样;[③]另一方面,缔约国在选任仲裁员的过程中可能更加注重仲裁员的公法背景,能够平衡投资者权利和东道国政治目标的仲裁员将更受欢迎,此种背景的仲裁员在争端解决过程中可能将政治因素以及政治化的争端解决手段引入国际投资仲裁中。此外,东道国司法程序对国际投资程序的干扰在很大程度上也夹杂着东道国政府的政治利益诉求,尤其在司法独立性不完全健全的国家,利用东道国司法程序对抗国际投资仲裁程序的可能性更大,政治意图性更强。

在此基础上,虽然国际投资仲裁的司法化仍然保留了投资者在国际层面独立提起仲裁程序的权利,这可以视为对去政治化理念的延续,但其对政治因素的引入同样应当引起关注,因为它可能使国际投资争端的解决陷入复政治化的风险。事实上,国际投资争端的复政治化在理论和实践层面都有不少的支持力

---

① 参见王彦志:《国际投资争端解决的法律化:成就与挑战》,载《当代法学》2011 年第 3 期。

② 参见朱明新:《国际投资争端解决的"去政治化"与"复政治化"》,载《太平洋学报》2012 年第 11 期。

③ See José M. Zárate, *Legitimacy Concerns of the Proposed Multilateral Investment Court: Is Democracy Possible?*, 59 Boston College Law Review 2765, 2786 – 2787 (2018).

量，如有学者就认为，政治化的国际投资争端解决机制并不必然诉诸权力，甚至通过非形式化的、灵活的、更贴合实际的争端解决过程，可以促进合作关系的维持，实现东道国与投资者母国，甚至是投资者之间的互赢。[①] 而在国际投资协定的实践中，国际投资仲裁机制的司法化也仅是其复政治化的一部分，缔约国条约解释权的强化对仲裁庭权力的限制等同样可能成为缔约国政治考量进入国际投资争端解决程序的途径。因此，如学者所评价的，以司法化为重要指向的国际投资仲裁改革将投资争端解决的政治化从前门请出去后又从后门引进来了。[②]

诚然，政治化的争端解决方式在某些情况下能够达到理想的效果，国际投资仲裁机制的设计也是由政治讨论和谈判形成的，这意味着其可能在新的政治谈判过程中被改造。[③] 但不能忘记的是，国际投资仲裁机制本身就是政治化的争端解决机制无效或者效果不佳的替代产物，如果政治化的因素过多地回归，将大大减损其存在的价值。同时，国际投资争端解决复政治化最极端的情形就是对国际投资仲裁机制的放弃，如尼加拉瓜、委内瑞拉、玻利维亚、阿根廷退出ICSID公约和国际投资仲裁实践那样，使将来国际投资争端解决重回当地救济和投资者母国外交保护的时代，这对于国际投资争端解决和国际投资法的发展将是沉重的打击。

三、裁决的执行问题

司法化后的国际投资仲裁兼具仲裁和司法的性质，甚至从相关司法化改革措施的倡导者——欧盟的初衷出发，其最初的设想就是在国际层面创设一个投资法院体系。由此带来的问题是司法化后的国际投资仲裁在性质上是属于仲裁还是司法？据此作出的裁决是属于法院判决还是仲裁裁决？上述问题的重要性在于相关裁决最终如何执行，这直接关系当事方最终裁决利益的实现。

当然，需要说明的是，司法化程度的不同对仲裁性质的影响也不同，如透明

---

① See Jason Yackee, *Politicized Dispute Settlement in the Pre-Investment Treaty Era: A Micro-Historical Approach*, University of Wisconsin Law School Legal Studies Research Paper Series Paper No. 1412, p. 43 (2017), https://ssrn. com/abstract = 2968988，最后访问时间：2022年12月20日。

② 参见王彦志：《国际投资争端解决的法律化：成就与挑战》，载《当代法学》2011年第3期。

③ See Thomas Dietz & Marius Dotzauer, *Political Dimensions of Investment Arbitration: ISDS and the TTIP Negotiations*, 2015, http://ssrn. com/abstract = 2562916，最后访问时间：2022年12月20日。

度改革通常不会被视为对仲裁性质的改变,但仲裁员任命机制的改革则可能带来对仲裁性质的争议。因此,本部分以下有关司法化对裁决执行的影响以国际投资仲裁采纳了包括上诉机制以及仲裁员任命机制改革在内的多种司法化措施为假设,司法化的程度以欧盟在CETA、EUVFTA、EUSFTA中的国际投资仲裁制度为标准,并为表述方便,将此种仲裁裁决称为"司法化的仲裁裁决"。同时需要明确的是,如果相应的国际投资协定对仲裁裁决的执行问题作出了明确规定,那么基于缔约方对裁决效力的认可,在缔约方之间,相关裁决的执行直接根据协定进行而无须考虑裁决的性质。因此,更多需要考虑的是相关裁决在作为非缔约方的第三国的执行问题,尤其是裁决能否作为《纽约公约》或者ICSID公约下的裁决执行。①

(一)能否作为《纽约公约》下的裁决执行?

虽然根据《纽约公约》的立法意图,投资者与国家间的投资仲裁显然也属于其调整的国际商事仲裁的范畴,但对于司法化的国际投资裁决是否能够依据《纽约公约》进行承认和执行却值得思考:一方面,相关的裁决是仲裁裁决还是法院判决有待探讨;另一方面,即使相关裁决在性质上仍可归为仲裁裁决,则其是否为《纽约公约》所保障的仲裁裁决也需要进一步分析。

首先,相关的裁决是仲裁裁决还是法院判决取决于对仲裁性质的判断,即何种要素构成仲裁区别于司法的根本,以及当前的司法化改革措施是否突破了这种根本区别所设定的界限。对于仲裁与司法的根本区别,虽然理论上对仲裁区别于司法的特征有诸多总结,包括仲裁庭的管辖权来自当事人的自愿选择,是一种私人的机制而非公权力机制,当事人享有较大的自治权,以及一裁终局、保密性等,但显然并非所有上述特征都构成仲裁区别于司法的本质,因为实践中即使是国际商事仲裁也在一裁终局、保密性等方面有所突破。因此,认定何种制度特征构成仲裁的本质特征成为问题的关键。对此,当事人的自愿性可能最容易被视为仲裁的本质特征,故缺乏自愿性将使其失去仲裁的特征。② 当事人的自愿性构成仲裁意思自治的根本,与司法机制下司法机关的管辖权依据法

---

① 如果无法依据上述两个公约执行,那么裁决只能依据执行地国的国内法执行,这将带来更多的不确定性。

② See August Reinisch, *Will the EU's Proposal Concerning an Investment Court System for CETA and TTIP Lead to Enforceable Awards? —The Limits of Modifying the ICSID Convention and the Nature of Investment Arbitration*, 19 Journal of International Economic Law 761, 767 (2016).

律规定直接获得存在根本区别。这种区别的重要性在《纽约公约》的制定过程中也被强调——根据《纽约公约》的立法准备资料(travaux préparatoires),在对公约是否涵盖常设仲裁机关作出的裁决进行讨论时,缔约代表认为真正应当关心的是该仲裁机关的管辖权是强制性的还是当事人有权选择的。[①] 从形式上看,显然司法化后的国际投资仲裁机制仍建立在自愿的基础上:缔约方有是否在投资协定上纳入投资仲裁条款的自由,投资者也有选择是否依据相关投资仲裁条款提起国际投资仲裁的自由。不过,值得进一步思考的是,上述区别在国内法的语境下是成立的,但在国际法的语境下,基于主权的平等性,国际社会本就缺乏高于主权国家而存在的立法和司法机制,脱离国家同意和自愿的司法管辖权也不可能存在。据此,是否自愿已经很难构成国际法语境下仲裁与司法的区别。例如,国际法院管辖权的获得同样依赖于缔约国的自愿选择,但通常认为国际法院属于司法机制而非仲裁的范畴。因此,在国际法层面,管辖权的自愿性不能作为判断仲裁与司法的标准,我们自然也无法通过司法化后的仲裁机制仍以自愿为基础而就此认定其属于仲裁的范畴。在此基础上,甚至可以认为国际法视角下区别仲裁和司法的意义本身就不大,因为其管辖权的正当性都源于主权国家的认可。传统上,对国际裁判机构进行司法或者仲裁的称呼区分更多地只是基于其运作机制或程序规则与国内法层面下的哪种机制更像,或者该机构在创设过程中以哪种机制为参照原型。同时,实践中之所以很少提出国际法院的判决是否可以视为仲裁裁决,主要是因为其处理的纠纷几乎不涉及商事纠纷,而且有自己关于判决执行的一套规定,因而也就不存在需要适用仲裁执行机制的机会和需求。换言之,在涉及国家作为当事人的国际争端解决机制下,仲裁与司法机制的区分本身没有现实意义,具有现实意义的是执行机制的设计和适用。

其次,既然更具现实意义的是执行机制的适用,则接下来需要回答的是司法化的仲裁裁决是否能够作为《纽约公约》下的仲裁裁决加以执行。《纽约公约》未对何为"仲裁裁决"作出规定,但《纽约公约》第 1.2 条规定,"仲裁裁决"一词不仅指专案选派之仲裁员所作裁决,亦指当事人提请仲裁之常设仲裁机关所作裁决。据此规定,仲裁员任命机制的司法化改革以及仲裁法庭的常设机构性质并不导致相应的仲裁裁决无法适用《纽约公约》。从对《纽约公约》第 1.2

① See UN (1955b), Summary Record of the Third Meeting, Committee on the Enforcement of International Arbitration Awards, UN Doc. E/AC. 42/SR. 3 (23 March 1955), p. 6.

条中“常设仲裁机关”的通常含义解释以及对《纽约公约》的发展性解释，有理由将司法化的国际投资法庭视为“常设仲裁机关”。[①] 当然，为保险起见，当前包括 CETA、EUVFTA、EUSFTA 等在内的投资协定都规定了司法化的裁决等同于《纽约公约》下的仲裁裁决，但这种规定原则上只对缔约方有效，第三国法院是否承认该种规定仍可能存在不确定性。

（二）能否作为 ICSID 公约下的裁决执行？

如果司法化的仲裁裁决是依据 ICSID 公约缔约国间订立的 ICSID 仲裁条款，适用 ICSID 仲裁规则作出的，那么需要考虑的问题是此种裁决是否构成 ICSID 仲裁裁决？其是否能够在其他 ICSID 公约缔约国得到执行？

很显然，国际投资仲裁机制的司法化改革方案将局部背离 ICSID 公约的现有规定。例如，ICSID 公约第 37 条第 2 款规定，仲裁庭应由双方同意任命的独任仲裁员或任何非偶数的仲裁员组成。如果双方对仲裁员的人数和任命的方法不能达成协议，仲裁庭应由 3 名仲裁员组成，由每一方各任命仲裁员 1 名，第三名仲裁员则由双方协议任命，并担任首席仲裁员。仲裁员任命方式的司法化改革方案显然构成对 ICSID 公约上述规定的背离。再如，ICSID 公约第 52 条规定了内部的裁决撤销机制，其对可申请撤销的事由作了明确的限定。当前有关上诉机制的司法化改革方案无论在申请撤销的程序还是事由方面都与 ICSID 公约的撤销机制存在显著的差别。从理论上来讲，ICSID 公约缔约国通过双边或多边国际投资协定形式对 ICSID 仲裁机制进行的改革构成《维也纳条约法公约》第 41 条规定的“若干当事国间修改多边条约之协定”。继而，需要考虑的是缔约国的此种修改是否会影响裁决在其他 ICSID 公约缔约国的执行？

笔者认为，基于以下两个方面的原因，司法化的仲裁裁决在作为第三国的 ICSID 公约缔约国很可能无法按照 ICSID 公约下的 ICSID 仲裁裁决执行。

第一，ICSID 公约缔约国所采纳的司法化改革对 ICSID 公约的修改是否满足《维也纳条约法公约》第 41 条设定的条件存在疑问。[②] ICSID 公约并未禁止

---

① See G. Kaufmann-Kohler & M. Potesta, *Can the Mauritius Convention Serve as a Model for the Reform of Investor-State Arbitration in Connection with the Introduction of a Permanent Investment Tribunal or an Appeal Mechanism? —Analysis and Roadmap*, para. 154, SSRN (September 17, 2019), https://ssrn.com/abstract=3455511.

② 虽然《维也纳条约法公约》生效于 ICSID 公约之后，其规定原则上并不适用于 ICSID 公约的解释，但鉴于《维也纳条约法公约》的相关规定在实践中已经因国际社会的普遍遵循而成为国际习惯法，故采用《维也纳条约法公约》的相关规定对 ICSID 公约进行解释仍具有恰当性。

缔约国通过双边协定修改 ICSID 公约,[①]这满足了《维也纳条约法公约》第 41 条规定的“若干当事国间修改多边条约之协定”的前提条件之一——“有关之修改非为条约所禁止”;而且相关改革措施并不会影响投资者对其他 ICSID 公约缔约国依据 ICSID 公约提起仲裁,也不影响其他 ICSID 公约缔约国的国民依旧依据 ICSID 公约对采取修改措施的缔约国提起 ICSID 仲裁,因此相关改革对其他 ICSID 公约缔约国(及其国民)的权利和义务影响并不大,这满足了《维也纳条约法公约》第 41 条规定的第二个条件——不得影响其他当事国依据 ICSID 公约享有权利或履行其义务。但是,对于《维也纳条约法公约》第 41 条规定的第三个条件——不得影响整个 ICSID 公约的目的及宗旨,结合 ICSID 公约第 1.2 条“中心的宗旨是依照本公约的规定为各缔约国和其他缔约国的国民之间的投资争端,提供调解和仲裁的便利”以及序言中“特别重视提供国际调解或仲裁的便利,各缔约国和其他缔约国国民如果有此要求可以将此种争端交付国际调解或仲裁”的措辞,相关改革是否影响 ICSID 公约为国际投资争端提供仲裁便利的目的及宗旨值得怀疑。虽然有学者认为包括仲裁员任命机制和上诉机制改革在内的司法化措施都不构成对 ICSID 公约整体目标和宗旨实现的影响,[②]但不可否认的是,司法化改革对仲裁的灵活性、便利性和效率是有影响的,继而其对 ICSID 公约原本试图通过借鉴国际商事仲裁机制以实现国际投资争端解决的便利的初衷有所影响。这一点,从 ICSID 一直以来对上诉机制的谨慎态度中也可以得到印证:如果上诉机制对原有仲裁机制的效率和便利性不存在影响,则基于其在保障裁决一致性方面所具有的价值,ICSID 和缔约国没有理由不引入该种机制。

第二,即使部分缔约国对 ICSID 仲裁机制作出的司法化修改符合《维也纳条约法公约》第 41 条规定的条件,这种修改也不能对其他 ICSID 公约的缔约国产生效力。虽然可能有观点认为在符合《维也纳条约法公约》第 41 条的情况下,部分缔约国对 ICSID 公约的有效修改意味着其裁决仍应被视为 ICSID 公约下的裁决,继而可以按照 ICSID 公约的规定得到其他缔约国的执行;但另一种不同的解释是,此种修改即使被认为是对 ICSID 公约的有效修改,也只能在达

---

① ICSID 公约对部分缔约国对公约的修改问题未作任何规定。

② See August Reinisch, *Will the EU's Proposal Concerning an Investment Court System for CETA and TTIP Lead to Enforceable Awards? —The Limits of Modifying the ICSID Convention and the Nature of Investment Arbitration*, 19 Journal of International Economic Law 761, 776 – 780 (2016).

成修改协定的缔约国之间发生效力，而无法对其他缔约国产生效力，继而其他缔约国可以认为作出修改的缔约国已经在 ICSID 公约之外另行制定了一套仲裁机制，相关的仲裁裁决也就不在其依据 ICSID 公约负有执行义务的裁决范围之内。

第三节　国际投资仲裁司法化的评价

基于前文的分析，对国际投资仲裁的司法化显然无法简单地用对错或者好坏加以评判，需要我们以宏观的视角分析其在整个国际投资争端解决机制发展历程中所处的阶段和方位，并以客观的态度展望其未来的方向与进程。

一、ISDS 机制的螺旋发展

作为评价，国际投资仲裁的司法化首先可以视为国际投资仲裁机制内部调整做出的尝试以及外部司法对现有机制的回应，是在自身内部变革和与外部互动过程中产生的现象，并在宏观上构成国际投资争端解决机制优化发展中的一环，代表着国际投资仲裁机制在寻找最优方案过程中的尝试与碰撞。

法律机制，尤其是国际法律机制的构建不可能是一蹴而就的：一方面，国际法是国际关系行为主体的政治意愿和利益诉求在法律层面的表达和协调，而各国政治意愿和利益诉求的差异意味着相关国际法律机制的构建通常无法像国内法律机制那样追求严谨性、细致性和可操作性，很多时候只能就能够达成统一认识的部分形成一个折中、缩水的制度框架，进而导致很多问题都无法一步到位地得到解决，只能在后续的实践中逐步完善。同时，基于国际法的政治性，其受外交关系、国家利益支配等因素的影响并不稳定，可能随着国际政治、经济、利益格局的整体变化而相应调整。另一方面，国际法律机制的构建经常建立在借鉴国内法律机制的基础上（包括私法机制），这意味着构成国际公法内容的各种法律关系经常是按照或者是类比于某种私法观念来塑造的。① 但是，国内法或者私法领域的制度在运用到国际法或者公法领域时也经常会出现“水土不服”的问题，导致很多在国内法或者私法领域行之有效的制度难以在国际层面发挥其预想的功能，带来制度构建初期无法预料的不足。因此，国际法律机

---

① 参见顾微微、徐慎丽：《从契约到条约看私法理念对国际法的影响》，载《南通大学学报（社会科学版）》2005 年第 4 期。

制的发展演进很少是单向或者线性的,更多的是曲折或者螺旋式的,需要根据法律制度运行的实效在机制设计和实践需求之间不断调试。

国际投资争端解决机制的构建同样不可能一蹴而就,其受制于国际投资环境的变迁、各国投资利益的分歧以及国际投资争端解决机制本身理论和实践基础的局限等因素,需要通过不断的调试,甚至是"试错"来逐渐完善。可以说,自国际投资活动或者国际投资争端产生以来,国际社会一直在寻找最适合国际投资争端特征、能够妥善平衡当事人各方诉求、经得起合法性论证的争端解决机制。国际投资仲裁机制作为其中的一个选择和尝试,同样受到前述影响因素的制约:国际投资格局的变迁,不同利益主体间利益关系的动态变化,仲裁制度运用于国际投资争端解决领域的初次尝试以及各国国内司法的不可预见性等都决定了国际投资仲裁机制的构建不可能一步到位,出现问题、进行调整实属正常。国际投资仲裁机制在司法化与去司法化之间的反复、徘徊——从早期的东道国当地救济、投资者母国外交保护,到此后几乎完全复制国际商事仲裁机制的初期实践,再到如今对司法机制的借鉴以及国内司法的限制,正是国际投资仲裁机制不断尝试、调整与优化的过程。这种过程必然是曲折的,难免经历反复、误区。因此,从整个国际投资争端解决机制的发展角度而言,国际投资仲裁机制的司法化是其发展轨迹中的一环,构成国际投资争端机制从最初高度本地化、司法化、政治化,到之后走向几乎片面的商事化、去司法化,再到晚近向司法化部分回归的曲折前进过程的最新发展。

基于上述认识,国际投资仲裁的司法化实质是在司法化与去司法化之间寻找一个新的平衡点,以更好地适应国际投资争端的特性以及当事人的诉求。至于这种努力是否应当被肯定,则取决于相关措施的改革目标对新平衡点的探索是否合理,以及相关措施是否能达到预期的效果。正如学者对国际商事仲裁的司法化评价的那样,仲裁的司法化是一种动态过程,代表着仲裁与司法程序的趋近和司法干预的渐强。司法化应该肯定还是否定,应当取决于该进程之起点、终点与平衡点的位置关系。如果司法化的进程在朝着平衡点迈进,自然应当肯定;如果已经与该平衡点"背道而驰",则应当否定。①

二、国际投资仲裁司法化的合理限度

如果国际投资仲裁司法化是对国际投资争端解决司法化与去司法化之间

① 参见于湛旻:《国际商事仲裁司法化问题研究》,法律出版社2017年版,第221页。

新平衡点的探索,那么我们既要认可这种探索的价值,也应当警惕过度司法化可能带来的矫枉过正风险。正如国际商事仲裁领域对于司法化的观察那样:一方面,其是现代日益复杂的仲裁实践的需求,需要不断制度化、系统化以制定更加细致的仲裁法律及仲裁规则予以规范;另一方面,也需要防范僵硬的条文对自由灵活的仲裁的约束,不能抹杀仲裁赖以生存的本质特征,使仲裁成为诉讼的简单翻版,丧失蓬勃生机。①

(一)国际投资仲裁司法化的价值肯定

我们必须承认,国际投资仲裁的司法化是有价值的。这种价值除本书第二章、第三章在论述具体司法化措施和行为时已经述及的,微观层面对现有机制弊端的纠正价值之外,还在于宏观层面对国际投资仲裁机制作为全球投资治理机制一部分的合法性的证成价值。

国际投资仲裁的司法化,尤其是仲裁程序的司法化,是在国际投资仲裁合法性危机的大背景下展开的,而国际投资仲裁的合法性危机,在很大程度上源于其制度设计与其在国际投资领域承担的全球治理角色之间的不匹配性。具体而言,随着经济全球化背景下单一的国家权威主义与国际法传统的"国家本位"价值观的淡化,一个由国际组织、国家、亚国家机构、公民社会、私人机构等组成的全新治理模式——全球治理模式得以构建。② 在全球治理模式下,传统的国家单一治理走向"多层全球治理"的现代形态,公共权威与私人机构之间形成一种基于共同问题与共同目标的合作机制,共同制定和实施全球或跨国的规范、原则、计划和政策。③ 国际投资仲裁机制正是全球治理模式在国际投资领域的体现——原本由国家或国家机关控制或主导的国家投资争端机制向投资者和私人化的仲裁庭开放,国际投资的治理格局也由此改变:一方面,国际投资争端的裁判环节开始脱离国家和政府的主导和控制,国际投资法的执行环节引入非政府主体,国际投资治理的主体走向多元化;另一方面,仲裁庭通过争端解决环节的事实认定和规则适用、解释,不仅在实质上起到了审查东道国行为的合法性,限制东道国权力滥用,督促东道国遵守国际投资协定项下义务的效果,而

---

① 参见于湛旻:《国际商事仲裁司法化问题研究》,法律出版社2017年版,第209页。

② 参见余海鸥:《全球行政法视野下投资仲裁机制(ISDS)的合法性研究》,武汉大学2015年博士学位论文,第25页。

③ 参见刘志云:《论全球治理与国际法》,载《厦门大学学报(哲学社会科学版)》2013年第5期。

且相关裁决起到的指引作用将直接影响国家和投资者的行为预期以及投资者和公共利益间的利益权衡，并进一步产生塑造国际投资领域的习惯国际法和共识，指引国际投资参与主体未来行为、政策与立法的效果。在此基础上，国际投资仲裁机制的重要影响已经远不止于对特定争端当事方的权利义务作出判定，已经发展成为全球治理的一种形式，在全球行政空间内行使权力。①

当然，全球治理机制的形成并不否认国家主体的地位，国家依然是全球治理体系中的主导力量，而且其他全球治理参与主体以及全球治理机制本身的正当性、合法性、代表性和权威性在很大程度上也有赖于国家的确认、承认和构建。换言之，全球治理得以形成和为继的前提是得到以国家为主的国际社会的正当性和合法性认可。全球治理所要达到的"合法性"非法律角度的"合法"，是指社会秩序与权威得到广泛认同与服从，符合共同的价值理念，在法律上的"合法"并不一定就具有"合法性"。② 从解释全球治理得以有效推进的国家遵从理论的角度出发，这种"合法性"是包含在法律或者造法机构中的可以推动国际法主体遵守该种机制的成分，其存在的意义在于使国际法的主体相信法律或造法机构的运作是建立在被广泛接受的各种原则之上的。③ 国际投资仲裁机制所具有的全球治理的功能，意味着其也必须满足上述合法性要求，尤其当国际投资仲裁机制涉及对国家公权力行为的评价和塑造时，国际社会对其是否满足作为全球治理机制的一般原则和要求就会更加关注：一方面，作为审查国家行为合法性与适当性的治理机制，其制度设计是否符合国际社会对涉及公权力的司法权或准司法权运行的一般理念受到关注，包括程序的公正性、透明度等；另一方面，如同其他国际治理机制那样，国际投资仲裁庭自身是否有与其权力和行为外部效应相适应的审查和问责机制也成为关注的重点，包括错误裁决的纠正机制、裁决一致性的保障机制以及仲裁员公正性与独立性的保障机制等。此外，如学者所言，在全球治理体系内，具有国际争端审判权的国际司法机构虽然发挥着重要作用，但其行使治理权的实际效果却在很大程度上取决于各国国内

---

① 参见 Benedict Kingsbury & Stephan Schill：《作为治理形式的国际投资仲裁：公平与公正待遇、比例原则与新兴的全球行政法》，李书健、袁屹峰译校，载陈安主编：《国际经济法学刊》第 18 卷，北京大学出版社 2011 年版。

② 参见刘志云：《论全球治理与国际法》，载《厦门大学学报（哲学社会科学版）》2013 年第 5 期。

③ See Thomas M. Franck, *The Power of Legitimacy among Nations*, Oxford University Press, 1990, p. 24.

法院的立场与实践,国内法院可以在国内机构与一些重要国际机构之间分配治理权。① 因此,如果国际投资仲裁庭在行使其权能的时候被国内法院认定为超出了其治理权的界限,那么同样会受到来自国内法院的合法性质疑以及随之而来的司法干预和限制。

对照前述全球治理机制的合法性要求,显然构建之初的国际投资仲裁机制无法全然满足:一方面,借鉴于国际商事仲裁机制的程序秘密性不符合全球治理机制的透明度和程序参与要求,分散的管辖权、有限的内部监督机制以及碎片化的外部司法监督增加了裁决不一致的风险,仲裁员独立性与公正性也缺乏详尽、可靠、具有说服力的制度保障;另一方面,国际投资仲裁庭对国内司法机关行为的审查也招致了争议,如在罗文诉美国案(Loewen v. United States of America)中,仲裁庭明确指出密西西比州法院在案件审理过程中存在严重的审判不公和行为不当,并在事实上构成拒绝司法,这被视为对国内司法体制的挑战和冲击,超越了其治理权的界限。在此基础上,国际投资仲裁机制虽然已经构成国际层面一种特殊形式的全球治理机制,但却不满足作为全球治理机制的一些基本合法性要求,合法性危机也由此产生。

国际投资仲裁机制的司法化正是对国际投资仲裁作为全球治理机制合法性质疑的回应或反馈,无论是仲裁程序层面透明度的改革、上诉机制的引入、仲裁员任命机制的改革,还是国内司法程序对国际投资仲裁的限制,都在试图弥补或者纠正国际投资仲裁机制的合法性缺失问题。因此,如果相关措施被证明是行之有效的,则从维护国际投资仲裁这一全球治理机制的合法性角度出发,其价值无疑是巨大的。

(二)矫枉过正风险的防范

对国际投资仲裁司法化的价值肯定并不意味着其司法化的程度应当越高越好:一方面,司法化给仲裁的效率、争端解决的复政治化以及裁决的执行带来的挑战需要我们关注,司法化对合法性的补正不能无限制地以牺牲国际投资仲裁机制在解决国际投资争端方面的优势为代价;另一方面,司法化并不是解决国际投资仲裁合法性危机的唯一途径,所有的司法化改革和举措也并无必要全部叠加使用,国际投资仲裁的司法化应当限定在合理的范围内,防止矫枉过正现象的出现。

---

① 参见霍政欣:《论全球治理体系中的国内法院》,载《中国法学》2018年第3期。

首先，司法化并非解决国际投资仲裁合法性危机的唯一途径。国际投资仲裁面临的许多质疑其实并非完全投资仲裁制度本身之过，在很多情况下与国际投资实体规范存在的缺陷密切相关。例如，针对国际投资仲裁裁决缺乏一致性的批判，在很大程度上与碎片化的国际投资法律体系有关——依据碎片化的、缺乏统一性的国际投资协定建立的临时仲裁庭很难确保其不出现裁决不一致的情形；再如，针对国际投资仲裁下仲裁庭有扩大管辖权倾向、自由裁量权过大的质疑，同样与国际投资实体规范原则过于模糊不无关系，如公平公正待遇标准的缺失、最惠国待遇条款适用范围界定的不明、投资和投资者范围界定的过于宽泛等。① 因此，国际投资实体法层面的完善在很多情况下可以起到缓解程序法层面合法性危机的作用，而且在某些情况下对危机的解决更为彻底。沿此思路，当前对国际投资仲裁程序中合法性危机的关注可能是过度的，将所有的合法性危机都寄希望于通过国际投资仲裁的司法化加以解决也是不合理的。同时，国际投资仲裁面临的争议实际也在某种程度上代表了当前 ISDS 机制面临的瓶颈，这种瓶颈的突破，需要我们以更多元的思路加以应对，如跳出争端解决的框架，从投资争端预防的角度进行创新，实现对 ISDS 机制的压力分散。对于争端预防机制在投资争端领域的运用价值，很多国家都予以认可："争端预防政策有助于预防或有效处理潜在的投资争端，降低投资争端升级为国际仲裁的可能性，争端预防政策可被视为一项解决投资争端案件增多问题的可行方法"②；"注重争端'预防'比'争端后'管控更具成本效益……如果形成一套系统的方法来分享预防和应对争端方面的知识和成功做法，则成员国可能获益良多"③；"通过把重点放在预防争端和改进商业框架上，东道国政府将对帮助友好解决争端并降低投资争端解决方法对在国外投资的本国公司以及在本国投资的外国投资人的重要性承担主要责任"④。

其次，国际投资仲裁的司法化是众多微观层面的司法化改革和现象交织而

---

① 本部分相关内容，亦可参见本人拙作《国际投资仲裁制度变革的中国应对——基于宏观视角的动因分析、立场厘定与路径举措》(《社会科学辑刊》2018 年第 4 期)。

② 参见联合国国际贸易法委员会第三工作组，南非政府提交的意见书(A/CN. 9/WG. Ⅲ/WP. 176)，2019 年 1 月 17 日，http://undocs. org/ch/A/CN. 9/WG. Ⅲ/WP. 176。

③ 参见联合国国际贸易法委员会第三工作组，韩国政府提交的意见书(A/CN. 9/WG. Ⅲ/WP. 179)，2019 年 7 月 31 日，http://undocs. org/ch/A/CN. 9/WG. Ⅲ/WP. 179。

④ 参见联合国国际贸易法委员会第三工作组，巴西政府提交的材料(A/CN. 9/WG. Ⅲ/WP. 171)，2019 年 6 月 11 日，http://undocs. org/ch/A/CN. 9/WG. Ⅲ/WP. 171。

成的现象描述,而不同微观层面的司法化措施在效果上可能是重复的,继而可能出现的问题是不同环节的司法化措施过度使用,未以最经济、最合理的方式回应国际投资仲裁机制的司法化需求,从而未能在司法化的正面价值与负面效应之间形成最佳平衡。举例而言,对于欧盟建立两级常设性质的国际投资法庭的改革方案,就有学者指出,只要上诉机构是常设的即可,非常设的初审和常设的上诉机构更能发挥各自所长,弥补另一方的不足,形成精巧和平衡的组合:第一,特设仲裁庭负责案件初审,至少在初审阶段不会出现难以应对实际案件数量需求的困难;第二,当事方可以参与仲裁庭成员的任命,既可以与已有 ISDS 保持联结和平稳的过渡,又可以平衡常设上诉机构成员代表性可能带来的政治敏感;第三,仲裁庭可以充分发挥其应有作用,承担主要的认定事实、判断是非的任务;第四,特设仲裁庭审理案件带来的困扰则通过常设上诉机构予以矫正。后者可以保持相对较少的成员数量,对成员可以提出更高的资格条件和独立性要求,解决裁决不一致问题。据此,现有 ISDS 的缺陷不需要两个常设机构重复地抵消,一个常设上诉机构足矣。① 同时,在 ICSID 和 UNCITRAL 秘书处最新公布的《投资者与东道国争议解决审裁官行为守则》草案中,不仅涉及了诸多一般性的行为要求和禁止事项,还细化列举了许多利益冲突风险和披露事项。其中,尤为引人关注的是将"审裁员或候选人发表的所有著述(及其相关公开演讲)的清单"列为裁判者披露的内容之一。这对于学者或者政府官员出身的仲裁员无疑是非常严苛的,因为"所有的"和"公开的"本身具有一定的模糊性,执行起来并不容易。同时,当前存在的一个误区是将裁判者的披露义务直接与挑战裁判者的标准挂钩,越来越宽泛的披露义务也带来更多的挑战裁判者(要求裁判者回避)的实践。客观而言,挑战频率的增加并不是好事,因为在大多数情况下,被挑战的情况并不会导致裁判者失去其独立性和公正性,但挑战本身却容易对仲裁程序的推进造成不当干扰,成为意图拖延程序的当事方的战术工具。而且挑战频率的增加容易给外界造成裁判者不可信的直观印象,有损裁判者公信力的构建,甚至带来"合法性危机"的"假象"。因此,如学者对仲裁员行为守则的评价,制定仲裁员行为标准、规则的目的并非助长当事人和仲裁员的疑虑;相反,当事人对仲裁员披露的期待应当与挑战仲裁员的审查标准实现平

① 参见肖军:《规制冲突裁决的国际投资仲裁改革研究——以管辖权问题为核心》,中国社会科学出版社 2017 年版。

衡,需要明确披露义务与挑战仲裁员各自清晰的审查标准。①

综上所述,司法化有助于化解国际投资仲裁机制作为国际投资领域全球治理机制的合法性危机,有助于重塑投资者和国家间的信任,有助于国际投资仲裁机制下的社会秩序与权威得到更广泛的认同与遵从。但是,国际投资仲裁的司法化应当在合理限度内展开,需注重司法化措施在正面价值与负面效应方面的"性价比",谨防司法化措施可能带来的矫枉过正风险。

三、国际投资仲裁司法化的前景展望

国际争端解决的各种途径如同一份菜单,每个国家可视自身的需求和能力在菜单中进行选择,尤其国家利益的地位和国家之间的力量对比是最终决定解决争端途径的关键因素。② 对于国际投资仲裁机制而言,其司法化的前景同样取决于各个国家对司法化的需求以及各方的利益博弈,并以一些关键性议程为风向标。

(一)司法化进程的决定性因素

从某种意义上来说,国际法的法律化进程本质上是国际主体"追求"其利益与价值的战略选择,并通过法律化进程对国家利益的重塑使相关主体遵守国际法。换言之,国际法律机制背后的利益要素往往是推动其发展变迁的决定性因素。这对于国际争端解决机制同样适用,正如有学者所言,在国家与国际法之间、国家与国际司法程序之间,始终存在着一个"熔断保护机制"。在国际司法的任何一个环节,当国际法的运行、国际司法程序的继续危害国家的根本利益时,国家可以宣布终止参与国际司法程序,后续的进程不再对该国生效。③ 国际投资仲裁机制在本质上也是如此:其构建源于国际社会对国际投资利益的共同追求,其运行依赖于各个参与主体对机制本身的价值认可,而其未来的司法化进程同样在根本上取决于参与各方的自身利益判断与各方的利益博弈。

其中,对于国家而言,影响其是否接受司法化以及在何种程度上采纳司法

① See Fahira Brodlija, *Back to Basics: Drawing the Line between Disclosure, Challenge and Disqualification Standards in International Investment Arbitration*, Kluwer Arbitration Blog, http://arbitrationblog.kluwerarbitration.com/2021/03/01/back-to-basics-drawing-the-line-between-disclosure-challenge-and-disqualification-standards-in-international-investment-arbitration/.

② 参见何志鹏:《菜单、需求与能力:国际争端的解决途径探析》,载《社会科学辑刊》2015年第5期。

③ 参见何志鹏:《国际司法的中国立场》,载《法商研究》2016年第2期。

化措施的利益考虑因素包括：第一，本国海外投资者的投资利益保护需求以及本国对外资的需求和吸引力。如果国家在这两个方面具有迫切的需求，则国际投资仲裁的司法化应当被限制。事实上，当前多数国家不愿意取消国际投资仲裁条款，主要就是担心被排斥在条约和体制福利之外，影响其吸引外来投资和保护对外投资的竞争性优势。① 第二，本国对外资管制权以及国际投资仲裁机制控制能力的需求。如果过往的国际投资仲裁实践被证明对其外资管制权形成了重大的负面挑战，则相关国家可能倾向于采取司法化的措施。第三，制度改革中的话语权争夺。扩展的议题构成新一代全球投资规则制定的重要内容，从谈判发起到议题确定再到标准确立无疑成为国际投资治理主导权争夺的制高点，②如果司法化改革下的新机制有助于"销售"本国的司法理念和制度，有助于输出本国的司法人员和管理人员，进而有利于本国在制度层面抢占话语方式和话语逻辑的先机，谋取制度上的优势地位和主动权，③那么司法化不失为一个好的选择。当然，对于大多数国家来说，随着越来越多的国家出现投资身份上的混同，上述利益考虑是错综复杂而非单一维度的，需要对各种利益关系进行梳理、比较和权衡。

对于投资者来说，国际投资仲裁的司法化在总体上对其是不利的，但除了游说政府，其并无直接决定国际投资协定中 ISDS 机制方案的权力。当然，从长远来看，投资者可以通过国际投资的流向来"用脚投票"——只要国际投资对各国的经济发展仍具有重要的促进作用，相关制度改革对国际投资者吸引力和信心的影响就必然是各国在采取司法化措施时需要考虑的。

此外，对于仲裁机构或组织而言，是否在仲裁规则中引入司法化的措施同样有其自身的利益考虑。作为仲裁服务的提供方，仲裁机构或组织对司法化措施的评估更多是从服务竞争的角度出发——如果司法化措施的引入有利于其争取更多案源，那么其会是国际投资仲裁程序司法化的积极推动者。

（二）司法化进程的关键性议程

虽然国际社会在国际投资仲裁的透明度等一些司法化措施的必要性上已

---

① See Anthea Roberts, *Powers and Persuasion in Investment Treaty Interpretation: The Dual Role of States*, 104 American Journal of International Law 179, 192 (2010).

② 参见金芳：《金融危机后国际投资体制的建构特征与中国的应对》，载《世界经济研究》2014 年第 4 期。

③ 参见曹兴国：《南海仲裁案视角下的国际司法：扩张性、局限性及中国参与》，载《太平洋学报》2018 年第 10 期。

经有了比较广泛的共识,但在其他方面,是否采取以及在何种程度上采取司法化措施仍存在较大的分歧。从目前来看,利益关系的交错性和复杂性决定了国际投资仲裁司法化的前景并不明朗,并在很大程度上取决于多边、双边和单边层面一些关键性议程的走向。

1. UNCITRAL 框架下的多边改革进程

UNCITRAL 第三工作组于 2017 年开始的有关 ISDS 机制的改革议题是当前为数不多的多边框架下的国际投资仲裁改革议程。UNCITRAL 框架下的多边改革进程受到广泛关注的原因在于:一方面,如本书第二章中所述,以上诉机制为代表的部分司法化措施宜在多边框架下开展,而现有的多边机制——ICSID 公约框架下的国际投资仲裁机制改革又相对保守,很多司法化措施需要一个新的多边平台加以推进;另一方面,在欧盟的推动下,UNCITRAL 第三工作组已经将建立上诉机构或内含上诉机制的国际投资法院模式作为重点研究内容之一,①其改革议题和方案预设具有广泛性和彻底性。

根据学者的梳理,当前 UNCITRAL 框架下各国针对国际投资仲裁机制的改革立场主要可以分为增量(incremental)改革、系统(systemic)改革以及范式(paradigmatic)改革三派。其中,持增量改革立场的国家或地区主要包括智利、日本、俄罗斯、美国,它们主张现有国际投资仲裁机制存在的问题可以通过定向改革加以完善,并警告系统性的改革将削减国际投资仲裁机制原有的关键优势,包括仲裁员任命的中立性、裁决的终局性与可执行性以及争端解决的去政治化等。而欧盟、加拿大和毛里求斯则是持系统性改革立场的主要国家或地区,它们主张保留投资者在国际层面对东道国的直接诉权,但认为应当用多边层面的国际投资法庭和上诉机制代替现有的国际投资仲裁机制。另外,以巴西和南非为首的一些国家或地区则否认投资者在国际层面直接起诉东道国的合法性,认为这是对本国国内投资者的歧视待遇,所有的投资争端都应在国内法院解决。在它们看来,国际投资仲裁机制的内在缺陷无法通过机制内部的改革加以完善,因此只能放弃该种范式而采取其他争端解决机制。考虑到各立场阵营间的观点分歧以及仍有不少国家或地区未明确阐明立场,目前仍无法预言何种立场将占据主导地位,或者可能出现的情况是没有一种立场能够成为主流立

① See UNCITRAL, *Possible Future Work in the Field of Dispute Settlement: Reforms of Investor-State Dispute Settlement (ISDS)*, (A/CN.9/917), 20 April 2017, http://daccess-ods.un.org/access.nsf/Get? OpenAgent&DS = A/CN.9/917&Lang = E.

场,继而形成多种路径并存的多元化格局。① 因此,目前来看,UNCITRAL 框架下的多边改革进程对国际投资仲裁司法化的态度尚不明朗,但无论如何,UNCITRAL 第三工作组正在进行的多边改革项目是检验国际社会对国际投资仲裁司法化接受程度的绝佳场所,也将在很大程度上成为未来国际投资仲裁司法化的风向标。

2. 重要 BIT 的谈判进程

当前的国际投资法律体系主要是由 3000 多个 BIT 组成的,因此,双边层面国际投资仲裁机制的发展趋势直接决定着其未来司法化的进程。

理论上,基于不同双边投资关系的差异性,不同的 BIT 对国际投资仲裁机制的安排也完全可能呈现个性化、多元化的状况。但从过往实践的状况来看,这种个性化、多元化并未过度泛滥,因为基于国家实力的不平衡,不同国家在 BIT 谈判中的地位以及塑造国际投资法律制度的能力并不对等——经济实力、规则制定能力越强的国家越能主导 BIT 谈判以及相关国际投资法律制度的制定和改革进程。因而,未来双边层面国际投资仲裁机制的司法化进程也将在很大程度上取决于当前在国际投资领域占据话语权的大国实践:投资大国的协调一致可以极大地左右国际投资仲裁司法化的进程。

---

① See Anthea Roberts, *Incremental*, *Systemic*, *and Paradigmatic Reform of Investor-State Arbitration*, 112 American Journal of International Law 410 (2018).

第五章　国际投资仲裁司法化的中国立场与应对

国际投资仲裁的司法化改革进程不仅将对国际投资仲裁参与方的具体利益产生重要影响,而且关涉各国未来在国际投资仲裁机制下的制度利益以及话语权构建。作为当前国际投资领域最主要的参与者之一,国际投资仲裁司法化也必然牵涉我国利益,并需要我们对以下问题作出回应:国际投资仲裁司法化与我国当前对国际投资争端解决机制的需求是否相符?未来我国在双边、多边层面的国际投资仲裁改革议程中应对司法化秉持何种立场?采取何种制度予以应对?当前我国国内法院针对国际投资仲裁的司法机制是否合理、完善?本章将围绕上述问题展开论述,探讨国际投资仲裁司法化的中国立场与中国应对。

第一节　我国参与国际投资仲裁的实践与利益关切

在对国际投资仲裁司法化的中国立场和应对进行探讨前,首先必须厘清我国在既有国际投资仲裁机制下的实践,以及新形势下我国在国际投资争端解决机制中的利益关切,只有在此基础上,才能提出具有客观性、针对性和实用性的结论和方案。

一、我国参与国际投资仲裁的实践

我国参与国际投资仲裁的既有实践可从以下两个方面加以梳理：一是我国在BIT中对国际投资仲裁机制的接受情况；二是涉及我国的国际投资仲裁案件情况，包括我国政府作为被申请人、我国投资者作为申请人以及中国籍仲裁员作为裁判人员参与的国际投资仲裁案件情况。

（一）我国对国际投资仲裁机制的接受情况

我国当前对国际投资仲裁机制的接受情况体现于以下三个层面的国际法律文件中：我国对外签订的BIT，我国参加ICSID公约的决定，以及晚近签订的FTA。首先，就BIT层面而言，我国在BIT中纳入国际投资仲裁条款的做法早在1984年中国—比利时卢森堡经济联盟BIT中就已开始。[①] 自此之后，在我国对外签订的100多个BIT中，大多包含了允许投资者将部分或者所有投资争议提交国际投资仲裁的条款。其次，就ICSID公约来说，我国在1992年6月举行的第七届全国人民代表常务委员会第二十六次会议上通过了加入ICSID公约的决定，并于次年1月正式向ICSID中心提交批准书。在此之后，ICSID中心及其仲裁规则成为我国在BIT中常用的国际投资仲裁机构和规则。需要说明的是，出于改革开放初期相对保守的投资政策的考虑，我国在提交ICSID公约的批准书时也作出了只将有关征收与国有化导致的补偿争端提交给中心仲裁的说明。[②] 当然，此项说明在性质上并不是一种保留，也不构成对ICSID中心管辖权的双向同意，仅是一种意向性声明。对此，在谢某某诉秘鲁政府案中，仲裁庭明确判定中国所作通知并不是依据BIT作出的，根据《维也纳条约法公约》的相关规定，该种通知并不能导致中国—秘鲁BIT中的投资仲裁条款无效。因此，我国希望通过通知限制ICSID中心管辖权的做法实际上并不能起到预期的效

---

① 该BIT第10条规定，缔约一方投资者向缔约另一方提出有关投资的任何争议的书面通知之日起6个月内未能友好解决争议时，投资者可以选择将有关征收、国有化或其他类似措施的补偿额的争议直接提交国际仲裁，而不诉诸其他任何手段。

② 不过值得特别注意的是，我国中文批准书的内容为：中国政府允许提交解决投资争端国际中心仲裁的案件目前仅限于关于征收、国有化补偿款额的争议。对比英文文本，我们可以发现英文措辞漏译了“款额”（amount）这一关键词。参见银红武、罗依凯：《中国加入〈ICSID公约〉所作通知的性质及效力》，载《时代法学》2018年第1期。

果。[①] 最后,就近年我国与一些国家签订的 FTA 而言,亦有部分协定在其投资章节对国际投资仲裁机制作出了规定。例如,2015 年《中国—澳大利亚自由贸易协定》第 9 章"投资"第 2 节就对国际投资仲裁机制作出了细致的规定。这些被纳入 FTA 的规定构成中国与相关国家 BIT 中国际投资仲裁机制的补充。

纵观体现于上述不同层面国际法律文件中的制度设计和安排,我国对国际投资仲裁机制的接受情况可进一步从以下三个方面加以总结:首先,从我国同意接受国际投资仲裁管辖的争端事项的范围来看,我国对国际投资仲裁机制的接受呈现明显的阶段性特征。这种阶段性根据学者的总结,可划分为:第一阶段为 1982 ~ 1998 年,在此期间,除 1994 年中国—罗马尼亚 BIT 和 1997 年中国—南非 BIT 允许将所有争端提交 ISDS 机制外,我国对国际投资仲裁仍持相对谨慎的态度,不仅部分 BIT 中未包含国际投资仲裁机制(如 1982 年中国—瑞典 BIT、1992 年中国—土库曼斯坦 BIT),而且其他 BIT 中仅允许将因征收或国有化引发的补偿额争端提交国际投资仲裁;第二阶段为 1998 ~ 2012 年,在此阶段,受国际投资新自由主义范式的影响,除 1999 年中国—卡塔尔 BIT 和 1999 年中国—巴林 BIT 外,我国在 BIT 中允许将所有投资争议提交国际投资仲裁;第三阶段为 2012 年至今,我国在 BIT 中对国际投资仲裁的适用范围进行收缩,将缔约国作出是否初始批准接受审查投资的决定和是否准许投资的国家安全审查的决定排除在国际投资仲裁机制之外。[②] 可以说,我国对接受国际投资仲裁管辖争端范围的阶段性变化体现了我国对国际投资仲裁机制的整体认知和接受程度的变化。其次,除晚近诸如 2014 年中国—加拿大 BIT 以及 2015 年中国—澳大利亚 FTA 等少数协定对国际投资仲裁机制作出详细规定外,我国大部分协定中有关国际投资仲裁机制的规定都十分笼统,相关条文大多不超过 6 条,仅就投资者提起国际投资仲裁的权利、条件、可适用的仲裁规则等基础内容进行规定,缺乏对仲裁规则或机制的具体安排。最后,由于没有官方的 BIT 范本,我国对外进行 BIT 谈判时一般采取比较灵活的方式:如果谈判过程中对方首先提供了一个范本,那么对方的范本将是双方谈判的基础,只有在对方未提

---

① 参见银红武、罗依凯:《中国加入〈ICSID 公约〉所作通知的性质及效力》,载《时代法学》2018 年第 1 期。

② 参见梁咏:《国际投资仲裁机制变革与中国对策研究》,载《厦门大学学报(哲学社会科学版)》2018 年第 3 期。

供范本的情况下,我国才会提出自己的主张。① 因而,一直以来,我国没有形成统一的 BIT 缔约实践,也没有统一的国际投资仲裁机制谈判实践。

整体来看,我国对国际投资仲裁机制的态度是相对开放的。甚至从某种程度上来说,在缺乏经验积累和人才储备的情况下,我国最初对国际投资仲裁机制的接受是十分大胆的。这种大胆的尝试在很大程度上是吸引外资、发展经济的迫切需求的结果。当然,我国对国际投资仲裁机制的现有接受状况也存在两个方面的问题:一方面,国际投资协定对国际投资仲裁机制的简单规定表明我国无意通过国际投资协定对其进行特别的制度设计,意味着我国只能跟随仲裁条款指向的仲裁机构和仲裁规则所做出的变革,而难以有针对性地做出符合我国实践需求的制度设计。另一方面,我国在不同国际投资协定下对国际投资仲裁的适用方式存在不利于我国利益的情形——在一些我国以投资输出国身份出现的 BIT 中,不仅对可提交国际投资仲裁的事项作了严格的限制,而且规定了“岔路口条款”等有利于东道国的条款;②而在另一些我国以投资输入国身份出现的 BIT 中,却同意将所有投资者与东道国之间的争端提交国际投资仲裁,且未设置“岔路口条款”等有利于东道国的条款。③ 此种明显不利于我国利益保护的差异化缔约情形应当得到纠正。

(二)涉及中国的国际投资仲裁案件梳理

我国参与国际投资仲裁实践另一个层面的表现为我国当事人和仲裁员参与国际投资仲裁案件的具体情况。从笔者收集的资料来看,相关案件的信息可梳理如表 5-1 ~ 表 5-3 所示。

---

① See Axel Berger, *Hesitant Embrace: China's Recent Approach to International Investment Rule-Making*, 16 Journal of World Investment and Trade 843 (2015).

② 例如,在中国与斯里兰卡的双边投资协定中,根据第 13 条的规定,只有关于由征收发生的补偿数额的争议才能提交投资仲裁,且规定了“岔路口条款”。

③ 例如,中国与荷兰的双边投资协定,即此类例证。该协议第 10 条第 2 款规定:投资者可以决定将争议提交有管辖权的国内法院。如果有关中华人民共和国领土内的投资的法律争议已提交给有管辖权的国内法院,该争议只有在相关投资者已经从国内法院撤诉后方可提交国际争议解决。如果争议与在荷兰王国领土内的投资有关,投资者可以选择在任何时候将争议提交国际争议解决。

表 5－1　我国作为被申请人的国际投资仲裁案件信息

序号	案件名称	提起仲裁的依据	争端事由	仲裁程序进展/结果	仲裁机构
1	马来西亚伊佳兰公司诉中国政府案[1]	1995 年中国—以色列 BIT、1988 年中国—马来西亚 BIT	房产开发纠纷	终结/和解	ICSID
2	韩国安城房屋建筑有限公司诉中国政府案[2]	2007 年中国—韩国 BIT	土地开发纠纷	终结/驳回请求人的仲裁请求	ICSID
3	德国海乐西亚泽有限公司诉中国政府案[3]	2003 年中国—德国 BIT	房屋征收	进行中	ICSID
4	麦可罗贸易诉中国政府案[4]	1998 年中国—日本 BIT	房地产项目纠纷	终结	ICSID
5	吴某某诉中国政府案[5]	1985 年中国—新加坡 BIT	房产开发纠纷	终结	ICSID
6	Jason Yu Song 诉中国政府案[6]	中国—英国 BIT	未披露	进行中	常设仲裁法院（Permanent Court of Arbitration，PCA）
7	蒙特内罗诉中国政府案	2009 年中国—瑞士 BIT	股权	进行中	UNCITRAL

〔1〕Ekran Berhad v. People's Republic of China，ICSID Case No. ARB/11/15.

〔2〕Ansung Housing Co.，Ltd. v. People's Republic of China，ICSID Case No. ARB/14/25.

〔3〕Hela Schwarz GmbH v. People's Republic of China，ICSID Case No. ARB/17/19.

〔4〕Macro Trading Co.，Ltd. v. People's Republic of China（ICSID Case No. ARB/20/22）.

〔5〕Goh Chin Soon v. People's Republic of China（ICSID Case No. ARB/20/34）.

〔6〕Jason Yu Song v. China（PCA 2019－39）.

表 5－2　我国投资者作为申请人的国际投资仲裁案件信息

序号	案件名称	提起仲裁的依据	争端事由	仲裁程序进展/结果	仲裁机构
1	谢某某诉秘鲁政府案[1]	1994 年中国—秘鲁 BIT	税务纠纷	终结/支持申请人的仲裁请求	ICSID
2	北京首钢矿业投资有限责任公司等诉蒙古国政府案[2]	1991 年中国—蒙古国 BIT	铁矿许可证剥夺纠纷	终结/仲裁庭裁定无管辖权	PCA
3	平安人寿保险公司和平安保险(集团)公司诉比利时政府案[3]	1984 年、2005 年中国—比利时卢森堡经济联盟 BIT	金融干预措施	终结/仲裁庭裁定无管辖权	ICSID
4	北京城建集团公司诉也门政府案[4]	1998 年中国—也门 BIT	干预建设工程与财产剥夺	终结/和解	ICSID
5	世能投资有限公司诉老挝政府案(1)[5]	1993 年中国—老挝 BIT	违反投资合同	终结/和解	PCA
6	世能投资有限公司诉老挝政府案(2)[6]	1993 年中国—老挝 BIT	违反投资合同与和解协议	进行中	ICSID
7	Jetion 及 T-Hertz 诉希腊政府案[7]	1992 年中国—希腊 BIT	披露不详	终结/申请人撤回仲裁请求	无
8	Fengzhen Min 诉韩国政府案[8]	2007 年中国—韩国 BIT	不动产股权争议	进行中	ICSID

续表

序号	案件名称	提起仲裁的依据	争端事由	仲裁程序进展/结果	仲裁机构
9	北京天傲航天产业投资有限公司等诉乌克兰政府案	1993 年中国—乌克兰 BIT	个人特别经济措施和其他限制性措施（制裁）	进行中	无

〔1〕Tza Yap Shum v. Republic of Peru, ICSID Case No. ARB/07/6.

〔2〕Beijing Shougang Mining Investment Company Ltd., China Heilongjiang International Economic & Technical Cooperative Corp., and Qinhuangdaoshi Qinlong International Industrial Co. Ltd. v. Mongolia, PCA Case No. 2010－20.

〔3〕Ping An Life Insurance Company of China, Limited and Ping An Insurance (Group) Company of China, Limited v. Kingdom of Belgium, ICSID Case No. ARB/12/29.

〔4〕Beijing Urban Construction Group Co. Ltd. v. Republic of Yemen, ICSID Case No. ARB/14/30.

〔5〕Sanum Investments Limited v. Lao People's Democratic Republic, UNCITRAL, PCA Case No. 2013－13.

〔6〕Sanum Investments Limited v. Lao People's Democratic Republic (Ⅱ), ICSID Case No. ADHOC/17/1.

〔7〕Jetion Solar Co. Ltd. and Wuxi T-Hertz Co. Ltd. v. Hellenic Republic, see https://investmentpolicy.unctad.org/investment-dispute-settlement/cases/975/jetion-and-t-hertz-v-greece.

〔8〕Fengzhen Min v. Republic of Korea (ICSID Case No. ARB/20/26).

表 5－3　中国籍仲裁员被指定参与 ICSID 仲裁案件信息

序号	案件名称	仲裁员	被指定参与的仲裁程序	被指定方式	进展
1	Rafat Ali Rizvi v. Republic of Indonesia[1]	郑若骅（中国香港）	撤销程序	行政理事会主席任命	终结
2	Bawabet Al Kuwait Holding Company v. Arab Republic of Egypt[2]	郑若骅（中国香港）	仲裁程序	行政理事会主席任命	终结

续表

序号	案件名称	仲裁员	被指定参与的仲裁程序	被指定方式	进展
3	H&H Enterprises Investments, Inc. v. Arab Republic of Egypt[3]	郑若骅（中国香港）	撤销程序	行政理事会主席任命	终结
4	Impregilo S. p. A. v. Argentine Republic[4]	郑若骅（中国香港）	撤销程序	行政理事会主席任命	终结
5	Total S. A. v. Argentine Republic[5]	郑若骅（中国香港）	撤销程序	行政理事会主席任命	终结
6	EDF International S. A., SAUR International S. A. and León Participaciones Argentinas S. A. v. Argentine Republic[6]	郑若骅（中国香港）	撤销程序	行政理事会主席任命	终结
7	El Paso Energy International Company v. Argentine Republic[7]	郑若骅（中国香港）	撤销程序	行政理事会主席任命	终结
8	Victor Pey Casado and President Allende Foundation v. Republic of Chile[8]	张月姣	撤销程序	行政理事会主席任命	进行中
9	Bernhard von Pezold and Others v. Republic of Zimbabwe[9]	陈安	仲裁程序	当事人指定	终结
10	Border Timbers Limited and others v. Republic of Zimbabwe[10]	陈安	仲裁程序	当事人指定	终结

续表

序号	案件名称	仲裁员	被指定参与的仲裁程序	被指定方式	进展
11	Carnegie Minerals (Gambia) Limited v. Republic of The Gambia[11]	陈治东	撤销程序	行政理事会主席任命	终结

〔1〕Rafat Ali Rizvi v. Republic of Indonesia, ICSID Case No. ARB/11/13.

〔2〕Bawabet Al Kuwait Holding Company v. Arab Republic of Egypt, ICSID Case No. ARB/11/6.

〔3〕H&H Enterprises Investments, Inc. v. Arab Republic of Egypt, ICSID Case No. ARB/09/15.

〔4〕Impregilo S. p. A. v. Argentine Republic, ICSID Case No. ARB/07/17.

〔5〕Total S. A. v. Argentine Republic, ICSID Case No. ARB/04/1.

〔6〕EDF International S. A., SAUR International S. A. and León Participaciones Argentinas S. A. v. Argentine Republic, ICSID Case No. ARB/03/23.

〔7〕El Paso Energy International Company v. Argentine Republic, ICSID Case No. ARB/03/15.

〔8〕Victor Pey Casado and President Allende Foundation v. Republic of Chile, ICSID Case No. ARB/98/2.

〔9〕ICSID Case No. ARB/10/15.

〔10〕ICSID Case No. ARB/10/25.

〔11〕ICSID Case No. ARB/09/19.

总结上述涉及我国的国际投资仲裁案件情况，可以发现我国政府被外国投资者诉诸国际投资仲裁的案件数量并不多，这得益于我国高速平稳的经济发展态势以及政府在外资治理、国际投资纠纷化解方面的努力。在我国作为被申请人参与的国际投资仲裁案件中，我国也作出了较好的应对，取得了较为理想的结果。同时，我国投资者利用国际投资仲裁机制的次数相比于我国政府作为被申请人的次数更多，这表明我国海外投资者有利用国际投资仲裁机制保护自身利益的切实需求。

二、新形势下我国对国际投资仲裁机制的利益关切

基于前文的实践梳理可以看到，我国在现有国际投资仲裁机制下的参与度并不高，但这并不意味着国际投资仲裁机制对我国而言无关痛痒。

首先，作为东道国，我国在国际投资仲裁机制下的利益关切有增无减。联合国贸易和发展会议的《全球投资趋势监测报告》显示，受新冠疫情影响，2020年全球 FDI 总额与 2019 年相比缩水 42%，但中国 FDI 逆势增长 4%，超过美国

成为全球最大外资流入国。[①] 与此同时,我国也成为许多"一带一路"共建国家最重要的投资目的地。例如,2019 年新加坡对华实际投资 75.9 亿美元,同比增长 45.7%,连续 7 年成为中国最大新增外资来源国,截至 2018 年年末,新加坡累计对华直接投资 1408.7 亿新元,占新加坡累计对外直接投资总额的 16.4%。[②] 上述数据表明,虽然我国劳动力、土地、环境成本等比较优势减弱,但基于市场规模大、人力素质提升和基础设施相对完善等综合优势,我国仍是最具投资吸引力的发展中国家。与此同时,实行高水平投资自由化便利化政策,对标国际先进水平,营造更加公平透明便利、更有吸引力的投资环境,保持我国全球外商投资主要目的地地位也已被确认为未来我国政府经济工作的重要组成部分。[③] 在此基础上,考虑到对国际投资仲裁机制的接受构成投资者判断一国投资环境的重要指标,继续保持对国际投资仲裁的开放态度无疑符合我国吸引外国投资的政策目标。当然,需要警惕的是,随着我国经济发展进入深化改革时期,我国在未来面临国际投资争端的风险也在加大:一方面,随着我国经济发展模式的转型,在产业层次、产品结构、产业布局、资源配置等领域实施的优化引导措施可能带来投资争端风险;另一方面,受投资增速下滑、消费增速放缓、外部环境不确定性有增无减、结构性改革进一步深化等因素的影响,我国经济正由高速增长阶段转向高质量发展阶段,长期积累的矛盾与新问题新挑战交织,经济下行压力有所加大。[④] 经济发展形势的变化亦可能改变投资者的争端解决策略:在经济发展态势良好的情况下,投资者出于未来经济利益的考量在争端解决上往往采取相对克制的态度,更倾向采取谈判、协商等缓和的方式;相反,则争端更易被诉至法律程序。因此,虽然随着《中华人民共和国外商投资法》《中华人民共和国外商投资法实施条例》等法律的完善以及对外商投资准入实行负面清单管理制度、在企业治理上坚持内外资一致、保护知识产权、外商投资企业投诉工

---

① See UNCTAD, Investment Trend Monitor, Issue 38, https://unctad.org/system/files/official-document/diaeiainf2021d1_en.pdf,最后访问时间:2022 年 5 月 5 日。

② 参见《对外投资合作国别(地区)指南——泰国(2020 年版)》,载中国一带一路网,https://www.yidaiyilu.gov.cn/wcm.files/upload/CMSydylgw/202012/202012220426051.pdf,最后访问时间:2022 年 5 月 5 日。

③ 参见《国务院关于积极有效利用外资推动经济高质量发展若干措施的通知》(国发〔2018〕19 号)。

④ 参见《面临下行压力,中国经济形势如何看?》,载新华社网,http://www.xinhuanet.com/fortune/2018-12/24/c_1123898359.htm。

作机制等原则、制度的立法确认，我国的外商投资法治环境在不断改善，但外国投资者与我国政府之间的国际投资争端风险仍客观存在。尤其在制裁制度不断融入的背景下，《中华人民共和国反外国制裁法》设置的措施在未来的实践中也可能存在与我国在投资协定中的义务相抵触的情形：在包含安全例外条款的双边投资协定的适用范围内，我国可以此类条款为基础主张依《中华人民共和国反外国制裁法》采取的反制措施不违反条约义务；但在不包含安全例外条款的双边协定的适用范围内，则存在依该法采取的反制措施与条约义务冲突的现实问题。[①]

其次，作为投资者母国，随着"走出去"战略以及"一带一路"倡议的推进，我国利用国际投资仲裁机制保护我国海外投资利益的需求更加突出。据统计，2020 年，我国企业对 58 个"一带一路"共建国家非金融类直接投资 177.9 亿美元，同比增长 18.3%，占同期总额的 16.2%，较上年提升 2.6 个百分点，在参与国新签承包工程合同额 1414.6 亿美元，完成营业额 911.2 亿美元，分别占同期总额的 55.4%和 58.4%。[②] 目前，我国已经成为许多"一带一路"共建国家最重要的投资来源国。例如，在亚洲地区，根据马来西亚投资发展局的统计，2019 年，其批准的中国企业在马来西亚制造业领域的投资金额为 37.4 亿美元，2016 年、2017 年、2018 年、2019 年，我国连续 4 年是马来西亚制造业领域第一大外资来源地；[③]根据印度尼西亚的官方统计，2019 年中国对印度尼西亚直接投资达 47 亿美元，是印度尼西亚第二大外资来源国，占当年印度尼西亚吸收外资总额的 16.7%，中国企业对印度尼西亚的投资涉及农业、矿冶、电力、房地产、制造业、产业园区、数字经济和金融保险等广泛领域，遍布印度尼西亚各大主要岛屿，产能合作取得显著成效；[④]2019 年，中国在泰国投资额达到 9.02 亿美元，在

---

① 参见霍政欣：《〈反外国制裁法〉的国际法意涵》，载《比较法研究》2021 年第 4 期。

② 2020 年我国企业对"一带一路"沿线非金融类直接投资 177.9 亿美元，载中国一带一路网 2021 年 1 月 22 日，https://www.yidaiyilu.gov.cn/xwzx/gnxw/162412.htm。

③ 参见《对外投资合作国别（地区）指南——马来西亚（2020 年版）》，载中国一带一路网，https://www.yidaiyilu.gov.cn/wcm.files/upload/CMSydylgw/202012/202012220414028.pdf，最后访问时间：2022 年 5 月 5 日。

④ 参见《对外投资合作国别（地区）指南——印度尼西亚（2020 年版）》，载中国一带一路网，https://www.yidaiyilu.gov.cn/wcm.files/upload/CMSydylgw/202012/202012220429018.pdf，最后访问时间：2022 年 5 月 5 日。

历史上首次超过日本,成为泰国最大境外投资来源地。[①] 然而,在对外投资规模不断扩大的同时,一系列不利于我国投资者,可能使其面临国际投资争端的风险也客观存在:第一,全球投资环境出现保护主义蔓延、投资障碍增多、地缘政治经济风险加大的态势,这种宏观国际投资环境的变化将不可避免地给我国海外投资者带来负面影响,导致投资争端风险上升。第二,就我国对外投资分布的地区而言,虽然大部分流向了以欧盟、美国为代表的发达国家和地区,但随着"一带一路"倡议、中非合作、中国—东盟自由贸易区等的推进,我国也有相当部分的对外投资流向了亚非拉等发展中国家和地区。这些国家或地区中存在一些政治法律环境不稳定、市场诚信意识较差的国家或地区,投资者在这些国家或地区面临的国际投资争端风险切实存在。例如,在"一带一路"共建国家中,包括俄罗斯、印度、土耳其、斯洛伐克、乌克兰、波兰、哈萨克斯坦、捷克、埃及等在内的多个共建国家已被提起超过 10 次及以上的国际投资仲裁。第三,我国对外投资的经济成分构成中,公有经济长期以来占据主力地位:在 2017 年我国的对外非金融投资流量中,公有经济控股的境内投资者对外投资的占比为 51.3%,截至 2017 年年末在对外非金融类直接投资的 16,062.5 亿美元存量中,国有企业占 49.1%。[②] 相比于私有企业,以国有企业为代表的公有经济成分更容易遭到东道国的不信任和不公平待遇,产生投资争端风险。实践中,我国投资者与其他国家的投资争端风险也确实不断显现,比如,中国交建与马来西亚纳吉布政府签订的东海岸铁路项目因政府更迭而一度被叫停,最终通过修改合同的方式才得以重启;我国在"一带一路"倡议下投资的多座蒙古国水电站项目,因俄罗斯提出会破坏贝加尔湖生态而被迫冻结;紫金矿业集团股份有限公司在巴布亚新几内亚的投资项目也因环境和土地补偿安置问题而遭遇延期并陷入争议,该争议已于 2020 年 7 月向 ICSID 提请启动调解程序;新冠疫情下政府采取的防控措施可能引发的国际投资争端风险也被广泛关注,甚至有呼声认为国际社会应当暂停并永久限制投资者针对政府在此次大流行中的卫生健康、

---

① 参见《对外投资合作国别(地区)指南——泰国(2020 年版)》,载中国一带一路网,https://www.yidaiyilu.gov.cn/wcm.files/upload/CMSydylgw/202012/202012220424019.pdf,最后访问时间:2022 年 5 月 5 日。

② 参见中华人民共和国商务部、国家统计局、国家外汇管理局编:《2017 年度中国对外直接投资统计公报》,中国统计出版社 2018 年版,第 17、26 页。

经济与社会层面的措施及其影响相关的所有仲裁请求。① 基于上述现状，显然我国需要利用国际投资仲裁机制保护我国日益扩大且面临多重风险的对外投资利益。

再次，提高我国国际投资仲裁法律人才在国际投资仲裁实践中的参与度同样是我国当前亟须解决的利益关切。如果国际投资仲裁规则的变革在整体上取决于国家角力，那么以仲裁员为首的国际投资仲裁法律人才则是国际投资仲裁实践的核心资源，是国际投资仲裁制度在实践运行层面话语权的实际掌握者。对我国而言，我国国际投资仲裁法律人士广泛参与国际投资仲裁实践不仅能够传递中国理念和中国价值，使中国话语真正进入国际投资仲裁的实践中，而且有利于避免西方仲裁员因文化差异对我国当事人产生文化偏见或不信任，②改善我国国际投资利益在国际投资仲裁实践中的境遇。然而，如本章和第四章所述，我国国际投资仲裁法律人士在现行国际投资仲裁实践中参与甚少。甚至在涉中国当事人的国际投资仲裁案件中，根据笔者查询的资料，除在韩国安城房屋建筑有限公司诉中国政府案③中我国政府委托中国律师事务所作为代理人外，其他案件中被指定仲裁员和被委托的代理人均为外国籍人士。④ 在我国国际投资利益不断扩大的情况下，上述现实应当引起高度重视：我国需要培养和输出一批能够在国际投资仲裁实践中传递中国理念、维护中国利益的专业法律人才。

最后，在当前国际投资仲裁机制的变革阶段，我国的国际投资利益能否在规则的革新过程中得到体现和维护同样是我国重要的利益关切。国际制度变革的背后往往是国际利益格局的重塑，国际制度背后的制度性权力和话语权越发成为各国争夺的重点。在国际上，我国最缺的结构性权力是话语权，尤其是制度性话语权。⑤ 对此，十八届四中全会已经明确提出积极参与国际规则制定，增强中国在国际法律事务中的话语权和影响力的要求——“中国在全球经贸治

---

① See CCSI, *Call for ISDS Moratorium During COVID - 19 Crisis and Response*, http://ccsi.columbia.edu/2020/05/05/isds-moratorium-during-covid-19/.

② 在商事仲裁领域，文化差异在处理证据以及认定事实方面对我国当事人的影响已经被深刻认识到。参见杨良宜、莫世杰、杨大明：《仲裁法——从 1996 年英国仲裁法到国际商务仲裁》，法律出版社 2006 年版，第 136～150 页。

③ See Ansung Housing Co., Ltd. v. People's Republic of China (ICSID Case No. ARB/14/25).

④ 当然，中方律师和律师事务所在相关案件中参与了幕后或者辅助性的工作。

⑤ 参见王义桅：《“一带一路”的国际话语权探析》，载《探索》2016 年第 2 期。

理中应当从被动应对的规则执行者逐步成长为主动参与的规则引领者”①。基于当前我国在国际投资领域具有的影响力和我国具有的利益关切,我国在国际投资仲裁制度改革中形成规则引领力和制度性话语权的可能性与迫切性相对更大。因此,作为国际投资领域最主要的参与者之一,我国应当抓住当前难得的机遇,积极参与谈判和博弈,在国际投资仲裁制度的利益再分配中发出中国声音。

因此,基于前述多个层面的利益关切,国际投资仲裁机制对于当前我国国际投资利益维护的重要性已经无须赘言。基于这种重要性,我国如何根据已有的实践状况和当前的利益关切有针对性地参与国际投资仲裁机制的改革,尤其是如何对本书论述的司法化现象做出选择和回应就成为需要考虑的问题。

第二节　国际投资仲裁司法化的中国立场

一、司法化立场确立过程中的基础考量

在具体分析我国在国际投资仲裁司法化中的立场前,我们有必要首先就一些基础性的立场、标准和视角问题进行厘清,包括在国际投资仲裁机制下我国身份的整体衡量,双重立场标准对我国的可取性,以及司法化措施利益分配对我国获益程度的分析视角。

(一)投资东道国与投资者母国双重身份的整体衡量

基于前文分析,我国对国际投资仲裁机制的整体立场毫无疑问应以投资东道国与投资者母国的身份混同为基础。基于这种双重身份,我国对国际投资仲裁机制的整体立场不应当偏激:既要保障其“进攻性”以保留其作为投资者维权的有效工具,也要兼顾其“防御性”以维护东道国在公共利益保障方面的必要需求。当然,值得进一步指出的是,这种兼顾双重身份需求的总体立场并不意味着在这两种身份之间没有侧重。整体而言,作为投资东道国,我国的外商投资环境长期以来比较稳定,中央与地方的外资政策互动也较为协调,②加之在当前自由贸易港建设和《中华人民共和国外商投资法》颁布的带动下不断优化完善的外商投资政策、管理方式和立法保护,与外国投资者的争端风险尚在我国政

① 石静霞:《国际贸易投资规则的再构建及中国的因应》,载《中国社会科学》2015 年第 9 期。

② 由于地方政府的行为在国际法上归责于主权国家,中央和地方之间的政策不协调是导致投资者与东道国投资争端的重要原因之一。

府可以较好控制和化解的范围内。作为投资者母国,如前所述,随着"一带一路"倡议的不断深入推进,我国企业"走出去"面临的安全风险具有一定的综合性、复杂性和多变性,既要考虑海外投资过程中经济、经营上的商业安全风险,又要看到因地缘政治、经济环境的变化引发的各种突发事件所带来的安全风险,以及当地法律、文化、社会等对生产经营的包容性等。① 而且近年来,我国投资者在其他国家涉及采矿业、电力、热力等基础供应业的投资并购快速增长,②而各国对这些领域的投资向来比较敏感。因此,相比于对我国政府的东道国利益保护,对海外投资经验尚不丰富的我国投资者提供充分的投资利益保护机制是我国当前更为突出的诉求。从这个角度来看,总体向投资者倾斜的国际投资仲裁机制更符合当前我国国际投资的整体形势和总体诉求。

(二)双重立场标准的排除

既然我国兼具投资者母国与投资东道国的双重身份,从单纯追求短期利益最大化的角度出发,我国在国际投资仲裁机制中针对不同国家采取不同立场是最有利的选择——针对我国作为投资输入国身份的协定(主要是与发达国家间的协定),采取"防御性"立场,缩小对"投资""投资者"等的范围界定,限制提交仲裁庭管辖的争端范围,并设置"用尽当地救济条款""岔路口条款"等有利于东道国的条款;针对我国作为投资输出国身份的协定(主要是与发展中国家间的协定),采取"攻击性"立场,扩大对"投资""投资者"的界定范围,将所有投资争端提交仲裁庭管辖,并规避"用尽当地救济条款""岔路口条款"等有利于东道国的条款。但笔者认为,这种双重立场标准并不可取:一方面,基于"最惠国待遇"原则的"自动传导效应",上述安排能否实现其目的存在疑问;③另一方面,这种功利的安排与我国主张和推广的合作共赢的新型国际关系相悖,容易疏远我国与发展中国家的关系。事实上,在国际经济秩序的构建中,各国追求的不仅是利益,还有利益与价值之间的平衡。作为新兴的国际投资大国,我国应当有一个长远、统一的投资立场规划,注重自身正面、负责任、有担当的大国形象;作为发展中国家,我国更应该秉持与发展中国家互帮互助的一贯主张,做

---

① 参见邹统钎、梁昊光主编:《中国"一带一路"投资与安全研究报告(2016—2017)》,社会科学文献出版社2017年版,第3页。

② 例如,2017年,我国在采矿业的对外投资并购同比增长52.1%,在电力、热力、燃气及水的生产和供应领域同比增长12.8%。参见中华人民共和国商务部、中华人民共和国国家统计局、国家外汇管理局:《2017年度中国对外直接投资统计公报》,中国统计出版社2018年版,第9页。

③ 当然,如前所述,对于最惠国待遇条款能否适用于程序性问题仍存在争议。

到表述立场与实际行动相一致,避免因短期的利益追求而在长远上失去发展中国家的伙伴关系。因此,如学者对国际经济关系构建中"利义关系"的论述,我国不应单纯以追求自身短期利益的最大化为目标,而应在追求自身利益的同时,秉持特有的"利以义生""见利思义"等传统价值观,继续推动国际经济秩序的改革。① 故而,在国际投资仲裁机制的改革完善中,针对不同的国家,我国应当采取相对统一的立场,不宜采取两种立场和制定两种方案。当然,一个国家的 ISDS 机制政策同样不应该是僵化的,而应根据实际情况进行调整。② 在总体立场的具体实施过程中,我们可根据不同国家的现实情况和不同需求在制度层面做出必要的变通,而且在具体的 BIT 更新环节,可以考虑优先推动我国作为投资输出国的协定的完善,以便满足我国资本"走出去"的现实需求。

(三)司法化过程中利益分配的多维考察

整体来看,当前国际投资仲裁机制的总体变革趋势,是由此前偏向于投资者利益的制度设计转向投资者与东道国利益的平衡化构建,国际投资仲裁的司法化亦遵循这一原则。这种发达国家主导下的转变一方面固然是对现行制度缺陷的完善,但另一方面也是发达国家维护其自身投资利益的一种应对,即通过制度完善继续延续国际投资仲裁机制对其海外投资者(尤其是在发展中国家的投资利益)的保障价值,并修改其中对自身国家主权也构成挑战的制度缺陷。对包括我国在内的发展中国家来说,我们既要从整体上认可这种投资者与东道国利益平衡化构建趋势对发展中国家的利好,特别是旨在维护东道国政府在环境、卫生、公共安全等方面规制权力的改革,对于面临更严峻环境、卫生挑战,相关法律制度更容易出现重大调整的发展中国家来说具有重要价值;也要注意到这些制度改革给发达国家与发展中国家带来的受益幅度的差异性。例如,就法庭之友制度的引入而言,"美国政府组织参与公共事务、表达诉求的机制已经较为成熟,且美国国内的法庭之友制度也相对完善,一旦美国政府成为被告,法庭之友会踊跃参与为美国谋求公共利益"③,这也是美国敢于积极引入该制度的底气所在。而对以我国为代表的大部分发展中国家来说,虽然近年来随着公益

---

① 参见徐崇利:《新兴国家崛起与构建国际经济新秩序——以中国的路径选择为视角》,载《中国社会科学》2012 年第 10 期。

② 参见韩秀丽、翟雨萌:《论"一带一路"倡议下中外投资协定中的投资者—国家仲裁机制》,载《国际法研究》2017 年第 5 期。

③ 赵骏、刘芸:《国际投资仲裁透明度改革及我国的应对》,载《浙江大学学报(人文社会科学版)》2014 年第 3 期。

诉讼制度的逐步确立，相关社会组织参与公共事务的能力已经有所提升，但与发达国家相比，还存在差距。故而，对于国际投资仲裁的司法化，我们应当从发展中国家、新兴投资大国、投资输入国、投资输出国等多重身份并重的多元视角出发，以及这种趋势对发展中国家和发达国家的比较利益等多个维度开展评估，谨慎做出选择。

在前述基础考量之上，以下将从国际投资仲裁的仲裁规则以及国内司法制约两个方面分别论述国际投资仲裁司法化的中国立场。

二、国际投资仲裁机制司法化改革的中国立场

2019 年 7 月，我国向 UNCITAL 第三工作组提交改革意见书，阐述我国在多边立场下对 ISDS 机制的改革立场，这同样构成我国对国际投资仲裁机制多边改革的立场基础。当然，多边立场的表达与具体双边或者诸边投资协定谈判的实践并不完全一致，而且体现于该改革意见书中的立场也比较宏观和原则，因此仍有必要予以细化分析和讨论。

(一) 透明度规则的中国立场

对于透明度规则，如本书第二章所阐述的，国际投资仲裁规则中纳入透明度规则已经为国际社会普遍认可和接受，而且这种认可和接受在范围和程度上呈现显著扩张之势。

应当认为，透明度规则在整体上对投资者和东道国都有积极价值：一方面，透明度改革的初衷在于消除东道国和民众对国际投资仲裁机制的顾虑与信任危机，其对于保障东道国公共利益，保证民主参与，缓解东道国因参与国际投资仲裁而面临的国内压力具有积极价值；另一方面，透明度规则对仲裁程序以及仲裁裁决的公开化也为投资者提供了便利，当投资者遭遇东道国相同或类似措施侵害时，透明程序可以为投资者进行投资仲裁提供合理的预期和全面审查相关权利的框架。[①] 同时，透明度规则在监督国际投资仲裁庭和仲裁员以及指导未来国际投资仲裁实践方面的积极价值，对投资者和东道国来说也都是双向有益的。此外，随着网络信息化建设水平的提升以及电子化办公的普及，透明度规则在操作层面的便利性和经济性也可以得到更好的兼顾。

基于上述方面的考虑，对于兼具投资者母国以及投资东道国身份的我国来

① 参见朱明新：《联合国国际贸易法委员会"投资仲裁透明度规则"评析》，载《武大国际法评论》2017 年第 1 期。

说,透明度规则在整体上应当是可以接受的:第一,仲裁的保密性特点并不是绝对和一成不变的,即使是在国际商事仲裁领域,不少仲裁规则都部分引入了透明度规则;[①]第二,在我国晚近的国际投资协定实践中,已有纳入国际投资仲裁透明度规则的实践,如《中国—澳大利亚自由贸易协定》"投资"章第17条就分5款对仲裁程序的透明度作出了明确的规定,《中国—加拿大双边投资协定》第27~29条也分别对"对非争端缔约方:文件和参与""审理与文件的公众参与""非争端方陈述"这三项涉及透明度规则的内容作出了规定;第三,根据UNCITRAL《透明度规则》第1条第1款的规定,除非条约缔约方另有约定,否则《透明度规则》适用于依照2014年4月1日及之后订立的投资协定提起的UNCITRAL仲裁,而我国在2014年4月1日之后订立的,适用UNCITRAL仲裁规则的国际投资协定中并未明示排除《透明度规则》的适用。[②] 因此,我国政府对透明度规则的态度实际是开放的,并非如上述评议中的那般排斥。

当然,对透明度规则的总体可接受性并不意味着对所有透明度规则涉及的内容都毫无保留地接受,如同UNCITRAL《透明度规则》第1条第4款体现的精神,透明度规则应当兼顾仲裁程序和特定争端中的公共利益以及争端方公正快速解决争端的利益。换言之,透明度规则不应当过度地影响仲裁的效率价值。对此,在透明度规则涉及的主要内容中,文件的公开对仲裁程序的影响较小,并不会对仲裁的效率产生过多的损耗,但仲裁程序的公开,尤其是第三人参与(法庭之友)制度对仲裁程序的影响较大,容易造成仲裁程序的拖延。从实践的情况来看,从法庭之友递交参与仲裁程序的申请,到仲裁庭作出是否允许的决定,再到法庭之友实际提交相关文件以及当事人对法庭之友文件发表意见,这一系列过程可能需要耗费数月之久,不仅将极大地增加仲裁庭和当事人的工作量,而且将对仲裁程序的快速推进带来负面影响。更为不合理的是,在实践中可能存在多种不合理的第三方参与:有些法庭之友仅意图以参与诉讼的方式提升自己的知名度和影响力,或与当事一方有组织、机构上的牵连,或受当事一方的资助。因此,虽然第三方参与从程序角度增加了国际投资仲裁的公开和透明,并在一定程度上缓解了其"合法性危机",但对法庭之友的参与仍应当进行必要的限制,正如学者所言,合理的第三方制度设计应当保证真正"法庭之友"的有效

---

① 例如,2009年《美国仲裁协会国际仲裁规则》就规定仲裁机构可以出版或者以其他方式向公众提供经过编辑的裁决、裁定或者决定。

② 例如,《中国—韩国自由贸易协定》《中国—澳大利亚自由贸易协定》等。

参与，同时排除不合理参与意图主体的破坏；兼顾为第三方提供参与便利和不拖累仲裁效率；平衡维护仲裁当事方利益以及确保裁决结果符合公共利益。[①]

特别是对我国而言，以下两个方面的情况值得关注：第一，如前面已经提及的，虽然近年来随着国内公益诉讼制度的发展，我国相关公益组织代表公共利益参与诉讼的能力有所增强，但在国际层面，我国非政府组织（民间组织）的力量相较于发达国家仍较薄弱，[②]因此第三方参与制度对发达国家的受益程度显然要高于我国，这可能也是当初我国对第三方参与制度持消极态度的重要原因之一。第二，我国民间组织在运行模式上存在不同于其他国家的特殊性，如在管理制度上，我国对民间组织的管理要求其在登记时除满足人员、活动场所、活动性质等一般要求外，还要有“业务主管单位”，即政府有关部门或政府授权的组织。而根据 UNCITRAL《透明度规则》第 4 条第 2 款的规定，第三方在向仲裁庭提出递交文件申请时，应当说明情况，包括任何上级组织（包括直接或间接控制第三方的任何组织），由此带来业务主管单位是否可能被理解为该条所指的上级组织的疑惑。如果是，则可能使仲裁庭对我国民间组织的独立性产生疑虑，进而对相关民间组织提交的，有利于我国政府的文件的说服力产生负面影响。上述两方面的特殊情况，是我国在确立对第三方参与制度立场时必须要考虑的。虽然有观点认为，我国可以为非政府组织提供资金和政策支持以促进其发展，使其为维护我国利益在国际上发声，[③]但一方面，这种能力的建设过程绝非一朝一夕可成；另一方面，根据 UNCITRAL《透明度规则》第 4 条第 2 款的规定，资金上的支持同样是需要说明的内容，利益关系的存在会影响仲裁庭对第三方独立性和文件说服力的判断。在此基础上，我国对第三方参与制度的立场相对于发达国家应当更为谨慎。

在相对谨慎的立场选择之下，我国需要对第三方参与制度做出必要的限制。可供选择的限制性措施包括：第一，在参与主体方面，可以考虑将参与主体限定在非争端的缔约方，进而排除非政府组织、利益团体和个人等参与的可能性；第二，对我国非政府组织的特殊情况进行特别说明，明确业务主管机关不应

---

① 参见张庆麟：《国际投资仲裁的第三方参与问题探究》，载《暨南学报（哲学社会科学版）》2014 年第 11 期。

② 虽然第三方参与中的“第三方”包括非争端缔约方、非政府组织、利益团体和个人等，但从实践来看，非政府组织是最为活跃的。

③ 参见刘晓红、袁小珺：《国际投资仲裁第三方参与问题研究》，载《上海对外经贸大学学报》2017 年第 3 期。

当被视为上级组织；第三，在参与方式方面，应当延续当前的普遍做法，控制非缔约方的第三方只能通过提交书面陈述的方式参与仲裁程序；第四，在递交文件的篇幅、内容和时效上，可以对第三方提交文件的页数、观点以及期限等做出明确要求，如明确限定第三方提交文件的页数，避免文件过于冗长；[①]第五，要求仲裁庭仅在第三方充分说明其对争议事实或法律观点有新视角或新认识时才允许参与，避免其只是对当事方观点的重复；第六，对仲裁庭做出是否准许第三方参与的裁决期限、第三方提交文件的准备时间以及当事人对提交文件的回应时间等做出较短的期限设置。

（二）外部上诉机制的中国立场

相比于透明度规则，国际社会对国际投资仲裁机制下引入外部上诉机制的司法化改革措施，尚存在较大的分歧。但就其制度本身而言，外部上诉机制在纠正错误裁决，推动国际投资法规则的统一与完善方面的价值对于东道国与投资者的获益性是双向的，这也意味着对外部上诉机制的立场评估，投资者母国或者投资东道国的身份差别并不应当成为决定性的影响因素。对于兼具上述两种身份的我国来说，身份对立场的影响更加可以忽略。在 2019 年 9 月提交的《中国政府关于投资者与国家间争端解决机制改革的建议》中，我国的相关立场表述为："为解决投资者与国家间争端解决机制存在的主要问题，中国支持对常设上诉机制改革方案开展研究。设立基于国际条约的常设上诉机制，明确相应程序、机构、人员，对推动投资者与国家间争端解决的法治化进程具有重要作用，有利于完善纠错机制，增强投资争端解决的法律预期，约束裁判人员的行为，也有利于进一步规范和澄清程序，减少当事方滥用权利的行为。近期的国际投资协定（包括中国签署的投资协定）已经开始尝试对上诉机制作出规定，或制定与潜在上诉机制进行对接的条款。但相比较双边投资协定，通过制定多边规则规范上诉机制是更有效率的做法，能够最大程度降低制度性成本。从世贸组织争端解决机制的实践经验看，其上诉机制的效率较高，且运转成本适中。"显然，我国对于常设上诉机制是持开放态度的。在 2015 年《中国—澳大利亚自由贸易协定》中上诉审查机制得到了采纳，该协定"投资"章第 23 条规定："自本协定生效之日起 3 年内，双方应启动谈判，以期建立上诉审查机制，审查在此上诉审查机制建立后作出的仲裁裁决。此上诉审查机制将审理有关法律问题

---

① 例如，NAFTA 自由贸易委员会在其声明中明确要求第三方提交的文件不得超过 20 页。

的上诉。”

在开放性的整体立场之下，如何在未来上诉机制的具体构建中尽可能地符合和体现我国利益诉求，则是进一步需要考虑的问题。对此，笔者认为，应当坚持以下两个基本原则：第一，无论是多边还是双边机制下的上诉机制，也无论其最终是依托于ICSID、WTO还是成立一个专门性的包含上诉机制的国际投资法院，我国在上诉机制的构建中都应将我国仲裁员的参与度作为一个重要的考量因素，上诉机制下的仲裁员名册应当固定，且宜采取轮流任命机制，进而确保我国仲裁员在实践中真正获得同等的指定机会。第二，上诉机制的构建需特别注重对仲裁效率的保护：首先，上诉机制的构建应当避免裁决监督环节的重复——在引入上诉机制的情况下，宜排除现有类似ICSID公约下的内部裁决撤销制度以及国内法院的司法监督。这意味着上诉机制的构建应尽可能地在多边层面下开展，因为双边投资协定理论上只能排除缔约双方国内司法的监督。其次，对于上诉环节的审查范围，虽然包括WTO在内的很多上诉机制都允许就事实问题提起上诉，但从平衡一审和二审之间的权力，避免一审沦为过场而导致审理重复的角度出发，宜将允许上诉的事实问题限于重大的或实质性的事实认定错误（限于当事方能够证明仲裁庭裁决的作出没有任何合理的事实依据）。[①] 最后，上诉程序应当有严格的程序期限限制，而且应当排除发回重审制度的使用，以免程序的过度冗长。基于上述考虑，以下上诉机制的构建路径值得参考：在双边机制下，我国对上诉机制可先不做具体的制度设计，只列入类似《中国—澳大利亚自由贸易协定》中那样原则性的进一步谈判条款或者如同欧盟在部分自由贸易协定中引入的转移条款那样，规定缔约方相互之间应当继续推进多边上诉机制的构建，一旦建立该种多边机制，则相关的投资争端将通过合适的机制安排转至多边机制下解决。

（三）仲裁员任命机制的中国立场

在2019年9月提交的《中国政府关于投资者与国家间争端解决机制改革的建议》中，我国建议在投资仲裁的一审环节，保留当事方指定仲裁员的权利，并从仲裁员的专业知识、利益冲突避免以及回避规则方面加以完善，增加透明度和合理性。显然，我国在有关仲裁员专业知识、利益冲突避免以及回避规则的完善方面持积极态度，因为这不仅回应了东道国的担忧，还符合投资者的利

---

① See David A. Gantz, *An Appellate Mechanism for Review of Arbitral Decisions in Investor-state Disputes: Prospects and Challenges*, 39 Vanderbilt Journal of Transnational Law 39 (2006).

益——仲裁员与东道国之间存在的可能影响其独立性的关联以及裁决因仲裁员在上述方面的瑕疵而被撤销或不予执行的风险对投资者也是现实的顾虑。上述立场也体现在我国近几年的条约实践中，如《中国—澳大利亚自由贸易协定》“投资”章第 15 条对仲裁员的遴选条件和独立性作了具体要求，并在该章附件 1 中对仲裁员的行为守则（包括程序责任、披露义务、职责履行、独立性与公正性等）作出具体规定。当然，对于仲裁员的披露义务，也应当合理控制其范围并区分其与挑战仲裁员的标准。尤其考虑到我国在 ISDS 领域的仲裁员多为学者出身的兼职仲裁员的情形，不能将发表的著述中的观点与仲裁员的公正性以及有权挑战仲裁员的情形简单挂钩和等同。至于指定仲裁员的权利，我国的立场相对保守，将其与支持多边常设上诉机制构建的意见相联系，并充分考虑投资者的权益保障需求。这种谨慎的立场选择具有合理性：一方面，从投资利益保护的侧重点而言，考虑到我国国内的外商投资环境长期以来比较稳定，投资法治环境也在不断优化完善，而我国投资者的海外投资经验尚不丰富，在疫情影响以及单边主义和保守主义回潮形势下面临较大投资争端风险的客观情况，为投资者提供充分保护是我国目前相对更为迫切的诉求。继而，过度渗透公法价值、过于政治化的 ISDS 机制给投资者带来的负面影响并不符合我国当前的国际投资利益诉求。需始终谨记的是，虽然国际投资争端与 WTO 争端具有相似性，但不同于 WTO 成员本身并不反感政治化的特性，投资者对投资争端解决的政治化十分敏感。另一方面，从机制设置本身的合理性而言，考虑到当前国际投资法以 BIT 为主的现状，临时仲裁员的多元性带来的灵活性更加适合 BIT 的多样性。① 在引入常设上诉机制的情况下，上诉机构的常设性质已经能够在很大程度上平衡现有仲裁员指定机制可能存在的不足，非常设的初审和常设的上诉机构更能发挥各自所长，弥补另一方的不足，形成精巧和平衡的组合。②

裁判者的任命权是否应当转移是最具争议的。我国在上述有关仲裁员指定机制的改革立场表述中，以构建常设上诉机制为假设，但仍需回应的两个问题是：第一，在多边层面的常设上诉机制短期内难以构建的情况下，我国如何在

① See Payam Akhavan, *The Contribution of Investment Arbitration to the Rule of Law*, in Andrea Menaker ed., International Arbitration and the Rule of Law: Contribution and Conformity, Kluwer Law International, 2017, p. 77.

② 参见肖军：《规制冲突裁决的国际投资仲裁改革研究——以管辖权问题为核心》，中国社会科学出版社 2017 年版，第 177 ~ 179 页。

近期的双边或者区域投资协定谈判中做出因应？第二，如果常设上诉机制得以构建，上诉机构的裁判者（成员）如何产生？

笔者认为，在尚未引入多边常设上诉机制的情况下，强制仲裁员名册制度是双边和区域层面有关仲裁员任命机制改革更为平衡的方案：在保留投资者对具体案件仲裁员指定权的基础上，明确当事人只能在事先拟定的固定名册中指定仲裁员。这可以有效缓解可选择的仲裁员不受限制导致的仲裁员专业性、代表性难以控制等问题，配合更为完善的仲裁员遴选机制和利益冲突规则，应能较好回应当前有关投资仲裁员的争议。同时，强制仲裁员名册制度的适用范围也有不同的选择，如要求所有被指定的仲裁员都从名册中选择，或者当事人指定的仲裁员可以不从名册中选择，但双方合意指定或者机构指定的第三名仲裁员必须从名册中选择。当然，强制仲裁员名册如何制定，值得进一步探讨。根据一项针对投资者进行的 ISDS 机制调查，如果强制仲裁员名册是由缔约方制定的，那么 64% 的被调研者认为这将有损于投资者对 ISDS 机制的信任；相比之下，由独立机构制定的强制仲裁员名册更得到投资者的认可，有 48% 的被调研者认为这种方式下制定的名册有助于提升信任。[8]从平衡投资者和东道国利益诉求，进一步避免强制仲裁员名册制定过程过于政治化的考虑出发，在缔约方可以通过投资协定对仲裁员的遴选要求和具体案件仲裁庭成员的组成要求进行细化的前提下，不宜再由缔约方掌握制定强制仲裁员名册的主导权，更宜将它交给独立的第三方机构，由其在综合评估缔约国的建议、仲裁员的申请、相关仲裁机构或仲裁员组织的推荐等基础上制定。此外，独立的第三方机构还可以在仲裁员的披露义务上进行机制建设，设立专栏搜集并定期更新仲裁员根据行为守则需要披露的信息，使有需要查询利益冲突的当事人能够有效获取相关信息。对此，由 40 多个国家和地区的工商、法律服务机构共同发起成立的国际商事争端预防与解决组织（International Commercial Dispute Prevention and Settlement Organization, ICDPASO）是合适的选择之一，应当成为未来我国在投资协定谈判中力推的选择。这不仅与该组织共商、共建、共享的理念相契合，可以作为我国为"一带一路"投资争端治理贡献的公共产品之一，而且有助于该组织更快地积聚国际关注，助力其发展。

同样地，如果未来多边层面的上诉机制得以成型，完全剥夺投资者的裁判者任命权，由缔约方完全主导裁判者的任命过程也非合理的选择，其成员的选任过程也宜如前所述，交给独立的第三方机构，以淡化政治化风险，增强投资者对上诉机制的信任。同时，上诉机构的成员选任过程应当遵循国际争端解决机构运行的必要原则，尤其是在成员的代表性上，应当保证实际审理案件的成员充分体现地域、国家、文化、法系等方面的代表性。

三、国际投资仲裁国内司法制约的中国立场

对于国际投资争端的解决以及国际投资法的发展而言，国内法院扮演的角色并不简单：一方面，通过仲裁裁决的司法审查和仲裁程序的司法介入等方式，国内法院在国际投资争端的解决中扮演着重要的角色，可以施加重要的影响；另一方面，国内法院在上述环节对相关国际投资规则的探讨和裁判，可能成为后续其他国家法院乃至仲裁庭援引的对象，在此过程中，国内法院的判决成为国际习惯法的例证并不鲜见。因此，如学者所言，人民法院通过行使跨国司法治理权，不仅能决定国际纠纷当事方的权利义务，还可广泛影响中国参与全球治理的效果。[①] 在此基础上，我国法院应当意识到自身在国际投资治理中具有的司法治理权，并努力兑现该种司法治理权。

当然，由于当前我国并非国际投资仲裁的主要仲裁地和裁决承认与执行地，涉及我国投资利益的仲裁案件也相对较少，因此我国法院尚未有机会参与和兑现国际投资的全球治理和司法治理权。但从长远来看，随着我国在国际投资领域参与程度的不断深化，我国法院参与其中的概率也会随之增加，而这就需要我们未雨绸缪，首先厘清我国法院针对国际投资仲裁司法制约的立场。

（一）国际投资仲裁裁决司法审查的中国立场

对于国际投资仲裁裁决的司法审查而言，首先需要明确的是，对于 ICSID 仲裁裁决而言，我国法院并无审查的权力。即使在裁决的承认和执行环节，我国法院原则上只需要将 ICSID 仲裁裁决视为本国终审的判决即可，这似乎意味着我国民事诉讼领域的审判监督程序有适用的空间，因为《中华人民共和国民事诉讼法》（以下简称《民事诉讼法》）第十六章规定的审判监督程序就是针对已经发生法律效力的判决、裁定、调解书的。但如本书第三章所述，因为缔约国对 ICSID 裁决的承认义务是绝对的，这意味着 ICSID 裁决已经是终局的，具有既判力，缔约国在执行环节并不能对仲裁裁决的效力本身进行审查，继而也就不存在审判监督程序适用的空间。因此，本部分以下有关司法审查的讨论，仅对于非 ICSID 仲裁裁决而言。

---

① 参见霍政欣：《论全球治理体系中的国内法院》，载《中国法学》2018 年第 3 期。

如本书第三章中已经提及的，对于国际投资仲裁裁决的司法审查，最核心的问题是确立何种司法审查制度，是适用一般国际商事仲裁裁决的司法审查制度，还是另行制定一套不同的审查制度？对此，已有学者基于美国联邦最高法院 BG 案的审判，提出对国际投资仲裁及其司法审查予以商事化对国际投资仲裁甚至整个国际投资法律制度的发展都是不利的，应当在司法审查环节推动国际投资仲裁的“去商事化”。[①] 不过，笔者认为，笼统地使用“去商事化”的概念并不准确，因为各国对国际商事仲裁裁决的司法审查制度本身并不一致。例如，在仲裁庭管辖权的司法审查标准问题上，虽然美国采取的是相对宽松的态度，即对于涉及仲裁程序性条件的含义和适用问题将推定由仲裁庭进行裁定，法院不会进行重新审查，但在英国、新加坡等国，采取的却是重新审查的标准。以英国法院为例，虽然一直有观点认为法院对仲裁庭管辖权的裁定应当采取“复核”(review)而非“重审”(retrial)的立场，认为重审将带来程序不科学、浪费等问题，[②]但从亚速航运诉波罗的海航运案(Azov Shipping v. Baltic Shipping)[③]以来，绝大部分的判例都坚持重审的立场，法院需要对仲裁庭的管辖权进行全面的实质性审查，包括事实问题和法律问题。也就是说，虽然在美国法下存在对国际投资仲裁裁决中的管辖权审查需要“去商事化”的问题，但在英国法、新加坡法下则不存在这一问题，因为这些国家对国际商事仲裁已经采取了重新审查的标准。同时，从既有国内司法对国际投资仲裁裁决的司法审查实践来看，虽然不同国家采取的标准存在差异，但这种不同是由于这些国家在国际商事仲裁领域本身的司法审查标准的不同造成的，而非在国际投资仲裁领域采取了与国际商事仲裁不同的司法审查标准所致。也就是说，当前各国有关国际投资仲裁裁决的司法审查都遵从与国际商事仲裁相同的制度和标准。例如，新加坡和加拿大在对国际投资仲裁案件进行司法审查的过程中，都直接适用其《国际仲裁法》。

对我国而言，对国际投资仲裁裁决总体适用国际商事仲裁裁决的司法审查制度是目前最合理的选择。首先，从将我国打造为未来国际投资仲裁主要仲裁

① 参见肖芳：《国际投资仲裁裁决司法审查的“商事化”及反思——以美国联邦最高法院“BG 公司诉阿根廷”案裁决为例》，载《法学评论》2018 年第 3 期。

② 参见杨良宜、莫世杰、杨大明：《仲裁法——从 1996 年英国仲裁法到国际商务仲裁》，法律出版社 2006 年版，第 468～469 页。

③ See [1999] 2 Lloyd's Rep. 39.

地和裁决承认与执行地,并以此构建和兑现我国在国际投资全球治理中的司法治理权出发,稳定和可预见的司法审查制度是必不可少的要素。尤其在国际投资仲裁目的地的打造方面,仲裁地司法监督制度的明确性是仲裁庭和当事方在选择仲裁地时考虑的关键因素之一。因此,相比于"另起炉灶",适用国际商事仲裁这套国际社会熟悉的、成熟的司法监督制度对我国而言是最有利的。而且无论是涉外仲裁裁决的撤销制度,还是涉外仲裁裁决的承认与执行制度,通过发布执行通知、建立报告制度、制定司法解释、个案答复、信息化建设、法官培训等措施,①我国对国际商事仲裁的司法立场和制度建设已经趋于成熟和完善,并与国际接轨。这为我国国际投资仲裁的司法监督制度与国际接轨奠定了基础。其次,在明确以程序监督为主的基础上,对于属于审查范围的事项,特别是仲裁庭的管辖权,我国法院拥有重新审查的权力。这意味着在实践中最常见、最关键的审查事项上,我国对国际投资仲裁适用国际商事仲裁的审查制度并不存在"去商事化"问题,能够符合对国际投资仲裁裁决进行审慎审查的需求。② 最后,虽然国际投资仲裁相比于国际商事仲裁存在一定的特殊性,但同样需要在仲裁效率和裁决正确性之间达到恰当的平衡:一方面,虽然"支持仲裁"的政策在国际投资仲裁领域会存在一定的差异性,为了有利于仲裁而作出超出东道国在条约中的特殊承诺之外的任何扩张解释都会招致东道国的反对和警惕,反而不利于国际投资仲裁的发展;③另一方面,如果在仲裁裁决的司法审查环节过于严苛,也同样会影响在国际投资争端领域引入仲裁机制的初衷,有损国际投资仲裁的效率,并使投资争端的解决面临复政治化的风险,这同样不是东道国愿意看到的,尤其在很多东道国兼具投资者母国身份的情况下。因此,现有国际商事仲裁司法审查制度下形成的仲裁效率和裁决正确性之间的平衡对国际投资仲裁而言是最好的选择,对其进行宽松化或者严格化的调整都缺乏足够的理论支撑。

当然,在整体可适用的基础上(包括审查事项和审查标准),我国法院仍需要在《纽约公约》对国际投资仲裁裁决的适用障碍,以及案件管辖和内部报核制

---

① 参见高晓力:《中国法院承认和执行外国仲裁裁决的积极实践》,载《法律适用》2018 年第 5 期。

② 根据《最高人民法院关于审理仲裁司法审查案件若干问题的规定》第 11 条的规定,人民法院审查仲裁司法审查案件,应当组成合议庭并询问当事人。

③ 参见肖芳:《国际投资仲裁裁决司法审查的"商事化"及反思——以美国联邦最高法院"BG 公司诉阿根廷"案裁决为例》,载《法学评论》2018 年第 3 期。

度的适用等方面做出必要的调整,这将在本章第三节国内司法的制度衔接中详述。

(二)国际投资仲裁程序司法介入的中国立场

对于国际投资仲裁程序的介入,我国法院已有根据《民事诉讼法》等规定裁定当事人禁止采取、撤回或终止与其审理的争议相冲突的外国诉讼程序的实践,①而且基于维护我国国家的重要公共利益以及司法权不被过度侵蚀的考虑,也有学者建议我国构建有限度的禁诉令和反禁诉令制度。② 对此,笔者认为,《民事诉讼法》的行为保全制度已经可以为我国政府在面临投资者的滥诉时提供兜底的国内法救济选择。同时,结合我国当前加快推进涉外领域立法,充实应对挑战、防范风险的法律"工具箱"的内在要求,在《民事诉讼法》的修改中做进一步的制度储备,规定独立的禁诉令制度也是可取的。当然,从效果上来说,因国内法院依据国内法作出的裁决原则上只对仲裁地位于本国的仲裁庭具有约束力,我国法院作出的行为保全或者禁诉令无法约束仲裁地位于国外的仲裁庭,且容易带来与仲裁庭的程序对抗风险。为此,一方面,基于前述打造国际仲裁目的地的目标,我国法院应当遵循谨慎适用的立场;另一方面,鉴于国际投资协定中的相关规定对仲裁庭具有直接约束力,在国际投资协定中作出更富针对性的条款设计,在国际投资协定和国际投资仲裁程序内部提供应对投资者滥诉的规则保障同样值得关注,如对投资者有权提起仲裁的条件和范围作出更明确的规定,对仲裁庭合并仲裁的规则进行细化设计。例如,USMCA 在第 14 章附件 D 中提供了一种合并方法,即在不同仲裁中基于协定条款提出的相关仲裁请求仅能由新成立的仲裁庭审理。同时,USMCA 规定了合并的程序和标准,即在一方当事人提出合并请求的情况下,可以进行合并,须向新成立的仲裁庭证明,"提交仲裁的两项或两项以上的请求……包含相同的法律问题或事实问题且产生于相同的情形"③。然而,值得强调的是,USMCA 的合并条款仅适用于基于协定本身提出的仲裁请求,即 USMCA 的合并条款只能发生在基于 USMCA 提出的两个仲裁之间,不能延伸适用于基于不同协定提出的仲裁。④

---

① 例如,华为技术有限公司等诉康文森无线许可公司案,最高人民法院(2019)最高法知民终732、733、734 号之一民事裁定书。

② 参见沈红雨:《我国法的域外适用法律体系构建与涉外民商事诉讼管辖权制度的改革——兼论不方便法院原则和禁诉令机制的构建》,载《中国应用法学》2020 年第 5 期。

③ USMCA, Annex 14 - D, art. 12(1)(6).

④ See USMCA, Annex 14 - D, art. 12(1).

值得注意的是,根据我国《仲裁法》第20条的规定,对于仲裁协议效力的认定,我国采取了仲裁庭和法院都有权裁定的"并存控制"模式,而且法院相比于仲裁庭具有优先性,[①]因此至少对于仲裁地在国内的涉外仲裁而言,我国法院有权通过仲裁协议效力的确认程序介入仲裁程序中。当然,对于《仲裁法》规定的这种模式,学界多持批评否定的态度,认为这与国际通行做法不一致,不利于仲裁效率的提升。[②] 从国际竞争角度来说,我国法院对仲裁庭管辖权认定的过早介入在整体上也不利于吸引仲裁机构或者仲裁庭在仲裁规则或者仲裁程序中将仲裁地设在我国,这在国际投资仲裁下也是如此。因此,未来我国《仲裁法》修改或者司法实践应当对法院的此种司法介入进行适当的限制,而非进一步扩张。

第三节　国际投资仲裁司法化的具体应对

基于上述国际投资仲裁司法化的整体立场,如何在具体的制度层面做出应对是本书最后阐述的问题,包括国际层面双边和多边谈判的具体应对,以及国内司法层面相关衔接机制的完善。

一、国际投资仲裁制度司法化的谈判应对

国际投资仲裁制度司法化的谈判应对是一个复杂的问题:一方面,不同国家对司法化的认识并不一致,尤其对于理论和实践中仍存在较大分歧的上诉机制和仲裁员任命机制改革,各国的立场在短时间内可能难以统一;另一方面,国际投资仲裁司法化的谈判应对涉及双边和多边两个层面,多个谈判进程受谈判对象和谈判场合的不同而面临不同的方案考量,这意味着前述有关国际投资仲裁制度司法化的整体立场在具体的双边和多边谈判中如何贯彻将是一个复杂

---

① 当然,《最高人民法院关于适用〈中华人民共和国仲裁法〉若干问题的解释》第13条对此作出了一定的修正,该条规定:"依照仲裁法第二十条第二款的规定,当事人在仲裁庭首次开庭前没有对仲裁协议的效力提出异议,而后向人民法院申请确认仲裁协议无效的,人民法院不予受理。仲裁机构对仲裁协议的效力作出决定后,当事人向人民法院申请确认仲裁协议效力或者申请撤销仲裁机构的决定的,人民法院不予受理。"

② 参见朱科:《中国国际商事仲裁司法审查制度完善研究》,法律出版社2018年版,第158~169页;申黎:《国际商事仲裁的司法介入制度研究》,华东政法大学2012年博士学位论文,第77~80页。

的问题。为此，在复杂的双边和多边谈判中，笔者认为在坚持前文所确立的整体立场的基础上，仍需要对以下问题进行特别考虑。

（一）部分投资协定谈判对整体立场的偏离

如同各国在将国际投资协定范本转化为与其他国家的 BIT 过程中都会根据具体谈判对象的不同而有所调整一样，我国在国际投资仲裁司法化中的整体立场在具体的谈判中也不可能是僵化贯彻的：一方面，如前文所述，虽然我国不宜采取双重立场标准，但保持国际投资仲裁政策的适度灵活性，根据不同的谈判对象和谈判场合做出一定的调整仍是必要的，也是必然的；另一方面，国际投资仲裁机制只是国际投资协定谈判中的一部分，甚至在国际投资环境较为稳定、法治水平较高的国家之间，其重要性远不及市场准入、环境与劳工标准、公平竞争环境等实体问题，因此，对国际投资仲裁司法化整体立场的坚持在某些谈判中不应当成为达成“一揽子”投资协定的根本障碍。① 这意味着在综合考虑谈判对象对国际投资仲裁司法化措施的立场，ISDS 机制在双方投资关系中的重要程度等因素的基础上，我国在部分投资协定谈判中对整体立场的偏离并非不可接受。

以《中欧投资协定》（EU – China Comprehensive Agreement on Investment，CAI）的 ISDS 机制后续谈判为例，欧盟国际投资法庭模式的核心“卖点”有两个方面：一是引入上诉机制以回应当前国际投资仲裁下裁决一致性、可预见性的缺失；二是通过裁判者任命机制的改革以回应当前有关仲裁员的争议。但就前者而言，双边路径并非国际投资仲裁上诉机制的最佳路径，因为双边路径意味着每一引入上诉机制的投资协定都将设立一个独立的上诉机制，这一方面将给缔约国带来显著的成本压力，另一方面也将在上诉机制层面形成碎片化的局面，不同上诉机构之间的裁决一致性同样难以保证。事实上，在维持现有 ISDS 机制的基础上构建一个常设上诉机制已经能够有效回应裁决一致性的诉求，而且相比之下，因不需要设立一审的法院机制，单独的常设上诉机制成本更低，对各国的经济和财务负担较小，更容易被各国接受。② 而就后者而言，如前所述，欧盟投资法庭模式中有关裁判者任命机制改革的政治化风险与我国投资利益保护的整体诉求和立场并不完全契合。从双向投资大国的身份以及在“一带一

① 实践中也有部分国家在其国际投资协定的实践中放弃国际投资仲裁机制，如美国和加拿大之间在《美加墨协定》签署之后将不再适用国际投资仲裁机制。

② 参见秦晓静：《设立投资仲裁上诉机制的路径选择》，载《政治与法律》2021 年第 2 期。

路”倡议投资中的主动地位来看,过于激进、对参与国负担过重、有损投资者信心的裁判者任命机制和 ISDS 机制改革方案并不符合我国的整体国际投资立场。当然,鉴于欧盟已在多边和双边层面表达了推进国际投资法庭模式的强烈决心,以及 CAI 谈判的完成在国际政治与经济层面的战略性价值,仍不得不评估的是前述整体立场在中欧双边语境下是否有让步和调整的空间,是否有可接受的折中方案。

笔者认为,仅就中欧双边层面而言,欧盟投资法庭模式并非完全不可接受,理由主要如下:第一,从近几年中欧双边的投资规模来看,中国和欧盟处于基本相当的状态,双方在投资者母国和投资东道国方面的身份相对平衡,因此,相比于其他我国投资者母国身份更为显著的双边投资关系,有关裁判者任命权的改革在中欧双边层面的负面影响相对更小。第二,就被提起国际投资仲裁的实践而言,目前在 ICSID 中心登记的,由欧盟投资者对我国提起的投资仲裁案件只有一件;我国投资者对欧盟成员国提起的投资仲裁案件也只有一件。① 这意味着依据我国与欧盟成员国间 BIT 提起的投资仲裁实践并不多,ISDS 机制至少到目前为止并未成为双方投资实践的焦点问题。第三,由于语言、文化和法律传统等因素,我国仲裁员在现行国际投资仲裁机制下的参与度很低,而欧盟投资法庭模式中有关裁判人员的构成和任命方式有助于提升我国裁判人员的参与度与影响力,储备和积累专业法律人才。因此,在中欧双边层面,我国对欧盟投资法庭模式具备让步的空间,我们可以将其作为一种小范围的尝试加以考虑。

当然,我国在中欧双边层面对欧盟投资法庭模式的让步并不意味着 CAI 只能将投资法庭模式作为唯一的 ISDS 机制选择。进一步的折中方案是将投资法庭作为中欧 ISDS 机制的选择之一,加入双方可接受的其他争端解决机构和机制,给投资者一定的选择空间。作为我国利益的表达,我国应当推动我国主导的多边争端解决机构(如国际商事争端预防与解决组织)在中欧 ISDS 机制中的引入,以此作为接受欧盟投资法庭模式的条件。同时,中欧双边层面的制度安排不应当改变我国在多边以及更广泛的双边层面的整体立场——即使我国在 CAI 的后续谈判中基于完成谈判的考虑引入了国际投资法庭模式,也应尽量避

---

① 两个案件分别为:德国海乐西亚泽有限公司诉中国案(Case No. ARB/17/19)和平安银行诉比利时王国案(Case No. ARB/12/29)。此外,据报道,2020 年 11 月,瑞士投资者依据中国—瑞士 BIT 向中国政府发出了投资争议磋商谈判的通知。

免加入类似 CETA 等协定中包含的缔约方应当继续推进多边投资法庭构建的“多边争端解决机制条款”,并应在 UNCITRAL 主导的多边 ISDS 机制改革中维持我国的既有立场。

(二)双边和多边层面上诉机制的关联设计

如前所述,我国对国际投资仲裁上诉机制的接受需要注重对仲裁效率的兼顾,上诉机制的构建应当尽可能排除国内法院的司法监督,减少裁决监督环节的重复。而要达到这种效果,仅仅依靠双边层面的制度安排并不足够:BIT 中只能排除缔约双方国内司法的监督,而无法排除非缔约国对仲裁裁决的司法监督(除非依据 ICSID 公约提起仲裁)。同时,从上诉机制的运行效果来分析,多边上诉机制也比双边上诉机制更加合理:一方面,多边层面下的上诉机制可以最大限度地发挥上诉机制在保障裁决统一方面的价值,防止双边层面下上诉机制的碎片化对裁决一致性保障的负面影响;另一方面,多边上诉机制的“集约化”不仅在运行成本上更加经济,而且可以避免双边上诉机制下第三国仲裁员的选择困境。

基于上述考虑,多边上诉机制无疑是更好的选择,这就需要我国在双边和多边谈判中有意地将上诉机制向多边层面引导。为此,以下两个方面的关联设计值得我们采纳:第一,在双边机制下,我国对上诉机制的接受可以先不做具体的制度设计,只列入像《中国—澳大利亚自由贸易协定》中那样原则性的进一步谈判条款或者如同欧盟在部分 FTA 中引入的转移条款那样,规定缔约方相互之间应当继续推进多边上诉机制的构建,一旦建立该种多边机制,则相关的投资争端将通过合适的机制安排转至多边机制下解决,进而为双边上诉机制与多边上诉机制设立接口。第二,在未来多边上诉机制的构建中,除依托 ICSID 公约的修改外,还可以考虑借鉴 UNCITRAL《透明度规则》的做法,通过签订多边条约的形式将上诉机制延伸适用于现有 BIT 中依据特定仲裁规则提起的国际投资仲裁,进而避免逐一修改现有数量庞大的 BIT 的麻烦。

(三)“一带一路”投资争端解决机制的构建

“一带一路”倡议的推进离不开稳定、健康的投资环境作为保障,在这方面,“一带一路”共建国家整体的政治法律环境以及过往参与国际投资仲裁的实践,都表明国际投资仲裁机制具有的约束东道国权力滥用的价值应得到肯定。但国际投资仲裁机制在“一带一路”共建国家的覆盖情况并不令人满意。以中国与共建国家之间的投资仲裁机制覆盖为例,不仅存在我国与相关共建国家尚未形成投资仲裁合意的情况;[①]而且在建立投资仲裁合意的共建国家中,大部分都对提交投资仲裁的争端事项做了限制,只将涉及征收补偿数额的争端提交投资仲裁。[②] 鉴于上述情况,作为“一带一路”倡议的发起国,中国推动建立面向“一带一路”的 ISDS 机制就成为现实的需要。

对于“一带一路”国际投资仲裁机制的构建,众多学者已经发表了数量可观的真知灼见。总结来看,当前有关“一带一路”国际投资仲裁机制的构建存在两条路径:一是国际组织模式,即通过共建国家协商订立国际公约,成立一个类似 ICSID 中心的正式国际组织;二是民间机构模式,即设立一个类似 ICC 的非政府组织,处理国际投资争议。[③] 其中,就前一路径而言,主流观点是依托亚投行这一平台推动机制的构建;[④]就后一路径而言,主要是在贸促会的主导下推进。值得关注的是,2020 年 10 月 15 日,作为第二届“一带一路”国际合作高峰论坛成果清单之一,ICDPASO 在北京正式成立,旨在为国际商事主体提供从争端预防到解决的多元化服务。基于共商、共建、共享理念筹建的 ICDPASO,不仅在地理便捷度以及和共建国家及其投资者的契合度、接受度上具有显著的优势,有利于将“一带一路”框架下的投资争端交由更理解共建国家法律文化与“一带一路”倡议精神的人员和机构解决,提升包括我国在内的共建国家在投资争端解决机制中的话语权,而且其能够提供包括投资争端预防、调解、仲裁在内的

---

① 包括两种情况:一是有些共建国家尚未与我国签订 BIT,如文莱、孟加拉国、尼泊尔、阿富汗、马尔代夫、不丹等;二是签订的 BIT 中不包括投资仲裁条款,如中国与土库曼斯坦之间的 BIT 和中国与泰国之间的 BIT。

② 例如,中国与蒙古国、菲律宾、印度尼西亚、马来西亚、越南、新加坡、柬埔寨、老挝、斯里兰卡、巴基斯坦、沙特阿拉伯、卡塔尔、科威特、阿联酋、阿曼、以色列、乌克兰、白俄罗斯、阿尔巴尼亚、斯洛文尼亚、立陶宛、马其顿、斯洛伐克、匈牙利、波兰、埃及、黎巴嫩、巴林、叙利亚、哈萨克斯坦、吉尔吉斯斯坦、塔吉克斯坦、保加利亚、爱沙尼亚、克罗地亚、塞尔维亚、格鲁吉亚、阿塞拜疆、亚美尼亚、摩尔多瓦等国签订的 BIT 都做了这种限制。

③ 参见马亚伟、漆彤:《论“一带一路”投资争议解决机制的构建》,载《国际商务研究》2018 年第 5 期。

④ 相关论述可参见黄进:《建立中国现代仲裁制度的三点构想》,载《中国法律评论》2017 年第 3 期;黄进、孔庆江:《关于设立亚洲基础设施投资银行投资争端解决中心的探讨》,载《国际经济评论》2017 年第 6 期;鲁洋:《论“一带一路”国际投资争端解决机构的创建》,载《国际法研究》2017 年第 4 期;张丽娜:《“一带一路”国际投资争端解决机制完善研究》,载《法学杂志》2018 年第 8 期;马亚伟、漆彤:《论“一带一路”投资争议解决机制的构建》,载《国际商务研究》2018 年第 5 期;张卫彬、许俊伟:《“一带一路”与投资争端解决机制创新——亚投行的角色与作用》,载《南洋问题研究》2017 年第 4 期;张晓君、陈喆:《“一带一路”区域投资争端解决机制的构建》,载《学术论坛》2017 年第 3 期。

一整套服务。

当然,ICDPASO的构建仅是一个开端,后续的进程更为艰辛,因为ISDS机制的特殊性在于东道国对投资仲裁或者调解的同意通常是在投资协定中安排的。这意味着ICDPASO必须首先成为相关投资协定列明或者涵盖的争端解决机构,才能提升其在"一带一路"ISDS机制中的参与度。为此,潜在的方法可能有两种:其一,如前所述,通过推动"一带一路"共建国家协商订立国际公约并将ICDPASO设定为公约认可的投资争端解决机构或管理机构(之一);其二,在我国与"一带一路"共建国家新签或更新投资协定时,将ICDPASO直接纳入或者为ICDPASO后续的选择留有接口。就前者而言,其取决于各国的需求沟通和意愿协商,取决于参与国在ICSID中心之外对新的投资争端解决机构和机制的现实需求。对此,ICDPASO在构建面向"一带一路"的ISDS机制时,应将核心价值和竞争优势聚焦于共建国家区域内的文化、价值和目标认同以及区域争端内部解决带来的便利化和经济性。为此,一方面,ICDPASO在投资争端仲裁员与调解员名册的制定以及仲裁员与调解员的指定(尤其是第三名仲裁员的指定)上,应当确保"一带一路"共建国家的文化和价值得到应有的认同,不能仅关注我国制度输出和话语权营造的需求;另一方面,应当通过与会员单位的合作以及线上仲裁或者调解方式的应用,为"一带一路"投资争端的解决提供切实的便利。就后者而言,应当与商务部和外交部进行沟通,在未来与"一带一路"共建国家的投资协定签订或者更新中,增加ICDPASO为可选择的投资争端解决机构之一(首先考虑参与支持ICDPASO设立的共建国家以及目前已经在其对外签订的投资协定中引入ICSID之外的争端解决机构的国家),或者在难以直接加入的情况下,在可选的仲裁机制中留有"双方当事人约定的其他仲裁机构"这一兜底条款,从而为当事人将争端提交ICDPASO预留空间(尤其是那些目前已经在其对外签订的投资协定中同意加入其他仲裁机构条款的国家)。

从司法化的角度来看,在其他仲裁机构、仲裁规则已经在投资仲裁领域抢占发展先机的背景下,ICDPASO应当打造不同于现有投资仲裁机制的亮点,吸引缔约国将ICDPASO仲裁作为ICSID仲裁以及UNCITRAL仲裁之外的差异化选择之一加以纳入。可以考虑的亮点包括:(1)强制仲裁员名册的尝试,在保留投资者对具体案件仲裁员指定权的基础上,明确当事人只能在事先拟定的固定名册中指定仲裁员。这可以有效缓解可选择的仲裁员不受限制导致的仲裁员专业性、代表性难以控制等问题,配合更为完善的仲裁员遴选机制和利益冲突规则,可以较好地回应当前有关投资仲裁员的争议。为此,ICDPASO的投资仲裁员名册可以在参考将 ICDPASO 作为 ISDS 机制选择的缔约国以及代表投资者利益的相关主体的建议的基础上制定。(2)上诉机制的引入尝试:将上诉机制设计为一个可选项,允许当事人协议适用(在当事人明确同意的情况下,才适用),同时将上诉审查范围限于法律问题,或者在法律问题之外包括重大的或实质性的事实认定错误(限于当事方能够证明仲裁庭裁决的作出没有任何合理的事实依据),并在程序期限上进行限制(如要求在 6 个月内审理完成),限制发回重审制度的使用,以免程序的过度冗长。(3)仲裁员披露义务的机制建设,设立专栏收集并定期更新仲裁员根据行为守则需要披露的信息,使有需要查询利益冲突的当事人能够有效获取相关信息,使 ICDPASO 更快地得到仲裁员的关注,积聚仲裁员群体的国际关注。

二、国内司法与国际投资仲裁的制度衔接

如前所述,虽然当前我国法院尚无应对国际投资仲裁的实践,但随着我国在国际投资领域参与的不断深入,国内司法与国际投资仲裁产生交集的可能性也不断增大,包括未来仲裁地在我国的国际投资仲裁案件可能带来的申请确认仲裁协议效力案件、申请撤销、执行仲裁裁决案件,以及外国国际投资仲裁裁决来我国申请承认与执行的案件。在此背景下,国内司法应当有相应的制度衔接作为支撑,这既是我国履行相关国际公约义务的外在要求,也是我国法院更好参与国际投资治理的内在需求。为此,需要从司法程序和法律依据两个层面完善国内司法与国际投资仲裁的制度衔接。

(一)司法程序的衔接完善

当国际投资仲裁与国内司法产生交集时,以管辖为首的程序问题是首先面临的问题。

2018 年 1 月 1 日开始实施的《最高人民法院关于审理仲裁司法审查案件若干问题的规定》(法释〔2017〕22 号,以下简称《仲裁司法审查司法解释》)对包括申请确认仲裁协议效力案件、申请撤销我国内地仲裁机构的仲裁裁决案件、申请承认和执行外国仲裁裁决案件在内的司法管辖机制作出了规定,而且根据其第 1 条第 6 项有关适用范围的兜底规定,该司法解释也为将来可能出现的一些新类型案件留有余地。[①] 因此,从该司法解释的规定本身来看,对于未来国际

---

① 参见任雪峰:《〈最高人民法院关于审理仲裁司法审查案件若干问题的规定〉解读》,载《人民法治》2018 年第 5 期。

投资仲裁案件的司法审查也有适用的空间。然而,考虑到国际投资仲裁案件的一方当事人为主权国家以及国际投资案件在国际范围内可能引起的广泛关注,《仲裁司法审查司法解释》所确立的由中级人民法院对案件进行管辖的管辖原则在管辖级别上显然不够,尤其当承认、执行环节涉及国际投资仲裁庭管辖权审查、国家财产豁免等问题时,相关问题不仅代表了我国的司法立场,而且可能影响我国签订的国际投资条约的解释问题,因此,有必要提高案件的管辖级别以确保准确、充分地发挥国内司法在国际投资仲裁领域的职能作用。

在此基础上,笔者认为,国际投资仲裁案件的管辖法院宜确定为最高人民法院国际商事法庭:一方面,考虑到国际投资仲裁案件的重要影响力,由国际商事法庭管辖国际投资仲裁案件符合其依法公正及时审理国际商事案件,平等保护中外当事人合法权益,营造稳定、公平、透明、便捷的法治化国际营商环境的设立初衷,而且根据《最高人民法院关于设立国际商事法庭若干问题的规定》(法释〔2018〕11 号)第 2 条第 4 项和第 5 项的规定,国际商事法庭管辖国际投资仲裁案件已有制度上的接口;另一方面,国际商事法庭在司法审判人员的配备,国际投资政策、法律的获取渠道和掌握程度上都有天然优势,同时国际商事法庭还有国际商事专家委员会为其案件所涉的专门性法律问题提供咨询意见,这是其他地方法院无可比拟的资源优势。因此,无论从案件的性质本身还是法庭的专业审判能力来讲,由国际商事法庭管辖国际投资仲裁案件都是最佳的选择。

如果确定由国际商事法庭管辖国际投资仲裁案件,则相应的配套程序措施包括:第一,根据 ICSID 公约第 54 条第 2 款的规定,我国应当将此决定通知国际投资争端解决中心秘书长,向国际社会告知未来 ICSID 仲裁裁决在我国的承认与执行将由国际商事法庭负责;第二,考虑到国际商事法庭作为最高人民法院常设审判机构的地位,目前国内有关仲裁司法审查案件的报核制度也就自然不适用,但《仲裁司法审查司法解释》第 5 ~ 21 条中的相关规定除裁定上诉机制无法适用外,其他程序规定原则上都可以参照适用;第三,在具体的执行环节,根据《最高人民法院国际商事法庭程序规则(试行)》第 32 条的规定,当事人可以向国际商事法庭申请执行,国际商事法庭可以交相关执行机构执行。

(二)法律依据的衔接完善

国内司法与国际投资仲裁的制度衔接除了司法程序的衔接完善,法律依据的衔接完善是另一个重要方面,它决定了法院介入、审查国际投资仲裁程序和裁决的权力和标准。

1.《纽约公约》适用障碍的消除

国际投资仲裁裁决的承认与执行,是国际投资仲裁对国内司法最重要的制度需求之一。其中,ICSID 公约已经对缔约国承认和执行 ICSID 仲裁裁决的义务进行了规定,构成国内法院在承认和执行 ICSID 仲裁裁决时的法律依据,我国作为 ICSID 公约的缔约国自然也应以此为依据。不过,对于非 ICSID 裁决的承认与执行,由于我国在加入《纽约公约》时作出了商事保留,[①]且后续最高人民法院发布的《关于执行我国加入的〈承认及执行外国仲裁裁决公约〉的通知》明确将“外国投资者与东道国政府之间的争端”排除在“契约性和非契约性商事法律关系”之外。由此,外国仲裁机构或仲裁庭作出的非 ICSID 仲裁裁决在我国的承认与执行无法适用《纽约公约》,只能依据我国《民事诉讼法》第 283 条的规定按照互惠原则办理。然而,如学者所言,“互惠关系”的具体含义不甚明确:就涉及的仲裁裁决来说,是要求我国和有关国家之间就一般商事仲裁裁决的承认与执行存在互惠关系即可,还是要求特别就政府—投资者仲裁裁决的承认与执行存在互惠关系?就涉及的国家来说,是要求与我国存在互惠关系的国家应为该裁决作出机构所在的国家,还是该裁决作出地即仲裁地所在国家,抑或是申请人国籍国?[②] 而且国际投资仲裁裁决涉及主权国家的责任承担,推定互惠方式的运用也应当更加谨慎,这使互惠原则在实践中存在适用的难题。因此,从完善国际投资仲裁案件司法依据、进一步接轨国际[③]的角度出发,我国应当消除当前非 ICSID 仲裁裁决在我国承认与执行中适用《纽约公约》的障碍,对“商事保留”作扩大解释,撤销前述最高人民法院通知中对《纽约公约》适用于国际投资仲裁的限制。

2. 我国《仲裁法》的修改

随着我国在国际投资领域话语权的提升以及我国仲裁机构在国际仲裁领域受认可程度的提升,未来我国仲裁机构受理国际投资仲裁案件的概率也将提高。实践中,CIETAC 和深圳国际仲裁院(Shenzhen Court of International Arbitration, SCIA)也已颁布相应的国际投资仲裁规则作为尝试。为此,在我国

---

① 即我国只对根据中华人民共和国法律认定为属于契约性和非契约性商事法律关系所引起的争议适用该公约。

② 参见肖芳:《国际投资仲裁裁决在中国的承认与执行》,载《法学家》2011 年第 6 期。

③ 世界上主流国家在承认和执行非 ICSID 仲裁裁决时适用《纽约公约》,并将其纳入国际投资协定中,如美国的 BIT 范本。

作为仲裁地的情况下,我国《仲裁法》作为仲裁地法的重要性就凸显无遗。但我国现行《仲裁法》未考虑国际投资仲裁的特殊性,在仲裁理念上存在一些不足,存在司法审查或介入过大的可能,对我国仲裁机构开展国际投资仲裁,参与国际竞争可能造成不利影响,需要在未来的修订中加以完善。

第一,根据我国《仲裁法》第2条的规定,可以仲裁的事项为平等主体的公民、法人和其他组织之间发生的合同纠纷和其他财产权益纠纷,这显然将一方当事人为主权国家的国际投资争端排除在可仲裁的事项范围之外,意味着国际投资争端在我国《仲裁法》下不具有可仲裁性。无论根据我国的《仲裁法》《民事诉讼法》,还是《纽约公约》,仲裁事项不具有可仲裁性都是仲裁裁决无法得到承认与执行,甚至是被撤销的重要理由之一,这无疑是对我国仲裁机构开展国际投资仲裁以及当事人选择将仲裁地设在我国的一大掣肘因素。值得注意的是,在2021年7月30日司法部公开征求意见的《中华人民共和国仲裁法(修订)(征求意见稿)》(以下简称《仲裁法(征求意见稿)》)中,已经删除了该条中"平等主体"的限制性表述。[①]

第二,我国《仲裁法》第16条规定仲裁协议必须包括选定的仲裁机构,即排除了临时仲裁这种国际投资仲裁实践中常用的形式。虽然最高人民法院《关于为自由贸易试验区建设提供司法保障的意见》(法发〔2016〕34号)对"三特定"的仲裁可以进行临时仲裁作了例外尝试,[②]但此种尝试的范围狭窄,很难普遍扩展到国际投资仲裁案件,这也使我国仲裁机构和仲裁员在开展国际投资仲裁业务时受到了极大的限制。当然,《仲裁法(征求意见稿)》对临时仲裁作出了突破——对于具有涉外因素的商事纠纷的当事人,也可以直接约定由专设仲裁庭仲裁。但对于国际投资仲裁而言,还需要一并作出解释的是,此处的商事仲裁应当包括国际投资仲裁。此外值得注意的是,与国际上的临时仲裁做法不同,《仲裁法(征求意见稿)》第93条规定:仲裁庭应当将裁决书送达当事人,并将送达记录和裁决书原件在送达之日起30日内提交仲裁地的中级人民法院备案。此备案的要求并不符合国际仲裁的普遍实践,对国际仲裁庭而言,如何执行也有困难。而对国际投资仲裁这种绝大多数对仲裁裁决已经做出透明度要

---

① 《仲裁法(征求意见稿)》第2条规定:"自然人、法人和其他组织之间发生的合同纠纷和其他财产权益纠纷,可以仲裁。"

② 该意见第9条第3款规定:"在自贸试验区内注册的企业相互之间约定在内地特定地点、按照特定仲裁规则、由特定人员对有关争议进行仲裁的,可以认定该仲裁协议有效。"

求的仲裁形式而言,则必要性不大。

第三,前文已经提及,我国《仲裁法》对于仲裁协议效力的认定采取了仲裁庭和法院都有权裁定的"并存控制"模式,而且法院相比于仲裁庭具有优先性,这容易被视为法院对仲裁程序和仲裁庭权力的过度介入和干涉,增加了我国作为仲裁地的国际投资仲裁案件的不确定性,不利于吸引仲裁机构或者仲裁庭在仲裁规则或者仲裁程序中将仲裁地设在我国。在《仲裁法(征求意见稿)》中,虽然其第28条第1款明确了仲裁庭的管辖权自裁原则,并在第3款中明确当事人未经仲裁庭的管辖权决定程序直接向人民法院提出异议的,人民法院不予受理,但第4款仍然保留了"并存控制"模式——当事人对仲裁协议效力或者管辖权决定有异议的,应当自收到决定之日起10日内,提请仲裁地的中级人民法院审查。

第四,我国《仲裁法》第40条对仲裁不公开进行原则的例外过于严格,未考虑国际投资仲裁的透明度需求。在《仲裁法(征求意见稿)》中,这一问题也未得到回应,《仲裁法(征求意见稿)》第31条仍保留了原规定。笔者认为,一刀切地规定所有仲裁不公开值得商榷,建议将该条改为:"仲裁不公开进行,但仲裁适用的条约和法律另有规定的除外。当事人可以协议仲裁公开进行,但涉及国家秘密的除外。"

结　语

国际投资仲裁的司法化是对晚近国际投资仲裁机制诸多焦点议题的视角集中,也是决定未来国际投资仲裁机制发展方向的重要导向之一。

无论是透明度规则的确立和扩展、外部上诉机制的引入,还是对现行仲裁员任命机制的改革,晚近国际投资仲裁制度改革的背后体现的总体思路和趋势是对司法机制的效仿和趋近。这种效仿在很大程度上是国际投资争端的公法特征使然,体现了国际投资争端对仲裁机制的特殊需求,使国际投资仲裁呈现偏离传统国际商事仲裁的发展趋势,在很多方面越来越具有司法机制的"影子"。同时,以仲裁裁决的司法审查以及仲裁程序的司法介入为主要方面,国内司法程序对国际投资仲裁的制约也在不断显现,国内司法程序对国际投资仲裁的影响空间广泛存在。

国际投资仲裁的司法化,一方面,固然是对国际投资仲裁机制合法性、正当性危机的回应,是国内司法与国际投资仲裁间互动关系的体现;但另一方面,也隐藏着拖累国际投资仲裁效率,使争端解决重回政治化轨道以及裁决执行面临不确定性等风险。为此,对于国际投资仲裁的司法化,我们既要肯定其对现有机制的制度优化和正当性实现的价值,也要警惕其矫枉过正的风险。

于我国而言,国际投资仲裁的司法化既关乎未来我国国际投资协定或争端解决机制国际谈判的关键议题,也涉及我国法院在国际投资治理中司法治理权的实现,需要我们做好周全的应对之策。为此,我国应当结合司法化措施的利弊得失和我国的利益需求综合考量,并在应对和实施过程中做出必要的灵活安排。

当然,国际投资仲裁面临的许多质疑其实并非完全投资仲裁制度本身的问题,很多情况下与国际投资实体规范存在的缺陷密切相关。而“程序方面的既有努力不可能实质性地纠正实体性权利义务的严重失衡”①,因此,程序层面对司法化的妥善应对仅是国际投资仲裁机制完善的一部分,实体规则的协同完善具有同等甚至更重要的价值。

① 蔡从燕:《国际投资仲裁的商事化与“去商事化”》,载《现代法学》2011 年第 1 期。

参考文献

一、中文文献

(一)著作

1. 黄进、宋连斌、徐前权:《仲裁法学》,中国政法大学出版社2008年版。

2. 刘晓红主编:《仲裁“一裁终局”制度之困境及本位回归》,法律出版社2016年版。

3. 刘京莲:《阿根廷国际投资仲裁危机的法理及实践研究:兼论对中国的启示》,厦门大学出版社2011年版。

4. 林聚任、刘玉安主编:《社会科学研究方法》,山东人民出版社2004年版。

5. 吕岩峰、何志鹏、孙璐:《国际投资法》,高等教育出版社2006年版。

6. 彭丽明:《仲裁员责任制度比较研究》,法律出版社2017年版。

7. 石惠:《投资条约仲裁机制的批判与重构》,法律出版社2008年版。

8. 王贵国:《国际投资法》,北京大学出版社2001年版。

9. 王海浪:《ICSID管辖权新问题与中国新对策研究》,厦门大学出版社2017年版。

10. 王鹏:《论国际混合仲裁的性质——与国际商

事仲裁和国家间仲裁的比较研究》,人民出版社 2007 年版。

11. 王彦志:《新自由主义国际投资法律机制:兴起、构造和变迁》,法律出版社 2016 年版。

12. 魏艳茹:《ICSID 仲裁撤销制度研究》,厦门大学出版社 2007 年版。

13. 肖军:《规制冲突裁决的国际投资仲裁改革研究——以管辖权问题为核心》,中国社会科学出版社 2017 年版。

14. 肖永平主编:《体育争端解决模式研究》,高等教育出版社 2015 年版。

15. 阎学通:《中国国家利益分析》,天津人民出版社 1997 年版。

16. 杨良宜、莫世杰、杨大明:《仲裁法——从 1996 年英国仲裁法到国际商务仲裁》,法律出版社 2006 年版。

17. 姚梅镇:《国际投资法》(第 3 版),武汉大学出版社 2011 年版。

18. 于湛旻:《国际商事仲裁司法化问题研究》,法律出版社 2017 年版。

19. 余劲松主编:《国际投资法》(第 2 版),法律出版社 2003 年版。

20. 张光:《国际投资法制中的公共利益保护问题研究》,法律出版社 2016 年版。

21. 张彤主编:《欧盟法概论》,中国人民大学出版社 2011 年版。

22. 赵秀文:《国际商事仲裁法》(第 3 版),中国人民大学出版社 2012 年版。

23. 中华人民共和国商务部、国家统计局、国家外汇管理局编:《2017 年度中国对外直接投资统计公报》,中国统计出版社 2018 年版。

24. 周成新:《国际投资争议的解决方法》,中国政法大学出版社 1989 年版。

25. 朱科:《中国国际商事仲裁司法审查制度完善研究》,法律出版社 2018 年版。

26. 邹统钎、梁昊光主编:《中国"一带一路"投资与安全研究报告(2016—2017)》,社会科学文献出版社 2017 年版。

(二)译作

1. [美]肯尼斯·J. 范德威尔德:《美国国际投资协定》,蔡从燕、朱明新译,法律出版社 2017 年版。

2. [美]哈罗德·J. 伯尔曼:《法律与革命——西方法律传统的形成》(第 1 卷)(中文修订版),高鸿钧等译,法律出版社 2008 年版。

3. [比利时]亨利·皮雷纳:《中世纪的城市》,陈国樑译,商务印书馆 2006 年版。

4. [美]E. 博登海默:《法理学——法律哲学与法律方法》,邓正来译,中国政法大学出版社 2004 年版。

5.［日］谷口安平：《程序的正义与诉讼》（增补本），王亚新、刘荣军译，中国政法大学出版社 2002 年版。

（三）论文

1. 蔡从燕：《国际投资仲裁的商事化与“去商事化”》，载《现代法学》2011 年第 1 期。

2. 蔡伟：《国际商事法庭：制度比较、规则冲突与构建路径》，载《环球法律评论》2018 年第 5 期。

3. 曹兴国：《国际投资仲裁制度变革的中国应对——基于宏观视角的动因分析、立场厘定与路径举措》，载《社会科学辑刊》2018 年第 4 期。

4. 曹兴国：《南海仲裁案视角下的国际司法：扩张性、局限性及中国参与》，载《太平洋学报》2018 年第 10 期。

5. 曹兴国：《裁判者信任困境与国际投资争端解决机制的信任塑造》，载《政法论丛》2021 年第 3 期。

6. 曹兴国：《国际投资仲裁效率的追求、反思与平衡》，载《江西社会科学》2021 年第 4 期。

7. 陈磊：《风险、激励与监管：ISDS 仲裁员的身份冲突及其化解》，载《国际商务研究》2017 年第 2 期。

8. 池漫郊：《从“效率至上”到“契约自由”——基于合并仲裁评当代仲裁价值取向之变迁》，载《仲裁研究》2008 年第 4 期。

9. 初北平：《“一带一路”多元争端解决中心构建的当下与未来》，载《中国法学》2017 年第 6 期。

10. 邓婷婷：《中欧双边投资条约中的投资者—国家争端解决机制——以欧盟投资法庭制度为视角》，载《政治与法律》2017 年第 4 期。

11. 董静然：《“一带一路”倡议下投资者—国家争端解决机制研究——基于欧盟国际投资法庭制度的考察》，载《江苏社会科学》2018 年第 1 期。

12. 杜焕芳、陈娜：《论多方当事人合并仲裁的合意与技术》，载《西北大学学报（哲学社会科学版）》2013 年第 6 期。

13. 范瑞：《合并仲裁现有理论之若干反思——兼论合并仲裁制度之程序构建》，载陈福永主编：《北京仲裁》2017 年第 4 辑，中国法制出版社 2018 年版。

14. 傅攀峰：《未竟的争鸣：被撤销的国际商事仲裁裁决的承认与执行》，载《现代法学》2017 年第 1 期。

15. 傅攀峰:《单边仲裁员委任机制的道德困境及其突围——以 Paulsson 的提议为核心》,载《当代法学》2017 年第 3 期。

16. 顾微微、徐慎丽:《从契约到条约看私法理念对国际法的影响》,载《南通大学学报(社会科学版)》2005 年第 4 期。

17. 韩秀丽、翟雨萌:《论“一带一路”倡议下中外投资协定中的投资者—国家仲裁机制》,载《国际法研究》2017 年第 5 期。

18. 何然:《司法判例制度论要》,载《中外法学》2014 年第 1 期。

19. 何志鹏:《菜单、需求与能力:国际争端的解决途径探析》,载《社会科学辑刊》2015 年第 5 期。

20. 何志鹏:《国际司法的中国立场》,载《法商研究》2016 年第 2 期。

21. 何志鹏:《主权豁免的中国立场》,载《政法论坛》2015 年第 3 期。

22. 黄进、孔庆江:《关于设立亚洲基础设施投资银行投资争端解决中心的探讨》,载《国际经济评论》2017 年第 6 期。

23. 黄进:《建立中国现代仲裁制度的三点构想》,载《中国法律评论》2017 年第 3 期。

24. 黄世席:《国际投资仲裁裁决的司法审查及投资条约解释的公正性——基于“Sanum 案”和“Yukos 案”判决的考察》,载《法学》2017 年第 3 期。

25. 黄世席:《国际投资仲裁中的挑选条约问题》,载《法学》2014 年第 1 期。

26. 黄世席:《可持续发展视角下国际投资争端解决机制的革新》,载《当代法学》2016 年第 2 期。

27. 霍政欣:《论全球治理体系中的国内法院》,载《中国法学》2018 年第 3 期。

28. 霍政欣:《〈反外国制裁法〉的国际法意涵》,载《比较法研究》2021 年第 4 期。

29. 纪文华、黄萃:《WTO 争端解决程序之上诉阶段实践考察》,载《武大国际法评论》2006 年第 2 期。

30. 金芳:《金融危机后国际投资体制的建构特征与中国的应对》,载《世界经济研究》2014 年第 4 期。

31. 李沣桦:《东道国当地救济规则在 ICSID 仲裁领域的运用研究——兼论中国双边投资条约的应对策略》,载《法律科学(西北政法大学学报)》2015 年第 3 期。

32. 李广辉、薛胜利:《合并仲裁法律制度探究——兼论中国合并仲裁制度之构建》,载《河北法学》2006 年第 6 期。

33. 梁丹妮:《NAFTA 投资争端仲裁程序透明度研究——法庭之友与非争端缔约方的参与》,载《求索》2008 年第 10 期。

34. 梁咏:《国际投资仲裁机制变革与中国对策研究》,载《厦门大学学报(哲学社会科学版)》2018 年第 3 期。

35. 林爱民:《论国际投资争议的“强制性仲裁”》,载《行政与法》2008 年第 1 期。

36. 林其敏:《国际商事仲裁的透明度问题研究》,载《河北法学》2015 年第 6 期。

37. 林一飞:《略论仲裁中的身份冲突》,载《法学评论》2006 年第 1 期。

38. 刘梦非:《国际投资争端解决平行程序的诱因——读〈国际投资仲裁〉有感》,载《政法论坛》2018 年第 4 期。

39. 刘笋:《国际投资仲裁裁决的不一致性问题及其解决》,载《法商研究》2009 年第 6 期。

40. 刘笋:《建立国际投资仲裁的上诉机制问题析评》,载《现代法学》2009 年第 5 期。

41. 刘晓红、袁小珺:《国际投资仲裁第三方参与问题研究》,载《上海对外经贸大学学报》2017 年第 3 期。

42. 刘晓红:《从国际商事仲裁证据制度的一般特质看我国涉外仲裁证据制度的完善》,载《政治与法律》2009 年第 5 期。

43. 刘志云:《论全球治理与国际法》,载《厦门大学学报(哲学社会科学版)》2013 年第 5 期。

44. 刘志云:《新自由制度主义与国际经济法的发展》,载《现代国际关系》2003 年第 10 期。

45. 鲁洋:《论“一带一路”国际投资争端解决机构的创建》,载《国际法研究》2017 年第 4 期。

46. 马亚伟、漆彤:《论“一带一路”投资争议解决机制的构建》,载《国际商务研究》2018 年第 5 期。

47. 漆彤、余茜:《从新自由主义到嵌入式自由主义——论晚近国际投资法的范式转移》,载刘志云主编:《国际关系与国际法学刊》2014 年第 4 卷,厦门大学出版社 2014 年版。

48. 漆彤:《论“一带一路”国际投资争议的预防机制》,载《法学评论》2018

年第 3 期。

49. 漆彤:《投资争议处理体系的三大构成》,载《社会科学辑刊》2018 年第 4 期。

50. 齐飞:《WTO 争端解决机构的造法》,载《中国社会科学》2012 年第 2 期。

51. 秦晓静:《设立投资仲裁上诉机制的路径选择》,载《政治与法律》2021 年第 2 期。

52. 任明艳:《国家行为原则与主权豁免关系之实证分析》,载《河南大学学报(社会科学版)》2006 年第 5 期。

53. 任雪峰:《〈最高人民法院关于审理仲裁司法审查案件若干问题的规定〉解读》,载《人民法治》2018 年第 5 期。

54. 沈红雨:《我国法的域外适用法律体系构建与涉外民商事诉讼管辖权制度的改革——兼论不方便法院原则和禁诉令机制的构建》,载《中国应用法学》2020 年第 5 期。

55. 沈伟:《论中国双边投资协定中限制性投资争端解决条款的解释和适用》,载《中外法学》2012 年第 5 期。

56. 石静霞:《国际贸易投资规则的再构建及中国的因应》,载《中国社会科学》2015 年第 9 期。

57. 石现明:《国际投资仲裁内部上诉机制述评》,载《云南大学学报(法学版)》2011 年第 2 期。

58. 宋朝武、张晓霞:《论仲裁制度中的意思自治原则》,载《仲裁研究》2005 年第 1 期。

59. 陶立峰:《中欧 BIT 谈判中投资者与国家争端解决的模式选择》,载《法学》2017 年第 10 期。

60. 汪祖兴:《效率本位与本位回归——论我国仲裁法的效率之维》,载《中国法学》2005 年第 4 期。

61. 王海浪:《论国际投资仲裁裁决的承认与执行——以执行法院的审查权为中心》,载《国际经济法学刊》2018 年第 4 期。

62. 王鹏、郭剑萍:《论国际投资仲裁上诉机制的设计——以 TTIP 谈判为例》,载《国际经贸探索》2015 年第 5 期。

63. 王鹏:《中立、责任与参与:国际投资仲裁的多边改革与中国对策》,载《国际政治研究》2018 年第 2 期。

64. 王生、张雪:《国际争端解决的司法途径及中国的应对——从南海仲裁案说起》,载《现代国际关系》2016 年第 10 期。

65. 王彦志:《国际投资争端解决的法律化:成就与挑战》,载《当代法学》2011 年第 3 期。

66. 王燕:《国际投资仲裁机制改革的美欧制度之争》,载《环球法律评论》2017 年第 2 期。

67. 王义桅:《"一带一路"的国际话语权探析》,载《探索》2016 年第 2 期。

68. 温先涛:《孰南? 孰北? 妥协还是共识? ——评中国—加拿大投资保护协定》,载《武大国际法评论》2013 年第 2 期。

69. 夏民、张蓉:《法律的利益调整功能与和谐社会的构建》,载《苏州大学学报(哲学社会科学版)》2008 年第 4 期。

70. 肖芳:《国际投资仲裁裁决司法审查的"商事化"及反思——以美国联邦最高法院"BG 公司诉阿根廷"案裁决为例》,载《法学评论》2018 年第 3 期。

71. 肖芳:《国际投资仲裁第三方资助的规制困境与出路——以国际投资仲裁"正当性危机"及其改革为背景》,载《政法论坛》2017 年第 6 期。

72. 肖军:《建立国际投资仲裁上诉机制的可行性研究——从中美双边投资条约谈判说起》,载《法商研究》2015 年第 2 期。

73. 谢宝朝:《投资仲裁上诉机制不是正当性危机的唯一解药》,载《世界贸易组织动态与研究》2009 年第 4 期。

74. 徐崇利:《国际投资条约中的"岔路口条款":选择"当地救济"与"国际仲裁"权利之限度》,载《国际经济法学刊》2007 年第 3 期。

75. 徐崇利:《利益平衡与对外资间接征收的认定及补偿》,载《环球法律评论》2008 年第 6 期。

76. 徐崇利:《晚近国际投资争端解决实践之评判:"全球治理"理论的引入》,载《法学家》2010 年第 3 期。

77. 徐崇利:《新兴国家崛起与构建国际经济新秩序——以中国的路径选择为视角》,载《中国社会科学》2012 年第 10 期。

78. 徐树:《国际投资仲裁庭管辖权扩张的路径、成因及应对》,载《清华法学》2017 年第 3 期。

79. 薛源:《投资者与东道国争端仲裁与我国法律机制的衔接》,载《国际商务(对外经济贸易大学学报)》2017 年第 5 期。

80. 叶斌:《〈欧盟与加拿大全面经济贸易协定〉对投资者诉国家争端解决机

制的司法化》,载《国际法研究》2017 年第 6 期。

81. 叶斌:《欧盟 TTIP 投资争端解决机制草案:挑战与前景》,载《国际法研究》2016 年第 6 期。

82. 伊鲁:《条约的有效解释原则》,载《人民司法(应用)》2017 年第 7 期。

83. 银红武、罗依凯:《中国加入〈ICSID 公约〉所作通知的性质及效力》,载《时代法学》2018 年第 1 期。

84. 于文轩:《政府透明度与政治信任:基于 2011 中国城市服务型政府调查的分析》,载《中国行政管理》2013 年第 2 期。

85. 于湛旻:《论国际投资仲裁中仲裁员的身份冲突及克服》,载《河北法学》2014 年第 7 期。

86. 余劲松:《国际投资条约仲裁中投资者与东道国权益保护平衡问题研究》,载《中国法学》2011 年第 2 期。

87. 詹晓宁、欧阳永福:《国际投资体制改革及中国的对策》,载《国际经济合作》2014 年第 7 期。

88. 张春良:《论国际商事仲裁价值》,载《河北法学》2006 年第 6 期。

89. 张光:《论国际投资仲裁中投资者利益与公共利益的平衡》,载《法律科学(西北政法大学学报)》2011 年第 1 期。

90. 张华:《国际海洋争端解决中的"司法造法"问题——以"南海仲裁案"为例》,载《当代法学》2017 年第 5 期。

91. 张建:《对无默契仲裁管辖权正当性的反思——以中国参与国际投资争议解决的实践为视角》,载《西部法律评论》2017 年第 5 期。

92. 张磊:《论外交保护中当地救济的"用尽"程度》,载《求索》2012 年第 2 期。

93. 张磊:《论外交保护中对用尽当地救济原则的限制——以联合国〈外交保护条款草案〉第 15 条为线索》,载《华东政法大学学报》2014 年第 5 期。

94. 张丽娜:《"一带一路"国际投资争端解决机制完善研究》,载《法学杂志》2018 年第 8 期。

95. 张利民:《论国内法院对国际投资仲裁的司法审查制度》,载《海关与经贸研究》2017 年第 4 期。

96. 张美红:《论国际商事仲裁程序"非国内化"》,载《兰州学刊》2014 年第 7 期。

97. 张庆麟:《欧盟投资者—国家争端解决机制改革实践评析》,载《法商研究》2016 年第 3 期。

98. 张庆麟:《国际投资仲裁的第三方参与问题探究》,载《暨南学报(哲学社会科学版)》2014 年第 11 期。

99. 张生:《国际投资法制框架下的缔约国解释研究》,载《现代法学》2015 年第 6 期。

100. 张卫彬、许俊伟:《"一带一路"与投资争端解决机制创新——亚投行的角色与作用》,载《南洋问题研究》2017 年第 4 期。

101. 张晓君、陈喆:《"一带一路"区域投资争端解决机制的构建》,载《学术论坛》2017 年第 3 期。

102. 张志铭:《司法判例制度构建的法理基础》,载《清华法学》2013 年第 6 期。

103. 赵海峰:《论国际司法程序的发展及其对国际法的影响》,载《当代法学》2011 年第 1 期。

104. 赵骏、刘芸:《国际投资仲裁透明度改革及我国的应对》,载《浙江大学学报(人文社会科学版)》2014 年第 3 期。

105. 朱明新:《"已决原则"和"未决原则"与国际投资平行诉讼预防》,载《东方法学》2013 年第 1 期。

106. 朱明新:《国际投资争端解决的"去政治化"与"复政治化"》,载《太平洋学报》2012 年第 11 期。

107. 朱明新:《联合国国际贸易法委员会"投资仲裁透明度规则"评析》,载《武大国际法评论》2017 年第 1 期。

108. 朱明新:《投资者—国家争端解决机制的革新与国家的"回归"》,载《国际法研究》2018 年第 4 期。

109. Benedict Kingsbury & Stephan Schill:《作为治理形式的国际投资仲裁:公平与公正待遇、比例原则与新兴的全球行政法》,李书健、袁屹峰译校,载陈安主编:《国际经济法学刊》第 18 卷,北京大学出版社 2011 年版。

110. 单文华:《国际商事争端解决的中国方案》,载《法制日报》2018 年 11 月 13 日。

111. 王海军:《国际条约适用于国内的限度——"尤科斯石油公司股东诉俄罗斯案"述评》,载《法制日报》2017 年 5 月 3 日,第 10 版。

112. 林爱民:《国际投资协定争议仲裁研究》,复旦大学 2009 年博士学位论文。

113. 毛婵婵:《国际投资条约仲裁中公共利益保护问题研究》,武汉大学2013年博士学位论文。

114. 彭溆:《论世界贸易组织争端解决中的司法造法》,华东政法学院2006年博士学位论文。

115. 申黎:《国际商事仲裁的司法介入制度研究》,华东政法大学2012年博士学位论文。

116. 余海鸥:《全球行政法视野下投资仲裁机制(ISDS)的合法性研究》,武汉大学2015年博士学位论文。

二、英文文献

(一)著作

1. Albert Jan van den Berg, *Dissenting Opinions by Party-Appointed Arbitrators in Investment Arbitration*, in Mahnoush Arsanjani et al. eds., Looking to the Future: Essays on International Law in Honor of W. Michael Reisman, Martinjus Nijhoff, 2011.

2. Alexis Mourre, *Are Unilateral Appointments Defensible? On Jan Paulsson's Moral Hazard in International Arbitration*, in Stefan Michael Kroll & Loukas A. Mistelis, et al. eds., International Arbitration and International Commercial Law: Synergy, Convergence and Evolution, Kluwer Law International 2011.

3. Andreas Bucher, *Is There a Need to Establish a Permanent Reviewing Body*, in Emmanuel Gaillard ed., The Review of International Arbitral Awards, IAI Series No. 6, JurisNet, 2010.

4. August Reinisch, *The Issues Raised by Parallel Proceedings and Possible Solutions*, in Michael Waibel et al. eds., The Backlash against Investment Arbitration, Kluwer Law International, 2010.

5. Brigitte Stern, *The Future of International Investment Law: A Balance Between the Protection of Investors and the States' Capacity to Regulate*, In Jose E. Alvarez and Karl P. Sauvant, The Evolving International Investment Regime: Expectations, Realities, Options, Oxford Press, 2011.

6. Christoph H. Schreuer, *The ICSID Convention: A Commentary* (second editon), Cambridge University Press, 2009.

7. Gus van Harten, *Investment Treaty Arbitration and Public Law*, Oxford University Press, 2007.

8. Hakeem Seriki, *Injunctive Relief and International Arbitration*, Informa Law from Routledge, 2015.

9. Hans Kelsen, *Principles of International Law*, Rinehart, 1952.

10. Jeswald W. Salacuse, *Towards a Global Treaty on Foreign Investment: The Search for a Grand Bargain*, in Norbert Horn and Stefan Michael Kroll eds., Arbitrating Foreign Investment Disputes: Procedural and Substantive Legal Aspects, Kluwer Law International, 2004.

11. Judith Gill, *Inconsistent Decisions: an Issue to be Addressed or a Fact of Life?*, in Federico Ortino et al eds., Investment Treaty Law, Current Issues (Vol. 1), British Institute of International and Comparative Law, 2006.

12. Katharina Diel-Gligor, *Towards Consistency in International Investment Jurisprudence: A Preliminary Ruling System for ICSID Arbitration*, Brill Nijhoff, 2017.

13. Loukas A. Mistelis & Stavros L. Brekoulakis ed, *Arbitrability: International & Comparative Perspectives*, Wolters Kluwer Law & Business, 2009.

14. Lucy Reed, Jan Paulsson & Nigel Blackaby, *Guide to ICSID Arbitration*, Kluwer Law International, 2004.

15. Payam Akhavan, *The Contribution of Investment Arbitration to the Rule of Law*, in Andrea Menaker ed., *International Arbitration and the Rule of Law: Contribution and Conformity*, Kluwer Law International, 2017.

16. Markus Burgstaller, *Part Ⅳ Chapter 19: European Law Challenges to Investment Arbitration*, in Michael Waibel & Asha Kaushal et al. eds., The Backlash against Investment Arbitration, Kluwer Law International, 2010.

17. M. Sornarajah, *The International Law on Foreign Investment*, 3rd edition, Cambridge University Press, 2010.

18. Moshe Hirsch, *The Arbitration Mechanism of the International Centre for the Settlement of Investment Disputes*, Springer, 1993.

19. N Jansen Calamita & Ewa Zelazna, *The Changing Landscape of Transparency in Investor-State Arbitration: The UNCITRAL Transparency Rules and Mauritius Convention*, in Christian Klausegger, Peter Klein eds., Austrian

Yearbook on International Arbitration 2016, 2017.

20. René Barents, *Directory of EU Case Law on the Preliminary Ruling Procedure*, Kluwer Law International, 2009.

21. Richard B. Lillich & Charles N. Brower eds., *International Arbitration in the 21st Century: Towards "Judicialization" and Uniformity?*, Martinus Nijhoff, 1994.

22. Thomas M. Franck, *The Power of Legitimacy among Nations*, Oxford University Press, 1990.

23. W. Friedmann, *Legal Theory*, 5th edition, Columbia University Press, 1967.

(二)论文

1. Andrew Newcombe & Axelle Lemaire, *Should Amici Curiae Participate in Investment Treaty Arbitrations?*, 5 The Vindobona Journal of International Commercial Law and Arbitration 809 (2001).

2. Anoosha Boralessa, *Enforcement in the United States and United Kingdom of ICSID Awards against the Republic of Argentina: Obstacles that Transnational Corporations May Face*, 17 New York International Law Review 53 (2004).

3. Anthea Roberts & Christina Trahanas, *Judicial Review of Investment Treaty Awards: BG Group v. Argentina*, 108 American Journal of International Law 750 (2014).

4. Anthea Roberts, *Powers and Persuasion in Investment Treaty Interpretation: The Dual Role of States*, 104 American Journal of International Law 179 (2010).

5. August Reinisch, *Necessity in International Investment Arbitration-An Unnecessary Split of Opinions in Recent ICSID Cases-Comments on CMS v. Argentina and LG&E v. Argentina*, 8 Journal of World Investment & Trade 212 (2007).

6. August Reinisch, *Will the EU's Proposal Concerning an Investment Court System for CETA and TTIP Lead to Enforceable Awards? —The Limits of Modifying the ICSID Convention and the Nature of Investment Arbitration*, 19 Journal of International Economic Law 761, 767 (2016).

7. Axel Berger, *Hesitant Embrace: China's Recent Approach to International Investment Rule-Making*, 16 Journal of World Investment and Trade 843 (2015).

8. Charles H. Brower & Stefan W. Schill, *Is Arbitration a Threat or a Boon to the Legitimacy of International Investment Law*?, 9 Chicago Journal of International Law 473, 476 (2008).

9. Charles H. Brower, *Politics, Reason, and the Trajectory of Investor-State Dispute Settlement*, 49 Loyola University Chicago Law Journal 272 (2015).

10. Christoph H. Schreuer, *Do We Need Investment Arbitration*?, in Jean E. Kalicki & Anna Joubin-Bret eds., Reshaping the Investor-State Dispute Settlement System, Brill | Nijhoff, 2015.

11. Christian Tietje & Clemens Wackernagel, *Enforcement of Intra-EU ICSID Awards: Multilevel Governance, Investment Tribunals and the Lost Opportunity of the Micula Arbitration*, 16 The Journal of World Investment & Trade 205 (2015).

12. Daniel M. Price, *Chapter* 11—*Private Party v. Government, Investor-State Dispute Settlement: Frankenstein or Safety Valve*, 26 Canada-United States Las Journal 107, 112 (2000).

13. David A. Gantz, *An Appellate Mechanism for Review of Arbitral Decisions in Investor-state Disputes: Prospects and Challenges*, 39 Vanderbilt Journal of Transnational Law 39 (2006).

14. Emmanuel Gaillard, *Abuse of Process in International Arbitration*, 29 ICSID Review 627 (2014).

15. Eric Stein, *International Integration and Democracy: No Love at First Sight*, 95 American Journal of International Law 494 (2001).

16. Fernando Dias Simões, *A Guardian and a Friend*? *The European Commission's Participation in Investment Arbitration*, 25 Michigan State International Law Review 233 (2017).

17. Gabrielle Kaufmann-Kohler, *In Search of Transparency and Consistency: ICSID Reform Proposal*, 2 Transnational Dispute Management 4 (2005).

18. Georges R. Delaume, *ICSID Arbitration and the Courts*, 77 American Journal of International Law 784 (1983).

19. Gregorio Salatino, *Overview of Umbrella Clause*, 13 Business Law International 51 (2012).

20. Hannes Lenk, *Investment Arbitration under EU Investment Agreements: Is There a Role for an Autonomous EU Legal Order*?, 28 European Business Law

Review 135 (2017).

21. Ho Look Chan, *Anti-Suit Injunctions in Cross-Border Insolvency: A Restatement*, 52 International and Comparative Law Quarterly 697 (2003).

22. James Devaney, *An Independent Panel for the Scrutiny of Investment Arbitrators: An Idea Whose Time has Come?*, 18 Law and Practice of International Courts and Tribunals 369 (2020).

23. Jan Paulsson, *Arbitration Without Privity*, 10 ICSID Review-Foreign Investment Law Journal 232 (1995).

24. Jan Paulsson, *Avoiding Unintended Consequences*, in Karl P. Sauvant & Michael Chiswick-Patterson eds. , Appeals Mechanism in International Investment Disputes, Oxford University Press, 2008.

25. Jan Paulsson, *Moral Hazard in International Dispute Resolution*, 25 ICSID Review 339, 354 (2010).

26. Jason Yackee, *Politicized Dispute Settlement in the Pre-Investment Treaty Era: A Micro-Historical Approach*, University of Wisconsin Law School Legal Studies Research Paper Series Paper No. 1412, (2017),

27. Jose Augusto Fontoura Costa, *Comparing WTO Panelists and ICSID Arbitrators: The Creation of International Legal Fields*, Oñati Socio-Legal Series, Vol. 1, No. 4, 2011.

28. José M. Zárate, *Legitimacy Concerns of the Proposed Multilateral Investment Court: Is Democracy Possible?*, 59 Boston College Law Review 2765 (2018).

29. Julian Lew, *Expert Report of Dr. Julian D. M. Lew (in Esso/BHP v. Plowman)*, 11 Arbitration International 3 (1995).

30. Kanaga Dharmananda & Raphaël de Vietri, *Impartiality and the Issue of Repeat Arbitrators*, 28 Journal of International Arbitration 187 (2011).

31. Malcolm Langford, Daniel Behn and Runar Hilleren Lie, *The Revolving Door in International Investment Arbitration*, 20 Journal of International Economic Law 301 (2017).

32. Multilevel Governance, *Investment Tribunals and the Lost Opportunity of the Micula Arbitration*, 16 Journal World Investment & Trade 205 (2015).

33. Pauwelyn Joost, *The Rule of Law without the Rule of Lawyers? Why*

Investment Arbitrators are from Mars, Trade Adjudicators from Venus, 109 The American Journal of International Law 751, 767 (2015).

34. Sergio Puig & Gregory Shaffer, *Imperfect Alternatives: Institutional Choice and the Reform of Investment Law*, 112 American Journal of International Law 361 (2018).

35. Sergio Puig, *Social Capital in the Arbitration Market*, 25 European Journal of International Law 387 (2014).

36. Stephan W Schill, *Deference in Investment Treaty Arbitration: Re-Conceptualizing the Standard of Review*, 3 Journal of International Dispute Settlement 557 (2012).

37. Susan D. Franck, *Legitimacy Crisis in Investment Treaty Arbitration: Privatizing Public International Law Trough Inconsistent Decisions*, 73 Fordham Law Review 1521 (2005).

38. Thomas W. Walde, *The Umbrella Clause in Investment Arbitration: A Comment on Original Intentions and Recent Cases*, 6 Journal of World Investment & Trade 205 (2005).

39. William H. Knull, Noah D. Rubins, *Betting the Farm on International Arbitration: Is It Time to Offer an Appeal Option?*, 11 American Review of International Arbitration 531, 532 - 533 (2000).

40. William W. Park, *National Law and Commercial Justice: Safeguarding Procedural Integrity in International Arbitration*, 63 Tulane Law Review 647, 669 (1988 - 1989).

41. Yenkong Ngangjoh-Hodu & Collins C. Ajibo, *ICSID Annulment Procedure and the WTO Appellate System: The Case for an Appellate System for Investment Arbitration*, 6 Journal of International Dispute Settlement 308, 328 (2015).

(三)案例文献

1. Abaclat and Others v. Argentine Republic, ICSID Case No. ARB/07/5, Decision on Jurisdiction and Admissibility.

2. Abaclat and Others v. Argentine Republic, ICSID Case No. ARB/07/5, Dissenting Opinion to Decision on Jurisdiction and Admissibility.

3. Achmea B. V. v. The Slovak Republic, UNCITRAL, PCA Case No. 2008 - 13 (formerly Eureko B. V. v. The Slovak Republic), Award on Jurisdiction,

Arbitrability and Suspension.

4. Achmea B. V. v. The Slovak Republic, UNCITRAL, PCA Case No. 2008 - 13 (formerly Eureko B. V. v. The Slovak Republic), Award.

5. Alex Genin, Eastern Credit Limited, Inc. and A. S. Baltoil v. The Republic of Estonia, ICSID Case No. ARB/99/2, award.

6. Ali Shipping Corporation v. Shipyard Trogir. [1998]1 Lloyd's Rep. 643.

7. Ambiente Ufficio S. p. A. and others v. Argentine Republic, ICSID Case No. ARB/08/9, Decision on Jurisdiction and Admissibility.

8. Amco Asia Corporation and others v. Republic of Indonesia, ICSID Case No. ARB/81/1, Ad hoc Committee Decision on the Application for Annulment.

9. Anglo-Iranian Oil Co. case (jurisdiction), I. C. Reports 1952.

10. Ansung Housing Co., Ltd. v. People's Republic of China, ICSID Case No. ARB/14/25.

11. Apotex Holdings Inc. and Apotex Inc. v. United States of America, ICSID Case No. ARB(AF)/12/1.

12. Apotex Inc. v. The Government of the United States of America, ICSID Case No. UNCT/10/2.

13. Azov Shipping v. Baltic Shipping [1999]2 Lloyd's Rep. 39.

14. Azurix Corp. v. The Argentine Republic, ICSID Case No. ARB/01/12, Decision on Jurisdiction.

15. Bawabet Al Kuwait Holding Company v. Arab Republic of Egypt, ICSID Case No. ARB/11/6.

16. Beijing Shougang Mining Investment Company Ltd., China Heilongjiang International Economic & Technical Cooperative Corp., and Qinhuangdaoshi Qinlong International Industrial Co. Ltd. v. Mongolia, PCA Case No. 2010 - 20.

17. Beijing Urban Construction Group Co. Ltd. v. Republic of Yemen, ICSID Case No. ARB/14/30.

18. BG Group Plc. v. The Republic of Argentina, 134 S. Ct. 1198.

19. BG Group Plc. v. The Republic of Argentina, Dissenting Opinion of Chief Justice Roberts and Justice Kennedy.

20. BG Group Plc. v. The Republic of Argentina, UNCITRAL.

21. Case 446/98, Fazenda Pública v. Camara Municipal do Porto [2000] ECR

I－11435.

22. Case 52/76 Benedetti v. Munari [1977] ECR 163.

23. Charanne and Construction Investments v. Spain, SCC Case No. V 062/2012.

24. CJEU Opinion 2/13 on the accession of the EU to the ECHR, 18 December 2014.

25. CJEU, Opinion 1/91, 14 December 1991.

26. CME Czech Republic B. V. v. The Czech Republic, UNCITRAL.

27. CMS Gas Transmission Company v. The Republic of Argentina, ICSID Case No. ARB/01/8, Decision of the ad hoc Committee on the Application for Annulment of the Argentine Republic (English).

28. Commission Decision (EU) 2015/1470 of 30 March 2015 on State aid SA. 38517 (2014/C) (ex 2014/NN) implemented by Romania — Arbitral award Micula v. Romania of 11 December 2013.

29. Compañiá de Aguas del Aconquija S. A. and Vivendi Universal S. A. v. Argentine Republic, ICSID Case No. ARB/97/3, Decision on Annulment.

30. Consortium R. F. C. C. v. Kingdom of Morocco, ICSID Case No. ARB/00/6.

31. Continental Casualty Company v. The Argentine Republic, ICSID Case No. ARB/03/9.

32. Eastern Sugar B. V. (Netherlands) v. The Czech Republic, SCC Case No. 088/2004.

33. Eco Swiss China Time Ltd v. Benetton International NV, Case C－126/97.

34. EDF International S. A., SAUR International S. A. and León Participaciones Argentinas S. A. v. Argentine Republic, ICSID Case No. ARB/03/23.

35. Ekran Berhad v. People's Republic of China, ICSID Case No. ARB/11/15.

36. El Paso Energy International Company v. Argentine Republic, ICSID Case No. ARB/03/15.

37. Electrabel S. A. v. Republic of Hungary, ICSID Case No. ARB/07/19.

38. Emilio Agustín Maffezini v. The Kingdom of Spain, ICSID Case No. ARB/97/7, Decision on Jurisdiction.

39. Enron Corporation and Ponderosa Assets, L. P. v. Argentine Republic, ICSID Case No. ARB/01/3, Decision on Jurisdiction.

40. ESGS Société Générale de Surveillance S. A. v. Islamic Republic of Pakistan, ICSID Case No. ARB/01/13.

41. Eudoro Armando Olguín v. Republic of Paraguay, ICSID Case No. ARB/98/5, Decision on Jurisdiction (unofficial English translation, used with permission from ICSID Reports).

42. Gas Natural SDG, S. A. v. The Argentine Republic, ICSID Case No. ARB/03/10.

43. H&H Enterprises Investments, Inc. v. Arab Republic of Egypt, ICSID Case No. ARB/09/15.

44. Hela Schwarz GmbH v. People's Republic of China, ICSID Case No. ARB/17/19.

45. Hochtief AG v. The Argentine Republic, ICSID Case No. ARB/07/31, Decision on Jurisdiction.

46. Impregilo S. p. A. v. Argentine Republic, ICSID Case No. ARB/07/17.

47. In re Chromalloy Aeroservices, 939 F. Supp. 907 (D. D. C. 1996).

48. Ioan Micula, Viorel Micula, S. C. European Food S. A, S. C. Starmill S. R. L. and S. C. Multipack. S. R. L. v. Romania, ICSID Case No. ARB/05/20.

49. Judgment of the Court (Grand Chamber) of 6 March 2018, Slowakische Republik v. Achmea BV (Case C – 284/16).

50. Kitts v. Moore [1895] 1 Q. B. 253.

51. Lanco International Inc. v. The Argentine Republic, ICSID Case No. ARB/97/6.

52. LG&E Energy Corp., LG&E Capital Corp., and LG&E International, Inc. v. Argentine Republic, ICSID Case No. ARB/02/1.

53. Liberian Eastern Timber Corporation v. Republic of Liberia, ICSID Case No. ARB/83/2.

54. Loewen Group, Inc. and Raymond L. Loewen v. United States of America, ICSID Case No. ARB(AF)/98/3.

55. Masdar Solar & Wind Cooperatief U. A. v. Kingdom of Spain, ICSID Case No. ARB/14/1, award.

56. Metalclad Corporation v. The United Mexican States, ICSID Case No. ARB(AF)/97/1, award.

57. Methanex Corporation v. United States of America, UNCITRAL, Decision of the Tribunal on Petitions from Third Persons to Intervene as "amici curiae".

58. Micula & Ors v. Romania & Anor [2017] EWHC 31 (Comm).

59. Mitsubishi Motors Corp. v. Soler Chrysler-Plymouth, Inc., 473 U. S. 614 (1985).

60. Mr. Franck Charles Arif v. Republic of Moldova, ICSID Case No. ARB/11/23, award.

61. Occidental Petroleum Corporation and Occidental Exploration and Production Company v. The Republic of Ecuador, ICSID Case No. ARB/06/11.

62. Opinion 1/91 (EEA Agreement — I) of 14 December 1991, EU: C: 1991:490.

63. Opinion of Advocate General Bot, delivered on 29 January 2019, ECLI: EU:C:2019:72.

64. Opinion of Advocate General Wathelet delivered on 19 September 2017, ECLI:EU:C:2017:699.

65. Orascom TMT Investments S. à r. l. v. People's Democratic Republic of Algeria, ICSID Case No. ARB/12/35.

66. Order in Case 69/85 Wünsche Handelsgesellschaft [1986] ECR 947.

67. Ping An Life Insurance Company of China, Limited and Ping An Insurance (Group) Company of China, Limited v. Kingdom of Belgium, ICSID Case No. ARB/12/29.

68. Quasar de Valores SICAV S. A., Orgor de Valores SICAV S. A., GBI 9000 SICAV S. A. and ALOS 34 S. L. v. The Russian Federation (SCC Case No. 24/2007).

69. Rafat Ali Rizvi v. Republic of Indonesia, ICSID Case No. ARB/11/13.

70. Republic of Argentina v. BG Group, PLC, 665 F. 3d 1363 (2012).

71. Republic of Argentina v. BG Group, PLC, 715 F. Supp. 2d 108 (D. C. 2010).

72. Ronald S. Lauder v. The Czech Republic, UNCITRAL, Final Award.

73. S. A. R. L. Benvenuti & Bonfant v. People's Republic of the Congo, ICSID Case No. ARB/77/2, decision of Cour d'Appel, Paris (26 June 1981), ICSID Reports 1 (1993).

74. Salini Costruttori S. P. A. v. The Federal Democratic Republic of Ethiopia, Addis Ababa Water and Sewerage Authority, ICC Arbitration Case No. 10623/AER/ACS.

75. Sanum Investments Limited v. Lao People's Democratic Republic (Ⅱ), ICSID Case No. ADHOC/17/1.

76. Sanum Investments Limited v. Lao People's Democratic Republic, UNCITRAL, PCA Case No. 2013-13.

77. Sanum Investments Limited v. the Government of the Lao People's Democratic Republic, [2016] SGCA 57.

78. SGS Société Générale de Surveillance S. A. v. Islamic Republic of Pakistan, ICSID Case No. ARB/01/13, Procedural Order No. 2.

79. SGS Société Générale de Surveillance S. A. v. Republic of the Philippines, ICSID Case No. ARB/02/6, Decision of the Tribunal on Objections to Jurisdiction.

80. Siemens A. G. v. The Argentine Republic, ICSID Case No. ARB/02/8.

81. Señor Tza Yap Shum v. The Republic of Peru, ICSID Case No. ARB/07/6, Decision on jurisdiction.

82. Slovak Republic v. Achmea B. V. (Case C-284/16).

83. Société Ouest Africaine Des Bétons Industriels (SOABI) and Others v. State of Senegal, ICSID Case No. ARB/82/1, decision of Cour d'Appel, Paris (5 December 1989), ICSID Reports 2 (1994).

84. Southern Pacific Properties (Middle East) Limited v. Arab Republic of Egypt, ICSID Case No. ARB/84/3.

85. SPP v. Egypt, Decision on Jurisdiction I, 27 November 1985, 3 ICSID Reports 112, 129.

86. Standard Chartered Bank (Hong Kong) Limited v. Tanzania Electric Supply Company Limited, ICSID Case No. ARB/10/20.

87. Standard Chartered Bank v. United Republic of Tanzania, ICSID Case No. ARB/10/12.

88. Suez, Sociedad General de Aguas de Barcelona, S. A. and Vivendi Universal, S. A. v. Argentine Republic, ICSID Case No. ARB/03/19, Order in response to a Petition for Participation as Amicus Curiae.

89. Técnicas Medioambientales Tecmed, S. A. v. The United Mexican States, ICSID Case No. ARB (AF)/00/2.

90. Teinver S. A. , Transportes de Cercanías S. A. and Autobuses Urbanos del Sur S. A. v. The Argentine Republic, ICSID Case No. ARB/09/1.

91. Telekom Malaysia Berhad v. The Republic of Ghana, Case No. HA/RK 2004, 788.

92. The Renco Group, Inc. v. The Republic of Peru, ICSID Case No. UNCT/13/1.

93. Total S. A. v. Argentine Republic, ICSID Case No. ARB/04/1.

94. Tza Yap Shum v. Republic of Peru, ICSID Case No. ARB/07/6.

95. Union of India v. Vodafone Group PLC United Kingdom & Anr, Judgment of the High Court of Delhi Restraining the Claimant from Proceeding with Its Arbitration Claim, CS(OS) 383/2017.

96. Union of India v. Vodafone Group PLC United Kingdom & Anr, Judgment of the High Court of Delhi Vacating Order of 22 August 2017.

97. United Utilities (Tallinn) B. V. and Aktsiaselts Tallinna Vesi v. Republic of Estonia, ICSID Case No. ARB/14/24, Decision on the Application for Leave to Intervene as a Non-Disputing Party Submitted by the European Commission.

98. UP and C. D Holding Internationale v. Hungary, ICSID Case No. ARB/13/35.

99. Vattenfall AB and others v. Federal Republic of Germany, ICSID Case No. ARB/12/12, Decision on the Achmea issue.

100. Vattenfall AB, Vattenfall Europe AG, Vattenfall Europe Generation AG v. Federal Republic of Germany, ICSID Case No. ARB/09/6.

101. Victor Pey Casado and President Allende Foundation v. Republic of Chile, ICSID Case No. ARB/98/2.

102. Vodafone Group Plc and Vodafone Consolidated Holdings Limited v. Government of India [Ⅱ], UNCITRAL (UK BIT Claim).

103. Vodafone International Holdings BV v. Government of India [Ⅰ], PCA

Case No. 2016 – 35.

104. Wintershall Aktiengesellschaft v. Argentine Republic, ICSID Case No. ARB/04/14.

105. Yukos Universal Limited (Isle of Man) v. The Russian Federation, UNCITRAL, PCA Case No. AA 227, Final Award.

106. World Trade Organization, United States-Final Anti-dumping Measures on Stainless Steel from Mexico – AB – 2008 – 1 – Report of the Appellate Body, WT/DS344/AB/R.

后　记

本书是以笔者于2017～2019年在中国政法大学从事博士后研究期间的博士后研究报告为基础修改完善而成的，因此，谨保留博士后出站时的致谢作为本书的后记，以此记录那段美好的时光，感谢在那段时间收获的感悟以及遇到的每一个人，每一件事。

时间如白驹过隙，转眼间，两年的博士后经历已经到了尾声。现在回想起来，从博士毕业阶段有了入站做博士后研究的想法，到后续联系博士后入站的事宜，一切仿佛还都在眼前，似乎2017年的四五月份就在不久之前。

于我而言，能够有机会跟随黄进教授从事博士后的研究是我在这一切发生前未曾预想的，因为博士期间我的研究方向是海商法，这与黄老师专长的国际私法，甚至是更大范畴下的国际法的主要研究内容都存在不小的距离。因此，当我的硕士生导师——初北平教授告诉我可以向黄老师推荐我时，我既激动，又忐忑：激动的是，能有机会师从黄老师对任何年轻学子（学者）而言都是莫大的"诱惑"；忐忑的是，虽然《海商法》中也有"涉外关系的法律运用"这一章，但国际私法终归不是自己的研究方向，而且此前对黄老师在博士后招收简章中列明的研究方向——"国际争议解决机制与国际仲裁"的关注也相对有限，这让我觉得自己被黄老师"收编”的可能性不是那么大。但不承想的是，黄老师不仅接收了我邮寄的个人简历，还在此后的见面中给了我在中国法学教育最高学府进一步研究、学习的机会，让我成为“黄门”的一员。

在两年的在站时间里，虽然由于家庭和调研等方面的原因，我并未像在校的学生那样一直待在学校，但几乎所有“黄门”的活动我都参加了，对黄老师的了解也不再像以前那样局限于书本上的知识和新闻上的报道。在两年期间里，我对黄老师的感受主要有以下三方面：首先，黄老师是一位治学严谨的学者。虽然行政工作繁忙，但是每期的读书会，甚至是年终的师门聚会，黄老师都会提前筹划，每次相聚一起的时候，也都会督促大家抓紧时间，好好求学，并经常邀请校外的师兄、师姐或者专家就前沿问题进行分享，拓宽我们的学术视野。尤其就我个人而言，本报告的选题亦是黄老师几经指点之后才最终确定下来的，黄老师在选题的确定过程中始终要求坚持学术性，而不能仅追逐热点问题，并在报告的撰写中多次强调要突出问题意识，对选题的提纲和内容进行了多次指导。其次，黄老师是一位为人和蔼的长者。在入“黄门”前，很难想象师门聚会的常设地点之一是学校的食堂，黄老师不仅经常向大家推荐他喜欢的校园美食，而且会主动与其他在食堂就餐的同学打招呼。同时，对于我提交的任何课题申请材料、总结报告或者导师意见表，黄老师也都会仔细审阅、提出建议，并亲笔撰写意见。最后，黄老师是一位心态年轻、富有幽默感的智者。在法大的两年时间里，黄老师在各种场合的金句不断——“你有你的 freestyle，做一枚不一样的花火又何妨？”“（新同学中）也有许多来自法大本科，我要祝贺你们升级为‘城里人’”“在人生奋进的《蓟门攻略》里，成为内心善良、能够担当、有谋有略的魏璎珞，而不是‘早早就领了盒饭’的平庸角色”……这些生动幽默、贴合生活的语言无不彰显着黄老师乐观的人生态度和卓越的语言智慧。当然，点点滴滴的感受最终汇聚成的是对黄老师的感谢，感谢黄老师给我在法大进一步深造的机会，让我有机会在他的言传身教下受益，并让我有了一个新的身份——“法大”人。

当然，在博士后期间的收获不仅是黄老师在品格和学问方面给我的熏陶和指导，我还认识了“黄门”众多优秀的师兄弟姐妹——他们有的早已毕业，并已经在法学或法律工作领域成为中流砥柱；有的仍在求学，但已经在知识储备和专业能力上令我暗自称好。与他们结识的缘分和交流中的收获是我人生中重要的一笔财富，他们给予的帮助也是我能够在法大有归属感的重要原因。同时，在法大，还有众多法律领域的前辈给予了鼓励和指导，与他们的沟通、交流同样让我受益匪浅。此外,在博士后报告的研究过程中,大连海事大学、西安交通大学以及华南理工大学等的众多师友也都提供了无私的帮助,在此一并表示感谢!

两年的博士后经历在写下这段话的时候似乎真的到了要结束的时候。再次感谢所有在我这段旅程中提供帮助、指导的师友、家人,愿您们未来一切安好!

曹兴国

2019 年 5 月